Eddy Joe Cotton
Train Days

W0095008

River

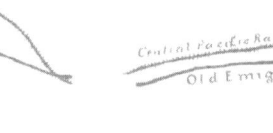

Wadsworth

Lower   Crossing
              3

        Beginning Point

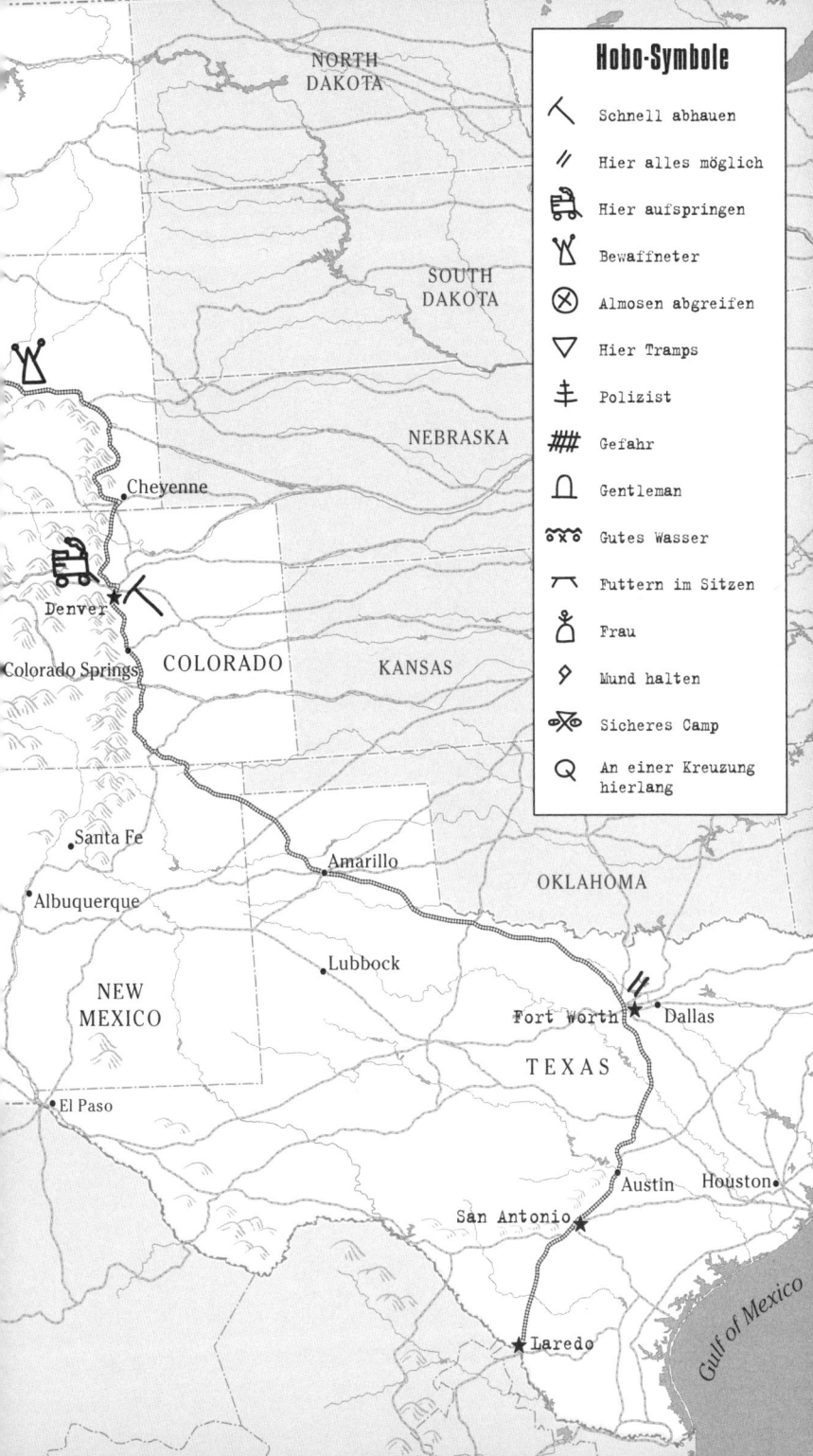

Hobo-Symbole

∖	Schnell abhauen
∥	Hier alles möglich
🛒	Hier aufspringen
Ⴊ	Bewaffneter
⊗	Almosen abgreifen
▽	Hier Tramps
‡	Polizist
⫲⫲	Gefahr
⌂	Gentleman
ᴼᵛᴼ	Gutes Wasser
⌒	Futtern im Sitzen
⌁	Frau
⋄	Mund halten
⋈	Sicheres Camp
Ϙ	An einer Kreuzung hierlang

Eddy Joe Cotton

Train Days

Auf Güterzügen durch die Weiten Amerikas

Aus dem Englischen
von Jochen Schwarzer

MALIK

Die amerikanische Originalausgabe erschien 2002
unter dem Titel »Hobo – A Young Man's Thoughts
on Trains and Tramping in America« bei Harmony Books,
Random House, New York.

Für meinen Vater

ISBN 3-89029-253-4
© Harmony Books, 2002
Deutsche Ausgabe: © Piper Verlag GmbH, München 2003
Satz: Satz für Satz. Barbara Reischmann, Leutkirch
Druck und Bindung: Ebner & Spiegel, Ulm
Printed in Germany

www.malik.de

Inhalt

Teil Zwei   Starlet Las Vegas – Die Wüsten-Diva

Vorbemerkung des Verfassers

Wenn Sie in diesem Buch über einen Begriff oder Ausdruck stolpern sollten, den Sie nicht verstehen, dann schlagen Sie bitte im Glossar nach. Diese Slangausdrücke stammen aus einer Vielzahl flüchtiger Quellen – meist aus den schmutzigen Dichtermäulern von Tramps. Zur Klärung und Definition dieser Begriffe und Ausdrücke hat der Verfasser Fachbücher und alte Zeitschriften- und Zeitungsartikel ausgewertet, und er möchte sich vor allem bei jenen Autoren herzlich bedanken, denen die Bewahrung der amerikanischen Tradition verbaler Ausschweifung und poetischer Gewagtheit am Herzen lag. Der Verfasser möchte bei dieser Gelegenheit auch auf seinen – gelegentlich kleinkriminellen – Umgang mit den oben erwähnten Außenseitern der amerikanischen Gesellschaft verweisen. Diese Begriffe und Ausdrücke sind aus der Not geboren; um sie vor der letztlich unvermeidlichen Abwandlung und dem Verlust der genauen Bedeutung zu bewahren, hat sich der Verfasser sehr darum bemüht, die ursprüngliche Form dieser Begriffe und Ausdrücke zu erhalten.

Warten auf einen Zug

Ich sah aus wie Rudolph, das Rentier: meine Nase war rotgefroren. Alabama (der Tramp, der mir das mit den Güterzügen beibrachte) und ich waren in Wyoming, und an den Bäumen hingen Eiszapfen. Die Gleise der Burlington Northern führten über einen Steindamm, und bis auf das Flüstern des Herbststurms, der sie gefroren hatte, war es ganz still. Hätte ich mit einem Hammer auf diese Schienen geschlagen, sie wären zersprungen wie Glas. In dieser Stille zwischen den Zügen kann man hören, wie man in den Stiefeln mit den Zehen wriggelt. Ich trug seit tausend Meilen dasselbe Paar Socken. Ein Truthahngeier war aufgestiegen und hielt nach Geistern Ausschau. Auf die Hügel, an denen die Gleise verschwanden, fiel ein nadelfeiner kalter Regen, und die verborgene Sonne schien silbern durch die rissige Wolkendecke. Ich lehnte mich auf meiner Deckenrolle zurück und schloß die Augen.

Wenn der Pfiff einer Lok ertönt, wendet sich das Glück eines Tramps. Unter seinem Wollponcho und seinem Flachmann macht sein Herz einen Hasensprung. Aus sei-

8

nem Bärenschlummer geweckt, kommt ein Tramp angelaufen, seine Deckenrolle über der Schulter. Er ist ein
blinder Passagier – der kleine Mann mit dem Tuch um
den Hals, der Truckerkappe auf dem Kopf und dem Loch
im Stiefel. Ich rannte los.

Ich holte Alabama ein. Mit einer Hand hielt er die ei-
serne Seitensprosse eines Güterwaggons gepackt, und
seine Stiefel schlitterten über den Kies. Er stieg die Leiter
hoch und schwang sich auf die Plattform. Ich packte die
Leiter, und meine Finger froren daran fest. So rannte ich
neben dem Zug her, bis ich die Leiter dann auch mit der
anderen Hand zu packen kriegte, und in diesem Moment
hob mich der Zug in die Luft – wie einen Engel. Ich stieg
hoch und sprang auf die Plattform. Ich steckte meinen
Kopf raus an die Luft. Der kalte Wind strich mein Haar
zurück. Da war ich also, auf Achse, und Eiszapfen hingen
an den Bäumen, genau wie Robert Johnson, der Blues-
Sänger, es besungen hatte. Ich war noch nie auf einen
Güterzug aufgesprungen, aber gottverdammich, wenn
ich nicht genau dafür geschaffen war. Es erinnerte mich
daran, wie ich mit dem Wagen meines Vaters über den
Highway gebraust war – aus dem Fenster geschaut, vor
mich hin geträumt, Meilensteine gezählt und Bundes-
staatsgrenzen hinter mir gelassen hatte, als wären es Telefonmasten. Damals hatte ich es zum ersten Mal – »das
Fieber« – *White line fever*, wie Fernfahrer dazu sagen.
Und seither war ich ein anderer Mensch.

Schwarzer Dieselrauch stieg vom vorderen Ende des
Zugs auf. Vier riesige Lokomotiven zogen da vorne die
Güterwagen wie Schlittenhunde und prusteten dabei
Rauch aus ihren großen Schornsteinen. Das Brüllen der
Dieselmotoren klang nach Tausenden von Kolben und
durchriß die Stille der Prärie. Zart fiel Schnee aufs hin-
tere Zugende, wo schwarze Tank-, Flach-, Schüttgut- und

9

Kühlwagen wie alte Krüppel über die Gleise ruckelten. Die einzigen anderen Geräusche –: das Zirpen einer Grille, das solitäre Schrillen eines Grashüpfers –: totenstill. Auf der Feuerstelle, die wir eben verlassen hatten, sah ich noch ein paar glimmende Zweige.

Alabama sagte, der Waggon, auf dem wir waren, werde »Kornwagen« genannt, weil darin normalerweise Getreide befördert würde. Seitlich auf dem Kornwagen, gleich über den Worten ACE *CENTER FLOW* (dem Markennamen dieses Güterwaggons) war mit weißer Kreide die Signatur eines Hobos aufgezeichnet: eine Palme, unter der ein mexikanischer Hobo hockte. Er trug Poncho und Sombrero. Und unter die Palme hatte der Hobo seinen Namen geschrieben: Herby. Diese Signatur sah ich in den nächsten vier Wochen auf vier Güterzügen in vier Bundesstaaten.

Nach zehn Stunden auf diesem Zug übertönten das Rattern der verbogenen Gleise und die donnernden Stöße der Kupplungen sogar meine Gedanken. Die Sonne stand im Westen und brannte mir in den Augen, und die Hose, die ich mir für die Arbeit gekauft hatte, stank allmählich nach Dung – nach guter alter Kuhscheiße. Ich zog mir den Mützenschirm tief ins Gesicht und sah zu, wie mein Schatten über die Wand des Kornwagens kroch. Wir saßen direkt über einer Achse. Wenn die Bremsen zugriffen, schmirgelten die Bremsbacken Stahl von den Rädern, und die Metallflocken funkelten im Sonnenschein. Ich zog meine Jacke um mich zusammen, legte mich auf den Boden des Waggons und sah den rostigen Lacksplittern zu, die in einer Ecke tanzten. Ich tagträumte vom unbekümmerten Leben in Amerika: Kaffee trinken in einem Spielkasino, bumsen in weißer Motel-Bettwäsche, duschen mit Seife. Ich wußte, wenn die Gebirgsausläufer die Sonne verschluckt hatten, würde es eiskalt werden, und ich konnte rein gar nichts dagegen tun.

Die Fahrt in einem Güterwaggon ist wie die Fahrt auf der Ladefläche eines Pickups über irgendeinen Holperpfad in Mexiko, wobei du, wie Cool Hand Luke, der Unbeugsame, eine Stange Camel ohne rauchst und fünfzig hartgekochte Eier ißt. Meistens fühlt es sich an, als würde man in einem stockdunklen Verlies zusammengetreten. Meine Hände waren schwarz, und wenn ich mir die Augen rieb, sah ich hinterher aus wie ein Waschbär. Aber im Grunde war mir das ziemlich egal, denn ich war zu sehr damit beschäftigt zu träumen, wie ich durch die Wälder streifen würde, wie ich in den Rocky Mountains das Gesicht in einen eiskalten Fluß tauchen und einen Pelz tragen würde – wie ein junger Kojote im Mondschein. Mir wurde warm ums Herz, wenn ich an den ganzen Dreck dachte, den ich nun essen mußte, und an all die schönen Frauen, die ich umschmeicheln mußte – nur um dann einen Kuß und eine warme Mahlzeit zu bekommen. Das alles auf meiner kleinen Tramp-Reise quer durchs Land. Ich setzte ich mich auf, lehnte mich an die Wand des Kornwagens und sah zu, wie die Sonne unterging.

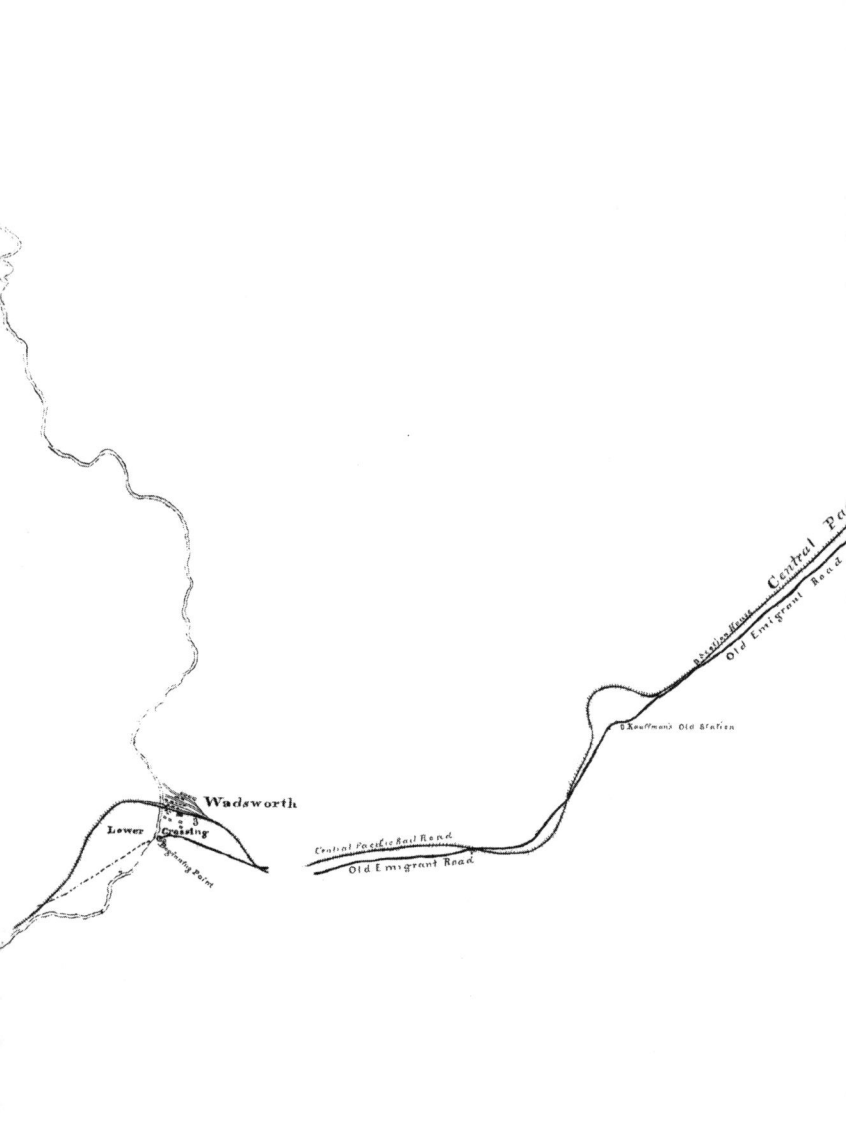

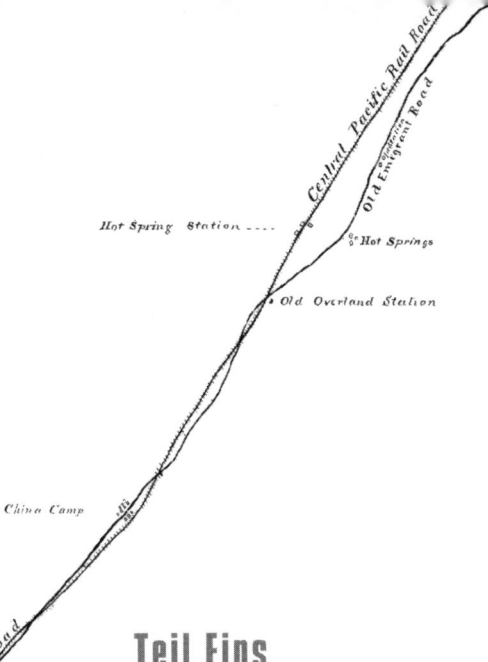

Teil Eins

»Personally I like midwestern towns
I like the girls there and even the clowns
Now that I've been out on the wheel
Out where you're worth what you steal.«

Iggy Pop

Denver

Colorado Springs   COLORADO

Central Pacific Rail Road

Old Emigrant Road

DESERT

1
Denver, Colorado

24. Oktober 1991, bei Sonnenaufgang

Station ----

Hot Springs

Old Overland Station

»Du bist gefeuert!«

Diese Worte weckten mich auf dem Vordersitz von Vaters Pickup. Wir waren in der Mendoza-Ziegelei im Industriegebiet von Denver, Colorado. Es war Spätherbst und kalt. Wenn es zwischen meinem Vater und mir schlecht steht, bin ich normalerweise derjenige, der abhaut. Wir hatten zusammengearbeitet, seit ich zwölf war, und er feuerte mich nicht zum ersten Mal. Doch als ich zu Fuß die Ziegelei verließ, wurde mir klar, daß es das letzte Mal sein würde. Diesmal fühlten sich meine Hände stärker an, besser darauf vorbereitet, für mich zu sorgen. Ich hatte eine Ford-Daunenjacke, ein paar Dollarscheine und gute Arbeitsstiefel, und deshalb dachte ich, alles weitere würde jetzt von mir abhängen.

Es war ein Glück, daß ich am Highway zuallererst einen Stift zum Schreiben fand, und eine Schande war es, daß ich an diesem Tag Geburtstag hatte, und irgend jemand hat mir mal gesagt, daß man an seinem Geburtstag nicht allein sein sollte. Das passierte mir aber nicht

15

zum ersten Mal und wahrscheinlich auch nicht zum letzten. Diesmal war es nur insofern anders, als es ein schönes Gefühl war: Der Wind, den die vorbeifahrenden Laster machten, fühlte sich ziemlich gut an. Die kahlen Bäume am Straßenrand, die Laubhaufen, das abgestorbene, braune Gras, der stahlgraue Himmel – ich fand das alles schön.

Mein Vater hat mir mal erzählt, wie er mit seiner Harley-Davidson von Küste zu Küste fuhr. Er hatte solchen Hunger, daß er sich Löwenzahnblätter kochte, die er am Straßenrand abgerupft hatte. Er hatte Geld, aber das brauchte er fürs Benzin. Meinem Vater war es damals wichtiger, nach Mexiko zu kommen als zu essen. Wenn man Träume hat, schmecken auch Löwenzahnblätter. Und manchmal muß man halt – wie mein Vater – Opfer bringen, um an schöne Orte zu gelangen, nicht wahr? Angenehmere Orte, wo einen niemand die ganze Zeit anbrüllt. Der Nachbar meines Vaters (ein Mitglied der Motorradgang »Iron Horseman«) hatte ihm erzählt, daß er in Mexiko mit seinem Motorrad so schnell fahren könnte, wie er wollte. Dieser Nachbar hatte ihm auch erzählt, daß er immer eine Rolle aus fünfzig Eindollarscheinen in der Hemdtasche haben sollte, und wenn ihn die mexikanische Polizei anhielte, sollte er »einfach nur die Kneterolle rüberwachsen lassen«, und dann wäre er auch schon »so gut wie weg«. Mein Vater fuhr sechsmal mit seiner Harley-Davidson kreuz und quer durch die USA. Das war damals in den Sechzigern, als alle *on the road* waren. Heutzutage findet man kaum mal jemanden, mit dem man reden kann, ganz zu schweigen von jemandem, der Anhalter mitnimmt.

Überleben, das bedeutete bei uns nie was anderes als: *Mit Vollgas aus der Stadt raus und irgendwohin.* Wenn ich anders aufgewachsen wäre, wären meine Stiefel nach

Hause gegangen, aber so läuft das im Leben nun mal nicht. Die Dinge werden einem erst wichtig, wenn man hingeht und sie sich ansieht, und da ich als Arbeiterkind und in zerschlissenen Latzhosen aufgewachsen bin, kenne ich vieles aus eigener Erfahrung.

»Armut hat nichts Romantisches. Sie bringt einem nur bei, daß jeder auf sich selbst gestellt ist.«

Das hat mir mein Vater mal gesagt. Wir saßen auf der Veranda unseres Hauses in Rhode Island. Am nächsten Tag luden wir unsere Taschen, Werkzeuge und Möbel hinten auf den Pickup. Wir hatten einen vollen Tank und eine halbvolle Tüte Lebensmittel. Wir suchten in fünf Bundesstaaten Arbeit und fanden dann schließlich in Colorado ein neues Zuhause. Verstehn Sie, meine Mom war nicht immer da, und wir mußten uns selber um uns kümmern, wie zwei Jungs, die unterwegs sind und ein besseres Leben suchen.

Es gibt so ein bestimmtes Zucken im Magen, das man kriegt, wenn man nicht weiß, wann man das nächste Mal was essen wird. Dieses Zucken kann einen verrückt machen. Ich habe nur ein paarmal im Leben gehungert, aber jedesmal habe ich dabei etwas Wichtiges über mich selbst gelernt. Ich habe gelernt, daß ich stärker bin als mein Magen, und so eigenartig es sich auch anhören mag: Nach drei Tagen hatte ich einen klaren Kopf und war Gott. Ich finde das lustig.

Ich ging am Straßenrand entlang, ohne zu wissen, wohin ich da ging. Noch war ich nicht hungrig, würde es aber bald sein. Mir standen viele Möglichkeiten offen, aber es sollte ein paar Tage dauern, bis mein Kopf klar genug war, daß ich mich zu etwas entschließen konnte. In diesem Moment machte ich mir keine Sorgen. Ich schaute geradeaus und sah einen Wagen nach dem anderen vorbeifahren, und ich wußte, daß mich niemand mitnehmen würde, solange ich nicht einen Daumen rausstreckte.

Wie zum Teufel bin ich hier gelandet?

Wenn man als Anhalter drauf wartet, mitgenommen zu werden, hat man Zeit und nichts als Zeit. Als ich damals anfing zu trampen, war ich ungeduldig und wußte nichts mit mir anzufangen. Wenn du in irgendeinem Straßengraben oder Güterwaggon hockst, solltest du die Zeit wenigstens dazu nutzen, dein Leben auf die Reihe zu kriegen. Doch ehe du das tun kann, mußt du dir eine Frage beantworten:

Wie zum Teufel bin ich hier gelandet?

Ich habe mir diese Frage binnen drei Wochen zehnmal gestellt, und das ist die Antwort, die mir dazu eingefallen ist: Hotrods, Puderquasten, Tornados, Transvestiten, Matrose der Handelsmarine, Magic Mushrooms, Papa Pistolero, Providence und Billardsalons.

Hotrods

Mein Großvater Don war Automechaniker. Als er fünfzehn war, kaufte er mit seinem Freund Gordon einen zu Schrott gefahrenen Ford Model B. Sie bauten den schlichten Vierzylindermotor aus und schraubten einen Flathead V-8 von Ford rein. Der Vierzylinder hatte 40 PS gebracht. Der V-8 brachte 85. Nachdem sie die Zylinderköpfe bearbeitet und eine Quarter-Stroke-Nockenwelle aus einem Mercury Baujahr '46 und zwei sportlich bedüste Vergaser eingebaut hatten, brachte er schon über hundert. Dann

18

legten sie ihn tiefer, nahmen die Kotflügel ab, und das war's – sie hatten einen Hotrod gebaut. Für meinen Großvater der erste von vielen. Für ihn ging es immer nur darum, Autos wieder fahrtüchtig und ein bißchen schneller zu machen. Don und Gordon konnten von Glück sagen, wenn sie mit dem Teil dann insgesamt drei Tage gefahren sind. Die meiste Zeit waren sie am Schrauben.

Don liebte es, an Autos rumzumachen, und als er dann auf der High School war, arbeitete er in der Nachtschicht bei Tim's Industries, einem Flugzeughersteller, um sich das alles leisten zu können. Er arbeitete in der Abteilung, die Tragflächen für Kampfjets herstellte. Dann arbeitete er auch bei Lockheed und baute dort viermotorige Propeller-Passagiermaschinen vom Typ Superstar. Don war immer entweder am Schrauben, in der Schule oder bei der Arbeit. Er schlief nicht viel.

Nach der High School ging Don zur Luftwaffe. Dort bildete man ihn zum Elektriker aus und stationierte ihn auf der Luftwaffenbasis Karswell in Fort Worth, Texas. Er hatte nur drei Tage die Woche Dienst. Und da er so viel Freizeit hatte, pachtete er eine alte Tankstelle und machte eine Tuning-Werkstatt auf, die »California Customs« hieß. Da baute und frisierte er Autos. Er entfernte Verdecke, brachte Carson-Tops an (spezielle Kabrio-Verdecke, die innen und außen gepolstert sind), baute Doppelrohrauspuffanlagen mit Glass-Packs ein und legte Autos tiefer, wozu er Alu-Lagerblöcke verwendete. Die Kids wollten cool sein – und mit einem Glass-Pack-Doppelauspuff und ein paar Lagerblöcken kriegte man das leicht und billig hin. Daß man Glass-Packs statt Auspufftöpfen verwendete, lag am Sound. Wenn man im passenden Moment den Choke zog, etwa dann, wenn das Mädchen mit den kurzen Söckchen umringt von ihren kichernden Freundinnen an der Popcornmaschine des Drive-in lehnte, konnte man wirklich den Eindruck erwecken, daß man da was ganz Unheimliches unter der Motorhaube hatte.

Don hatte zwei Rennpartner: Al und Roy Beterly. Al hatte nie Geld, war aber der beste Automechaniker von ganz Texas. Roy hatte Geld und kümmerte sich um die Finanzen. Don war für die Karosserien zuständig und regelte einen Großteil der Rennvorbereitungen. Gemeinsam studierten die drei die nationalen Geschwindigkeitsrekorde über die Viertelmeile und überlegten dann, in welcher der fünfzehn Kategorien sie die besten Siegchancen hatten. Sie entschieden sich für die Sportwagenklasse. Der Rekord stand bei 188 km/h. Ihr Ziel war es, binnen zehn Monaten einen Wagen für die Meisterschaft in Oklahoma City zu haben. Das war 1957.

Sie fingen mit einem MGTD Baujahr '51 an, einem kleinen englischen Sportwagen. Der erste Schritt bestand darin, ihn so leicht wie möglich zu machen, also nahmen sie ihn auseinander und strippten das Fahrgestell. Der zweite Schritt bestand darin, darauf zu warten, daß irgend jemand in Texas einen neuen Chevrolet Baujahr '55 zu Schrott fuhr. Der '55er Chevy hatte einen V-8 Overhead Valve mit 265 Kubikzoll, damals der stärkste Motor überhaupt und der passendste für den MGTD. Sie riefen bei sämtlichen Schrottplätzen an und mußten lange warten, bis ein Chevrolet kam. Der dritte Schritt bestand darin, den V-8-Motor auf das Chassis des MGTD zu montieren. Zunächst brachten sie ihn achtzehn Zentimeter höher als normal an; das verlagerte mehr vom Motorengewicht auf die Hinterräder, was dem Wagen eine bessere Bodenhaftung und Beschleunigung verlieh. Letztendlich wurde der Motor volle dreißig Zentimeter über dem Chassis angebracht, wozu man die Trennwand zwischen Motor- und Innenraum rausschneiden mußte, um Platz für das Getriebe zu schaffen. Der vierte Schritt bestand darin, ein Schaltgetriebe von Ford einzubauen und hinten Breitreifen aufzuziehen. Wegen der besseren Übertragung behielten sie das Heck des MGTD bei. Sie bauten eine bessere Nockenwelle und ein leichteres Schwungrad in den V-8 ein und gönnten ihm dann noch drei Stromberg-97-Vergaser. Als sie damit fertig waren, hatten sie eine feurige kleine Kiste – einen richtigen Flitzer.

Als örtliche Teststrecke diente eine alte Ausbildungspiste der Luftwaffe in der Wüste, mitten im Nirgendwo. Im Sommer wurde es dort höllisch heiß. Wenn die Motoren aufgedreht wurden und sich die Auspuffgase mit der Wüstenhitze mischten, wurden die Wagen zu einer Fata Morgana. Die Hitze, die vom Asphalt aufstieg, aus den Auspuffrohren kam und von der Sonne, das heiße Gummi und die dröhnenden Motoren – das ganze Getöse draußen in der Wüste – so eine Art Hotrod-Musik und Hotrod-Wahnsinn.

Puderquasten

Meine Großmutter Gloria und ihre Freundinnen waren auch auf dieser Teststrecke in Texas dabei. Sie stolzierten in hochhackigen Schuhen, engen Jeans und süßen rosa Jäckchen durch die Hitze und den Lärm. Sie nannten sich »die Puderquasten«. Sie schwenkten Startflaggen, saßen auf der Kante der Autositze und feuerten die Fahrer an. Die Jungs fuhren ja nicht aus Jux und Tollerei – so eine Puderquaste mußte man schon dauerhaft beeindrucken, sonst machte sie sich mit einem Besseren aus dem Staub. Klar, oberflächlich gesehen, war das alles süß und lustig, aber auf der Piste wurde es dann ernst. Die Puderquasten waren aus einem einzigen Grund an der Strecke: Sie wollten fahren. Ja, der ganze Stolz meiner Großmutter war es, was sie über die Viertelmeile aus dem MGTD rausholte – wie er bei ihr bockte, aufbrüllte und dann in die texanische Dämmerung davonschoß. Mach Feuer und schipp Kohle rein – Gloria und die Puderquasten holt keiner ein.

Der MGTD schaffte die Viertelmeile in zwölf Sekunden und schoß mit 201 Sachen über die Ziellinie. Damit war er das zweitschnellste Auto in Texas und lag auch noch dreizehn Stundenkilometer über dem US-Rekord. Der schnellste texanische Wagen war damals ein sogenanntes »Stangenteil« *(Rail job)* namens Scorpion. Er brachte es auf 219 Stundenkilometer. Da der MGTD in der Sportwagenklasse fuhr, mußte er Kotflügel haben und Platz für einen Beifahrer bieten. Der Scorpion war ein Stangenteil, hatte also keine Karosserie oder allenfalls eine dünne, selbstgebaute aus Aluminium. Deshalb waren Stangenteile immer leichter und schneller. In der Endausscheidung war der Scorpion der einzige Wagen, der den MGTD schlagen konnte. Und zwei Wochen vor der US-Meisterschaft explodierte der MGTD.

Aus irgendeinem Grund sind Männer fähig, Stunden um Stunden an Motoren rumzuschrauben und sie zu frisieren. Sie verbringen mehr Zeit damit, sich die blutenden Fingerknöchel abzuwischen und Öl in die Stiefel zu reiben als am Steuer zu sitzen. Und das liegt daran, daß sie es beim Fahren spüren – nicht die Geschwindigkeit oder die vorbeirauschende Landschaft, sondern den Motor selbst. Im Kopf des Fahrers läuft rasend schnell ein Zeichentrickfilm ab, der die sich bewegenden Teile des Motors zeigt. Wenn sich das gut anfühlt, fühlt auch er sich gut, und das ist dann herrlich, aber leider läuft es nicht immer so. Wenn ein Mann einen Aussetzer oder ein Spotzen hört, ist er wieder am Schrauben und foltert das arme Ding, bis es aus den Bremstrommeln blutet und sich schließlich vor dem Herrn und Meister verneigt. Wie bei einem Wildpferd.

Da ich weiß, daß es manche Leute interessiert, was unter der Motorhaube vor sich geht, habe ich es hier erzählt, aber den größten Einfluß hatten diese beweglichen Motorteile nicht auf der Rennstrecke, sondern auf die Herzen und das Seelenleben meiner Familie. Das beförderte sie nicht nur quer durchs Land, sondern inspirierte sie überhaupt erst aufzubrechen. Der Rausch der Geschwindigkeit ist der Karamelkern im Lolli des Lebens. Er bringt einen dazu, Dinge zu tun, die man normalerweise nicht tun würde – Disco zu tanzen oder auf Güterzügen zu fahren. Meine Großmutter war mächtig stolz, daß sie diesen Rennwagen fuhr. Das war ein Meilenstein für die Frauen-Power. Markige Sprüche und schnelle Titten.

Tornados

Eines Nachmittags brauste meine Großmutter Gloria in einem Cadillac Coupe de Ville Baujahr '54 über einen Highway in Texas. Sie hatte ihre beste Freundin Billy dabei – zwei wasserstoffblonde Sexbomben, zwei Göttinnen der Landstraße. Meine Mutter war damals fünf Jahre alt, saß auf der Rückbank und lutschte einen Lolli. Der Himmel war so grau wie ein Kanonenboot und sah bedrohlich aus. Der Wind rüttelte leicht an den Dreiecksfenstern. Lautlos schlug ein Blitz ein, und große Steppenhexen kullerten über die Straße. Das Radio spielte Schlager über verlorene Liebe, und der Cadillac schnurrte dahin. Alles war ruhig und schön. Zwei, drei Regentropfen landeten auf der Windschutzscheibe. Ein Tornado setzte auf dem Wüstenboden auf und segelte durchs Gestrüpp – riß die Welt entzwei. Er raste an dem Cadillac vorbei, zerfetzte zwei Stromleitungen und verschwand jenseits der Straße. Meine Mutter lutschte lächelnd ihren Lolli.

Nach diesem Tornado beschlossen Gloria und Don, wieder nach Hollywood zu ziehen. In Kalifornien putzte Gloria in einem lila Minirock und silberfarbenen Go-go-Stiefeletten das Haus. Morgens putzte sie, und nachmittags saß sie auf einem Gartenstuhl am Pool und trank aus einem großen Glas rosa Bali-Hai-Wein. Sie mischte ihn mit Bubble-Up-Limo, steckte ein Schirmchen und etwas Obst hinein und nannte das dann »Weinschorle«. Diese Art, am Pool zu sitzen, bezeichnete man als »Selbstmedikation«, und im LA der 1950er Jahre war das ein sehr beliebter Zeitvertreib. Man brauchte dazu einen Gartenstuhl, eine frustrierte Hausfrau und einen Swimmingpool. Am späten Nachmittag trank Gloria dann Kaffee und bereitete das Abendessen für die Familie zu. Ich glaube, das nannte man damals *Housewifing*. Gloria starb leider jung, noch vor meiner Geburt. Und der Alkohol war nicht schuld daran. Sie wurde in ihrem Lieblings-Outfit beigesetzt – dem lila Minirock und den silberfarbenen Go-go-Stiefeletten.

Transvestiten

Als meine Mom neunzehn war, fuhr sie per Anhalter mit einer Drag Queen namens Spencer von San Francisco nach Key West. Das war im Sommer 1974. Spencer tanzte bei einer Revuetruppe, den »Cockettes«. Sie brauchten zehn Tage nach Key West; und wenn man bedenkt, daß sie in New Orleans zwei Tage Zwischenstop einlegten und in Mexiko einen, dann war das eine Rekordzeit. Spencer trug weiße Hotpants aus Satin, an der Taille geschlitzt, eine rote Samtweste und Flipflops dazu. Meine Mom trug einen knapp geschnittenen, rückenfreien Badeanzug mit Zebramuster und ebenfalls Flipflops. Sie hatte einen Irokesenschnitt. Gemeinsam trugen sie eine Batik-Tasche mit einem Tuch, Schminke und zwei sauberen Unterhosen drin. Das war ihr Outfit während der gesamten Reise – was erklärt, warum sie schnell wie Windhunde nach Key West kamen. Sie wurden von Fernfahrern mitgenommen, wuschen ihre Unterhosen auf Tankstellentoiletten und verliebten sich bis über beide Ohren ineinander.

In El Paso beschlossen sie zu heiraten. Sie konnten keinen Priester bezahlen, und deshalb spendete Spencer Blut, und meine Mutter versetzte einen goldenen Armreif, den sie von ihrem Großvater geschenkt bekommen hatte. Dabei kamen vierzig Dollar zusammen. Sie fuhren rüber nach Mexiko, fanden aber keinen Priester, der sie für weniger als sechzig Dollar getraut hätte. Spencer kaufte meiner Mom ein weißes Leinenkleid mit Rosenstickereien am Ausschnitt und sich selbst ein weißes Bauernhemd aus Leinen. Dann standen sie in der kühlen mexikanischen Nacht auf der Freitreppe vor der Kirche und erklärten sich selbst zu Mann und Frau. Näher ist meine Mutter dem Ehestand nie gekommen. Die übrige Reise verlief glatt. Keine unsittlichen Anträge von schmierigen Typen – einfach nur eine romantische Reise quer durchs Land.

Matrose der Handelsmarine

Meine Mutter und mein Vater lernten einander in Venice Beach kennen. Eine Woche drauf stopften sie sechs Leute, vierzig Liter Red-Mountain-Wein, ein Pfund Gras, genug Meskalin, um einen Esel in ein Einhorn zu verwandeln, und ein Löschpapierblatt LSD in einen Dodge-Van Baujahr '68 (die Drogen hinter die Türverkleidung) und brachen auf. Der Name Dodge besteht aus fünf Buchstaben, und drei davon fehlten, und es waren nur noch ein O und ein D übrig. Nach etwa achthundert Meilen auf dem Highway beschlossen sie, ein Kind zu bekommen. Und das Kind war ich.

Sie zogen nach Dire Woods, einer Nudistenkolonie am Rande von Providence, Rhode Island. Dort gab es einen kleinen See, der im Winter zufror. Die Einwohner von Dire Woods sägten dann ein Loch ins Eis und sprangen ins Wasser. Eine meiner frühesten Erinnerungen ist, wie ich durch so ein Loch springe. Ich weiß noch, wie ich den Atem anhielt und in das schwarze Wasser sah und wie Sonnenstrahlen durch die Wasseroberfläche schossen. Als ich wieder hochkam, fischte mich mein Vater raus, trocknete mich ab und steckte mich dann in die Holzofensauna am Ufer.

Meine Mutter und mein Vater bauten sich im Wald außerhalb der Nudistenkolonie ein Haus. Dort wurde ich geboren. Es war seit fünfzig Jahren die erste verzeichnete absichtliche Hausgeburt in Rhode Island. Meine Mutter hatte das Gebären daheim von einem 87jährigen gelernt, der in einer Hütte am See wohnte. Wir sagten Opa zu ihm. Früher war er Matrose der Handelsmarine gewesen. In seiner Hütte hingen überall Fotos von seinen Reisen: Hawaiianische Mädchen in Baströcken neben Matrosen mit tätowierten Armen und große, hochseetüchtige Schiffe mit Frauennamen am Bug. Er war Autodidakt. Opa bezog seine Kenntnisse aus einer umfangreichen Privatbibliothek, die die Wände seiner Hütte bedeckte. Er gab meiner Mutter alles zu lesen, was sie wollte. Und er war so klug, ihr auch ein paar Bücher über Hausgeburten zu leihen. Zwei Tage nach meiner Geburt brachte sie mich zu ihm in die Hütte. Opa hielt mich auf dem Arm und fragte, ob er mir einen zweiten Vornamen geben dürfe.

»Er ist ein schönes Baby«, sagte er. »Und darum finde ich, daß er mit zweitem Vornamen Beauty heißen sollte.«

Und so kam ich zu meinem zweiten Vornamen – dank eines 87jährigen ehemaligen Matrosen der Handelsmarine, der in einer Hütte in einer Nudistenkolonie in den unerschlossenen Wäldern Rhode Islands lebte. Joe ist nicht mein wahrer zweiter Vorname. Das steht für Joey, den Clown und Tramp. Beauty, Schönheit war es, was Opa in mir sah, und als Baby sah ich das bestimmt auch in ihm. Ich liebe das Meer, den trunkenen Schlurfgang in Hafenstädten, den Duft von Gewürzrum. Und ich glaube, das habe ich vielleicht von Opa.

Das Haus, das meine Eltern bauten, stand eine Viertelmeile vom See entfernt im Wald. Es war ein Holzhaus mit nur einem Zimmer und einem kleinen Dachboden. Das meiste Holz für das Haus hatten sie von Baustellen und aus verlassenen Häusern geklaut. Meine Eltern fanden Häuser, die die Leute – sei's schwerer Zeiten oder gebrochner Herzen wegen – einfach so verlassen hatten. Sie hatten alles dagelassen – Kleider im Schrank und Geschirr in der Spüle. Daraus wurde unser Haus erbaut – aus den Trümmern verstreuter Existenzen –, ein Hillbilly-Wunder, das wir nie so ganz verstanden, bis es dann auch uns erging wie diesen Familien.

Wir hatten ein paar Enten und einen Garten und ein Außenklo, in dessen Tür eine Mondsichel gesägt war. In der Nähe standen noch zwei andere Häuser. Dort wohnten die Freunde meiner Eltern mit ihren Kindern. Die Luft war gut. Sobald ich krabbeln konnte, setzte mich meine Mutter draußen auf den Erdboden und ließ mich loskrabbeln – in den Wald, wo ich stundenlang zu Bäumen sprach, auf Zweigen rumkaute und zusah, wie das Laub fiel. Wenn ich Hunger bekam oder mir kalt wurde, schrie ich, und dann kam meine Mutter mich holen. Das hat mir mein Vater über meine Kindheit erzählt.

Magic Mushrooms

Mein Vater liebte es, durch diese Wälder zu streifen. Gut eine Meile hinter unserm Haus stand ein alter Zigeunerwagen, den sich der Wald einverleibt hatte. Er hatte ein kleines spitzes Dach, das umgeben war von längst zerplatzten Oberlichtern. Der Boden drinnen war verrottet, und dort wuchs ein Strauch, an dem rote Beeren hingen. In diesen Beeren war Zigeunerblut. Dieser Wagen hatte bestimmt eine schöne Geschichte. Wenn man hineinschaute, spürte man Zigeuner-Magie, hörte das friedliche Schnarchen einer Sternguckerin oder Wahrsagerin, hörte alte Zaubersprüche, die Liebe, Reichtum, Fröhlichkeit bringen sollten, ausgesprochen auf den naiven Wunsch hin, solche flüchtigen, schönen Dinge zu erlangen.

Mein Vater erzählte mir, wie er eines Abends Magic Mushrooms aß und dann im Wald hinterm Haus verschwand. Er schlug sich durchs Unterholz und stolperte dann auf ein freies Feld. Der Vollmond schien hell. Auf dem Feld sah er ein Dorf. Dort standen sechs hügelförmige Hütten. Nirgends brannte Licht, und alle Leute schliefen. Er ging zu einer Hütte und berührte sie und roch daran, und dann wurde ihm klar, was es war – ein Heuhaufen. Am Rande des Felds stand eine richtige Hütte, in deren Fenster eine Petroleumlampe brannte. Drinnen sah er einen Schatten, der ein Buch las, und an der Wand ein Gemälde. Der Schatten war ein alter Mann, der hier seit Urzeiten sein Heu trocknete. Mein Vater verschwand wieder im Wald. Ich glaube, er bewunderte diesen Mann dort – seine Abgeschiedenheit und Hingabe inspirierten ihn. Fort, nur fort von der Maschinenwelt – irgendwohin, wo es still ist und ein Mann nachdenken kann.

Wäre mein Dad hundert Jahre früher geboren, dann wäre er Cowboy geworden. Er hätte ein Pferd besessen, eine

Deckenrolle und eine Satteltasche voller Bücher. Und es hätte ihn einzig und allein interessiert, einen Baum zu finden, in dessen Schatten er in aller Ruhe seine Bücher lesen konnte. Meinem Vater war Einsamkeit heilig, und er fühlte sich in Amerika nur dann daheim, wenn er, eine Sonnenbrille auf der Nase, mit seiner Harley-Davidson Vollgas gab und der Fahrtwind ihm den Bart zauste.

Papa Pistolero

Eines Tages, als ich vier oder fünf war, band mich mein Dad auf seinen Rücken, und wir machten eine Wanderung. Wir gingen an Bahngleisen entlang, die sich durch den Wald schlängelten. Wir folgten ihnen, bis wir an eine Straße kamen. Dann wanderten wir zwei Stunden an der Straße entlang und kamen in ein Dorf. Das Dorf bestand aus einer Tankstelle mit einer einzigen Zapfsäule, einem einzigen Mann und einem einzigen Hund. Wir kauften eine Kleinigkeit zu essen.

Wir trafen einen Anhalter, der wie ein mexikanischer Cowboy gekleidet war. Ich nannte ihn Papa Pistolero. Er war wahrscheinlich nicht älter, als ich es jetzt bin. Er trug einen schwarzen Cowboyhut. An den tippte er sich ganz langsam, als wir vorbeigingen. In dem blauen Nachmittagslicht sah er aus wie ein Heiliger – wie er da auf dem weißen Streifen auf der Straße mitten im Nirgendwo stand.

»Keine Sorge«, sagte er. »Es wird schon alles gut.«

Wenn ich jemals ein anderer sein wollte, dann er, mit dem schwarzen Stetson auf – wie er die Welt mit einem milden Lächeln grüßte und sie gleichzeitig mit seinem Blick verlachte. Er schaute die Straße entlang und sah dort etwas, das ich nicht sehen konnte. Wahrscheinlich war irgendwo dort im Gebirge ein Goldrausch ausgebrochen, und am Horizont sah er, wie sich seine Zehncentstücke in Vierteldollarmünzen verwandelten, sich sein hartes Leben doch noch auszahlte und er endlich auf einen grünen Zweig kam.

Unsere Wanderung dauerte drei Tage. Wir schliefen bei Leuten, die wir unterwegs kennenlernten, und bei Leuten, die wir schon kannten. Wenn wir durstig waren, tranken wir Wasser, und wenn wir hungrig waren, aßen wir Sandwiches. Alles ganz einfach. Und ich glaube, es waren diese Ausflüge mit meinem Vater, die in mir die Wanderlust weckten.

Providence

Als ich zwei Jahre alt war, zog meine Mutter aus Dire Woods, Rhode Island, weg. Meine Eltern erzählen unterschiedliche Geschichten darüber, wie und warum es dazu kam. Sie liebten mich von ganzem Herzen, und als sie sich trennten, blieb ich wohl einfach bei meinem Vater. Wie gesagt, die beiden erzählen das unterschiedlich. Und es hat mich auch erst gekümmert, als ich viel älter war. Ich war zu jung, um zu verstehen, was da vor sich ging.

Einem kleinen Jungen kann so was egal sein, aber einen Mann macht so was natürlich total fertig. So war das für meinen Dad. Er führte ein hartes Leben. Als er meine Mom kennenlernte, war er, glaube ich, noch nicht soweit. Er war fast siebenundzwanzig, als sie einander kennenlernten, und meine Mom war mit ihren sechzehn Jahren noch ein Kind. Sie bekam mich mit siebzehn, und ehrlich gesagt, weiß ich von keiner Siebzehnjährigen auf diesem Planeten, die so was hinkriegt. Dafür braucht man Lebenserfahrung, und meine Mom war noch ein Kind. Sie dachte bestimmt, sie wäre kein Kind mehr, aber manchmal ist es halt so, daß Beziehungen einfach nicht klappen – ganz egal, was man denkt und was man ist. Und dann ist es Zeit, loszulassen und weiterzuziehen – auch wenn man nicht genau weiß, ob das jetzt das Richtige ist. Und glauben Sie mir: Die eigene Familie zu verlassen ist wahrscheinlich das Schwierigste, was es auf der Welt gibt.

Nachdem meine Mutter abgehauen war, zog ich mit meinem Vater fort vom See und nach Providence. Wir wohnten in einem Elendsviertel, in der Baker Street. Mein bester Freund war ein kleines schwarzes Mädchen namens Lynette. Sie wohnte mit ihrer Familie gleich gegenüber in einem großen Holzhaus, das sich nach Süden neigte. Der Hof bestand, genau wie alle Höfe in der Nachbarschaft, aus nacktem Erdboden, und immer rannte eine Bande Kinder ums Haus.

Eines Nachmittags kam Lynettes große Schwester hinterm Haus hervorgelaufen. Sie fuchtelte mit den Armen und schrie. Auf der Veranda setzte sie sich hin und hielt sich mit beiden Händen den rechten Fuß. Sie hatte keine Schuhe an. Als wir näher kamen, sahen wir, was passiert war. Oben aus ihrem Fuß ragte die Spitze eines langen Nagels. Lynette sah sich das kurz an und zog ihn dann raus.

Mein Dad und ich bewohnten eine Etage in einem viktorianischen Gebäude. Mitten in unserer Wohnung stand ein Kanonenofen. Einen Klafter Holz für den Winter zu kaufen war billiger, als die Gasrechnung zu bezahlen. Dieser Ofen war das Herz unserer Wohnung. Wir hatten nie einen Fernseher, denn mein Dad hielt nichts davon, und ich kann nicht behaupten, daß mir das was ausgemacht hätte. Abends saß ich mit Schere, Kleber, Pappe und Klebeband in der Nähe des Ofens und bastelte irgendwas. Ich war ein Künstler. Wir waren arm, aber es war ein schönes Leben.

Eines Tages lief ich mit meinem Bollerwagen durch die Nachbarschaft. Ich spielte ganz allein. Als ich um die Ecke zu unserem Haus bog, blieben vor mir auf dem Gehsteig drei schwarze Jungs stehen, die zwei Köpfe größer waren als ich. Der Größte von ihnen langte in seine Hosentasche und zog eine große, glänzende Münze hervor. Ich blieb vor ihnen stehen und sah zu ihm hoch.

»Wo willst du hin?« fragte er.

»Nach Hause.«

Er legte die Münze auf seinen Handteller und hielt sie mir vors Gesicht, so daß ich sie gut sehen konnte.

»Die gebe ich dir für den Wagen.«

Ich betrachtete erst die glänzende Münze, dann meinen ramponierten Bollerwagen.

»Die Münze würdest du mir für meinen Wagen geben?«

»Klar doch.«

Ich dachte kurz darüber nach. Die Münze mußte viel mehr wert sein als mein Wagen. Sie war nagelneu und wahrscheinlich aus irgendeinem Edelmetall, vielleicht sogar aus Silber. Ich nahm sie, ehe er es sich noch anders überlegte. Ich schüttelte ihm die Hand, gab ihm die Deichsel und lief schnell nach Hause. Mein Dad war gerade in der Küche und spülte Geschirr. Ich war außer Atem. Ich hob die Münze hoch und ging zur Spüle.

»Schau mal, was ich habe!«

»Wo hast du denn die her?« fragte er.

»Die haben mir die Jungs auf der Straße gegeben.«

»Wofür?«

»Ich habe ihnen meinen Wagen gegeben.«

»Du hast ihnen deinen Wagen gegeben?«

»Ja, aber damit kann man bestimmt einen neuen kaufen und vielleicht sogar noch mehr.«

Er trocknete sich an einem Geschirrtuch die Hände ab, nahm die Münze aus meiner Hand und betrachtete sie im Licht des Fensters.

»Da haben wir aber eine mächtig tolle Münze. Ein Fünfcentstück. Sehr selten.«

»Fünf Cent?« Ich nahm ihm die Münze weg und sah sie mir ganz genau an. »Wieso fünf Cent? Das ist doch Silber oder Gold oder so was. Schau nur, wie sie glänzt.«

Ich habe meinen Bollerwagen für fünf Cent verkauft. Ich habe ständig solchen Mist gemacht. Ich hatte kein Verhältnis zu Geld. Es hat mir nie viel bedeutet. Ich glaube, mein Vater hielt das für eine Tugend, denn er hat nie versucht, mir etwas anderes beizubringen.

Billardsalons

Als ich acht war, packten wir zusammen und zogen nach Denver. In Denver gibt es zwei Straßen, die wahre amerikanische Kultur beherbergen: den Broadway und die Colfax Avenue. Die Colfax verläuft von Ost nach West, der Broadway von Nord nach Süd. Sie kreuzen sich in der Innenstadt und führen dann hinaus in die hügeligen Vororte von Denver. Die Colfax wird auch »cold facts« genannt – nackte Tatsachen. Der Broadway beginnt mit dem Pfandhaus Wedgel's, dem 404 Saloon und geht dann zu Autohäusern und Einkaufszentren über. In der Nähe des 404 und von Famous Pizza war früher ein Billardsalon. Ich weiß nicht mehr, wie er hieß. Er hat schon vor Jahren dichtgemacht. Da bin ich mit meinem Dad immer hingegangen und habe Pool gespielt. Es war ein Spielsalon – für Kinder geeignet, schätze ich mal. Es war der einzige Laden in der Stadt, wo ein Mann trinken und

seine Kinder mitbringen konnte. Über jedem Billardtisch hing eine dicke Wolke Zigarettenqualm. Und ein
paar müde alte Männer hielten sich an Queues aufrecht.
Die konnten im Stehen schlafen – wie Pferde. Oder wie
Hobos, die vor einer Suppenküche anstehen. Es war still
in dem Laden. Nur alle paar Stunden mal gab es einen
Streit, hörte man einen richtig harten Anstoß oder einen Spielball auf den Holzboden knallen. Doch meistens
ging es dort ruhig und friedlich zu. Mein Vater kaufte mir
einen Queue. Er war einen Meter lang, und ich bewahrte
ihn immer neben meinem Bett auf. Er dachte sich, wenn
ich lernte, gut Pool zu spielen, hätte ich immer was, wo-
mit ich notfalls Geld verdienen könnte. Diese Abende –
die Stille und Anspannung – prägten mich. Ich über-
redete meinen Vater, mir bei Sears Roebuck einen Anzug
zu kaufen. Die meisten Typen in dem Salon trugen An-
züge. Es waren kultivierte Männer, Männer von Format,
die Lincolns und Cadillacs fuhren. Richtige Amerikaner.
Wir kauften einen himmelblauen Dreiteiler. Es gefiel mir,
einen Dreiteiler zu haben, denn wenn ich in den Salon
kam, konnte ich das Jackett ausziehen und ein bißchen
mit meiner Weste angeben. Darunter trug ich immer ein
weißes Hemd. Ich wurde ein ziemlich guter Poolspieler,
und wenn eine Dame aus dem horizontalen Gewerbe
hereinkam, war ich stets der erste, dem sie zulächelte
und zuzwinkerte. Nach ein paar Malen gewöhnte ich
mich daran – so sehr, daß ich es seither nicht mehr mis-
sen möchte.

Als Teenager kam ich eines Nachmittags auf meinem
Fahrrad an dem Billardsalon vorbei. Die Männer in den
Anzügen strauchelten zur Tür heraus, betrunken und in
einer Qualmwolke. Da wurde mir klar, daß sie im Grunde
nur Penner waren – ein Rudel Wildhunde in Fischgrat-
Anzügen. Die fuhren ganz bestimmt keine Lincolns oder

Cadillacs. Die konnten sich nicht mal die Umarmung einer Nutte leisten.

Da war Broadway Forty, der sich, wenn er auf der Colfax war, Colfax Forty nannte, und Arky Dan, ein Tramp aus Arkansas, und Tex, der immer eine Colabüchse dabeihatte, mit einem Zehncentstück und ein bißchen Goldlack unten drin. Er schüttelte die Dose, hielt sie sich unter die Nase, atmete tief ein und lachte laut. Manche von ihnen waren gut und manche böse, aber was sie auch waren – sie *lebten* wirklich, ließen Denver alt aussehen und ragten wie Bigfoots in den taubenblauen Himmel von Colorado. Wenn mein Dad schlecht über diese Männer geredet hätte, wäre ich wahrscheinlich nie auf einen Güterzug aufgesprungen. Er vertraute mir einfach. Er wußte, daß ich schon auf mich aufpassen würde, und wenn nicht, würde ich etwas daraus lernen.

Als ich zwölf war, saß ich eines Nachmittags mit meinem Dad in Mary's & Lou's Diner am Broadway, und ein Tramp kam herein. Er trug einen Anzug, der von Hundebissen zerfetzt war. Auf einem seiner Hosenbeine zeichnete sich ein länglicher Pissefleck ab. Ich war mir nicht sicher, ob es Pisse war, und fragte meinen Dad danach.

»So was passiert, wenn man zuviel trinkt«, lautete seine Antwort.

Ich sah dem Mann ins Gesicht, und er war tatsächlich stinkbesoffen. Ich trinke nicht viel; der Anblick dieses Pisseflecks hat mir nicht gefallen.

Und jetzt ich

Mein Vater lernte in Denver das Maurerhandwerk. Mit fünfzehn fing ich an, im Sommer für ihn zu arbeiten. Nach drei Jahren war ich ein ziemlich guter Maurer. Als mein Dad und ich zusammenarbeiteten, wurde es happig. Das Leben war ohnehin schon hart, und das machte es noch schlimmer.

Als ich aus der Mendoza-Ziegelei abhaute, hatte ich dieses Leben satt. Darum mußte ich weg. Irgendwas in mir drängte mich dazu – so einfach ist das. Vielleicht brauchte ich einfach einen klaren Kopf, um Entscheidungen treffen zu können. Wenn Dad gewußt hätte, daß ich nicht wiederkommen würde, wäre er hundert Meilen auf dem Highway hinter mir hergelaufen. Aber er wußte es nicht, und ich wußte es selber kaum, bis ich dann stehenblieb und einen Daumen rausstreckte.

WYOMING

★ Evanston   •Cheyenne

•Denver★

Central Pacific Railroad
Old Emigrant Road

Station House

Old Emigrant Road

♥ Kauffman's Old Station

Central Pacific Rail Road

Old Emigrant Road

2
Von Denver nach Wyoming

24. Oktober 1991, bei Sonnenuntergang

Zwei Stunden nachdem ich die Ziegelei verlassen hatte und zweihundert Autos später hielt ein Mann neben mir, der einen Cowboyhut trug. Ich klopfte mir am Chassis seines Tornado die Stiefel ab und stieg ein.

»Du willst aber nicht weit, oder?« fragte er.

»Weiß ich noch nicht. Wenn sich das Wetter hält, wer weiß, schaff ich's heute bis ans Ende der Welt.«

»Na, ich kann dir nur raten, hier draußen verdammt vorsichtig zu sein.«

Er langte in seine Aktentasche, gab mir ein Mortadella-Sandwich und warf dann seinen Hut nach hinten. Er landete auf dem Boden vor der Rückbank, auf den Zigarettenkippen und der Asche einer langen Fahrt. Es war verdammt noch mal das leckerste Sandwich, das ich je gegessen hatte. Das erste Mal, daß ich den Geschmack der Freiheit kostete.

Der Mann sah mich an.

»Hast du mal von diesen deutschen Zimmermännern gehört? Die schicken sie als Teil der Lehre mit 'nem

Schlafsack und 'ner schwarzen Schlaghose los, und dann müssen sie sich drei Jahre lang die Welt anschaun. Man kann sich da draußen schnell verlieren, wenn man nicht aufpaßt. Ha! Und dann diese Buddhisten ... Die kriegen bloß 'ne Flöte mit.«

»Das ist mehr, als ich habe.«

»Ja, aber es geht auch noch härter. Die Aborigines, die laufen in Australien im Hinterland rum und haben absolut nichts dabei, nichts – nur ein Gebet. Genau wie Jesus.«

»Ein Gebet, ja? Na, vielleicht ist das die Lösung für mich.«

Während wir durch den abendlichen Regen fuhren, sah ich zu, wie die Wassertropfen über die Motorhaube glitten und dann auf der Windschutzscheibe verschwanden. Wir fuhren auf dem Interstate 25 nach Norden, in Richtung Fort Collins. Im Herbst brechen hier regelmäßig schwere Gewitter herein. Sie ziehen am späten Nachmittag auf, schütten duftenden Regen auf die Gebirgsausläufer, verwandeln den blauen Himmel in einen plätschernden Bottich aus grauen Wolken und Blitzen und verschwinden dann im Osten. An diesem Nachmittag goß es wie aus Kübeln. Wir fuhren mit etwa hundertvierzig km/h im Windschatten einer Zugmaschine.

»Diese Trucker tun sich zusammen und halten dann ihr Tempo, mit einem Ohr immer am CB-Funk und mit dem anderen am Achtspurband. Immer einer hinterm andern her! Oh ja! Schön Stoff geben, da sinkt einem das Kinn nicht auf den Lenker, und dann heißt es: freie Fahrt bis ganz nach Hause. Oh ja!«

Mein Fahrer klopfte mit dem rechten Zeigefinger aufs Armaturenbrett und zog ein kleines weißes Fläschchen aus seiner Hemdtasche. Er kippte sich zwei Tabletten in den Mund, schluckte sie und warf den Behälter dann aus dem Fenster. Ich hatte so das Gefühl, daß ich viel Zeit in schnellen Autos und auf einsamen Raststätten verbringen würde. Groß was anderes als durchfahren kann man in diesem Landesteil nicht tun. Leichtsinnige Fernfahrer schwitzen am Lenkrad vor sich hin, und Zuckerpillen tanzen durch ihr Blut. Sie sind scharf auf die Parkplatznutten*, nähren sich von ihren Sünden, und wenn sie aufwachen, widmen sie sich wieder mit ganzem Stolz dem Gaspedal.

Mitten in der Nacht kamen wir nach Wyoming. Und bei Sonnenaufgang winkte ich meinem neuen Freund von einem alten Truck Stop aus nach. Ich war irgendwo mitten in Wyoming – wo genau, wußte ich nicht, und es war mir eigentlich auch egal. Die Fenster des Raststättenrestaurants waren beschlagen von den dampfenden Eiern und selbstgemachten Fritten. Eine Frau in Blau hielt mit einer Kaffeekanne über einem Becher inne und sah hoch. Sie lächelte durch die Wolken, die sich wie Baumwollbällchen im Fenster spiegelten, und sah hinaus auf das Ackerland. Der Wind riß eine Wolke über den Himmel und schleuderte sie hinter den Horizont. Die Sonne schob ihre Nase über den grünen Rand, und die Erde schlug die Augen auf und lächelte.

Ich zog die Tür auf und ging an den Fenstern entlang. Ich fand einen freien Platz am Tresen und legte meinen letzten Dollar hin. Ich setzte mich und sah den vorbeifahrenden Lastern zu. Gegenüber sprang ein Pferd über einen Zaun und lief dann mit wehender Mähne und erschrecktem Blick an der Straße entlang. Die Laster wichen ihm hupend aus und wirbelten Staub dabei auf. Sie machten

* Auf LKW-Parkplätzen werden diese Frauen »Lot Lizards« genannt, und sie »bedienen« manchmal bis zu zehn Trucker pro Parkplatz und Nacht. Ein alter Tramp-Begriff für Prostituierte ist »Bat« – Fledermaus; wahrscheinlich, weil man sie meist erst nach Einbruch der Dunkelheit »umherflattern« sieht.

hier sowieso Kaffeepause. Ein Trucker stieg aus seiner Fahrerkabine und humpelte zur Tür herein, seinen Hut in der Hand und sich die Stirn abwischend.

»Den Hengst da hätt ich fast erwischt.«

Ein paar Männer winkten ihm zu, als er weiter zur Toilette humpelte. Mit seinem rechten Bein machte er nur kurze Schritte. Ich drehte mich wieder zum Tresen um. Die Kellnerin ließ eine Kaugummiblase platzen und zückte hinterm Ohr einen Bleistift hervor. Sie hatte rotbraunes Haar und einen hollywoodreifen Schönheitsfleck über den knallroten Lippen.

»Was darf's denn sein?«

»Etwas Toast bitte.«

»Tut mir leid, Schätzchen, aber das reicht nicht für Toast.«

»Was bekomme ich denn dafür?«

»Kaffee.«

»Ich mag aber keinen Kaffee.«

»Schau mal, Schätzchen, diese Männer hier lieben ihren Kaffee mehr als ihre Frauen, also gewöhnst du dich besser dran.«

»Sie sind bestimmt verheiratet«, sagte ich.

»Nich mehr, nee. Meinen letzten Mann hätte ich am liebsten abgeknallt. Aus fünfhundert Meter Entfernung.«

»Und was ist, wenn Sie mal einen Mann lieben?« fragte ich.

»Dann liebe ich ihn zu sehr.«

Sie brachte mir trotzdem Toast, und ich aß ihn langsam. Ich drehte mich auf dem Hocker so, daß ich sehen konnte, wie die Toilettentüren aufgingen. Der Trucker hielt kurz inne und schloß dann die Tür hinter sich. Ein kalter Lufthauch folgte ihm an den Tresen. Vor dem Neonlicht zog er sich die Hutkrempe in die Stirn und klopfte dann im Aschenbecher eine Zigarette fest.

»Kaffee bitte.«

Er schob den Serviettenspender und die anderen Utensilien beiseite und legte seinen Hut verkehrt herum auf den Tresen. Er atmete ein paarmal stockend und hustete dann in eine Serviette.

»Alles in Ordnung mit Ihnen?«

»Ja, nur mein Asthma macht mir zu schaffen.« Er knüllte die Serviette zusammen und warf sie in den Müll.

»Wie läuft's auf der Bahn?« fragte er.

»Der was?«

»Der Straße – wie läuft's auf der Straße?«

»Oh, wunderbar.«

»Wo willst du hin?«

»Weiß ich noch nicht so genau. Wahrscheinlich einfach erst mal Richtung Norden, und hoffentlich klart sich das Wetter auf.«

»Das ist was Schönes, weißt du. So eine Chance kriegen nicht viele Leute.«

»Chance? Ich weiß nicht, was Sie meinen. Mir kommt das ziemlich einsam vor.«

»Einsam ist es auf alle Fälle. Wenn du lange genug hier draußen bist, wirst du gar nichts anderes mehr erleben als Einsamkeit. Und meistens wird es dir nicht gefallen.«

Ich rieb mir die Augen und sah nach draußen.

»Wie Sie das so sagen, kommt's mir in meinem Wohnwagen daheim richtig warm vor«, sagte ich.

»Deinem Wohnwagen? Daran solltest du nicht mal denken. Siehst du das?« Er drehte sich auf seinem Hocker um und zeigte auf den Highway hinter der überfrorenen Fensterscheibe.

»Das ist möglicherweise der letzte sichere Ort in ganz Amerika. Du bist jung, und glaub mir: Da draußen gibt's nicht viele junge Leute. Eher jag ich dich hier zur Tür raus als daß ich zulasse, daß du nach Hause gehst.«

»Was reden Sie da eigentlich?« fragte ich.

»Ich rede über einen gesunden jungen Mann, der dorthin geht, wo er noch nie war.«

Er beugte sich über den Tresen, lehnte sich dann wieder zurück und rührte seinen Kaffee um, so daß der Fettfilm verschwand.

»Versuchen Sie mir gerade irgendeinen Rat zu geben?« fragte ich.

»Ich versuche gar nichts. Ich bitte dich nur, Geduld zu haben, weiter nichts.«

Ich sah mir die anderen Trucker an. Er war der einzige von ihnen, der nicht müde aussah. Er hatte ein Funkeln in den Augen. Ich nahm mir eine Serviette vom Tresen und fing an, darauf zu schreiben. Erst ging es nur langsam, aber sobald die Tinte in die Serviette floß, war es ein angenehmes Gefühl. Es kam mir ganz natürlich vor.

»Was schreibst du denn da?«

»Nur so 'ne Art Tagebuch. Ich denk mal, meine Kinder wird es vielleicht interessieren, was ich so alles gemacht hab.«

»Ich hab auch mal versucht zu schreiben. Hat nicht geklappt. Ich kann viel besser reden. Schätz ma, ich werd meinen Kindern 'n Ohr abquatschen. Wenn ich denn je mal Kinder habe. Ich bin ja nicht mehr der Jüngste, und ehrlich gesagt, hab ich eine Scheiß-Angst davor, Kinder zu haben.«

»Wieso das?«

Er machte mit seinem Hut rum, klopfte den Staub vom Filz.

»Wegen meinem Dad wahrscheinlich. Er hat's nie so gemacht wie die anderen. Alles immer auf die knallharte Tour. Verstehst du? Er hatte es immer schwer, ist in den Fünfzigern aufgewachsen. Dann kam Vietnam, und hinterher hatte er keine Chance mehr.«

Ich dachte kurz darüber nach, verstand es aber nicht.

»Wie meinen Sie das – er hatte keine Chance mehr?«

»Er ist verletzt worden. Sein Unterkiefer, sein Stolz. Keine Ahnung. Ich schätze mal, als er wiederkam, haben wir alle gedacht, es wird wieder wie früher. Wurde es aber nicht.«

Ich aß meinen Toast auf und wischte mit einer schmutzigen Serviette den Tresen ab.

»Und wohin fahren Sie als nächstes?« fragte ich.

»Eigentlich bin ich hier, um mich mit meinem Vater zu treffen.«

»Fährt er denn einen Laster?«

»Nein, er fährt mit dem Zug.«

»Mit dem Zug, ja? Ist denn hier irgendwo ein Bahnhof?«

»Nein, nicht so mit dem Zug.«

»Ah ... verstehe.«

Ich guckte, als wüßte ich, worüber er da sprach.

»Güterzüge. Er fährt auf Güterzügen. Das meinte ich damit, daß er's nie so macht wie die anderen.«

»Wann kommt er denn an?«

»Bald. Bei Güterzügen weiß man das nie so genau. Ich habe hier schon mal tagelang gewartet, meinen Namen auf Servietten geschrieben, im Wagen geschlafen ...«

»Dann kommt er öfter hier durch?«

»Nur im Herbst. Er bildet sich gern ein, er hätte keinen Zeitplan, aber ich weiß ganz genau, wo er im Laufe des Jahres so ist. Er folgt dem Lauf der Sonne – wie jeder vernünftige Vogel. Wie er immer sagt: ›Solange man den Bauch voll hat und nicht friert, ist alles andere eine Frage der Einstellung.‹«

»Ja, das klingt ganz vernünftig.«

Ich sah wieder zu der Pendeltür rüber. Der letzte Gast stieg eben in seinen Wagen. Draußen erfaßte ein Unwetter die Stromleitungen. Die Lampen flackerten kurz und weckten den Koch auf seinem Stuhl. Er sah auf die Uhr an der Tankstelle, ging dann zur Tür, schloß sie ab und drehte das Schild um. An der Glastür hingen ein paar Regentropfen.

»Die machen hier aber früh zu, oder?«

»Ja, die nennen das Siesta. Alle gehen nach Hause und machen Mittagsschlaf.«

»Sind Sie selber mal mit diesen Zügen gefahren?«

»Ich bin auf Güterbahnhöfen groß geworden. Ich konnte mich schon prügeln, da konnte ich noch nicht mal buchstabieren. Ich weiß noch, wie mein Dad immer die Hand hochgereckt und gewinkt hat. Das hat er jedesmal gemacht, wenn wir aus einer Stadt abgehauen sind. Dann hat er erst seine Schultern und dann meine Schultern abgeklopft, und dann sind wir zurückgegangen zum Güterbahnhof. Er hat immer ganz unscheinbar getan. Und jedesmal wenn wir aus einer Stadt abgehauen sind, war er mit einem Mal wieder ganz der alte. Die Leute hatten nicht mal gemerkt, daß wir dagewesen waren. So hatte er es gern. Er glaubte, es wäre sicherer so. Er war genau wie ein alter Indianer, der hinter sich alle Spuren verwischt.«

Er stand auf und tippte sich Richtung Kellnerin an den Hut. Sie goß seinen Kaffee in einen Styroporbecher um und brachte uns zur Tür. Für eine Sekunde verliebte ich mich in sie. Dann nahm er sie in den Arm und erwiderte ihr Lächeln. Ich sah, daß er viel ältere Rechte bei ihr hatte. Ich hatte keine Chance. Sie schloß hinter uns die Tür zu, gerade noch rechtzeitig, um den naßkalten Wind draußen zu halten.

Die Kokosnuß

Wir gingen um das Gebäude rum, und ich zog den Reißverschluß meiner Jacke zu. Ich schob eine Hand in die
Jackentasche und spürte etwas zwischen den Fingern. Es
war eine alte Ansichtskarte aus Mexiko, die mein Vater
mir geschenkt hatte. Ich blieb stehen und sah sie mir an.
Die liebliche Landschaft Mexikos war darauf zu sehen.
Für einen kurzen Moment gab diese Karte meinem Leben
einen Sinn, eine warme Brise, auf die ich mich freuen
konnte. Vielleicht würde ich es nach Mexiko schaffen.
Wenn ich lange genug wanderte, würde ich eines Tages
dort unten ankommen, dachte ich. Es mußten mindestens tausend Meilen bis zur mexikanischen Grenze sein,
und wie zum Teufel sollte ich ohne Geld tausend Meilen
weit kommen? Vielleicht würde ich es trotzdem versuchen und vielleicht auch nicht. Wie es dann kam, mußte
ich diese Entscheidung gar nicht treffen – das nahmen
mir die nächsten beiden Tage ab. Eine Schrotflinte und
Tortillas hatten einen gewaltigen Einfluß auf mich.

An der Rückseite des Restaurants angekommen, holte
der Trucker zwei rostige Eimer hinten aus seinem alten
Lincoln. Er setzte sich auf einen davon, nahm seinen Hut
ab und legte einen Stein auf die Krempe. Ich setzte mich
zu ihm und streckte meine Hand aus.

»Ich heiße Eddy Joe Cotton.«

Als ich auf dieser Raststätte in Wyoming ankam, spiegelten sich fluffige weiße Wolken auf dem Fenster. Sie
erinnerten mich an Baumwollbällchen. Es war ein schönes Gefühl – weich, himmlisch. Ich wollte dem nachei-
fern. Daher der Name Cotton – Baumwolle. Joe kommt
von Joey, was Clown bedeutet. Ich habe keine Ahnung,
wie ich auf Eddy gekommen bin. Und ich weiß auch
nicht so recht, warum ich das machte. Ich war neu im

Trampleben und fand es passend, meinen Namen zu ändern.

Er schüttelte mir die Hand.

»Half-Step. Hab vier Zehen verloren, als ich mal aus 'nem Zug gefallen bin.«

Er lächelte.

»Oder Jack – ganz wie du willst.«

Jack saß auf dem Eimer und kämmte sich das Haar. Der Wind zerzauste es immer wieder, und immer wieder kämmte er es. Er war ein reizender Mensch. Ich glaube, er war nervös, denn als wir draußen waren, sprach er nicht mehr viel. Wir saßen schweigend da, und ich überlegte, ihn zu fragen, wo wir waren – in welchem Ort. Das Wetter war nicht groß anders als daheim, nur daß es früher anfing zu regnen und der Regen kälter war und sich eher wie Schnee anfühlte. Und wie es aussah, würde es auch binnen Stunden anfangen zu schneien. Wir mußten ziemlich weit im Norden sein.

Es waren immer noch ein paar Sterne zu sehen, und ich hatte Angst. Ich war so schnell und eingeschnappt aus Denver abgehauen, daß ich keine Zeit gehabt hatte, darüber nachzudenken. Daheim lief zwar nicht alles bestens, aber wenigstens hatte ich es da warm.

Erst wird man wütend, und dann rastet man aus, und schwups, schon hat man den Verstand verloren. Ich war nicht nur wütend von zu Hause abgehauen, sondern auch mit leeren Händen, und das war es, was mir angst machte. Das einzige Essen, das ich hatte, befand sich in meinem Magen. Amerika ist ja das Land, wo Milch und Honig fließen, nicht wahr? Also, das hoffte ich jedenfalls.

Meine einzige andere Möglichkeit bestand darin, nach Denver zurückzukehren. Denver ist wirklich nicht so schlimm, aber die Erwachsenen da hatten mir gesagt, daß

es allmählich Zeit wurde, daß ich Verantwortungen über-
nahm und ein geregeltes Leben führte. Diese Aussicht
hatte mir gar nicht behagt. Ich hielt nichts von der Le-
bensphilosophie der Erwachsenen. Ich war überzeugt, daß
ich tun konnte, was ich wollte und wann ich es wollte,
und daß ich, wenn ich da weniger dickköpfig wäre, meine
Freiheit würde aufgeben müssen. Ich hatte keine Ahnung
gehabt, daß frei zu sein auch bedeutet, daß man hungrig
ist. Mit Gottvertrauen konnte ich kein Mittagessen bezahlen. Wenn man kein Geld hat, kriegt man nichts zu
essen. Ganz einfach.

Ich wollte nicht alt werden, aber an diesem Nachmittag mit Jack beschloß ich, daß ich, wenn es denn sein
mußte, ein »Mann der Landstraße« werden wollte – ein
Tramp. Ein Mann, der sich nicht an Regeln halten muß.
Ein Mann, der macht, was er sich vorgenommen hat. Dabei würde ich mir vielleicht ein paarmal eine Erkältung
einhandeln. Ich würde über den einen oder anderen Zaun
klettern. Ich würde vielleicht im Dreck schlafen. Ich
würde hinter einer Raststätte in Wyoming hocken und
auf einen Zug warten. Ich würde vielleicht auf diesen Zug
aufspringen. Aber was ich auch tat – ich würde mich
nicht verbiegen lassen. Vielleicht würde ich nach Mexiko
gehen und und von dort aus den Polarstern betrachten, und
nach ein oder zwei Wochen würde ich mich vielleicht da
wohl fühlen.

Manchmal ist das Leben einfach nur traurig. Als ich
auf diesem Eimer saß, dachte ich an ein Wochenende, das
ich mit meinem Dad in Malibu Beach verbracht hatte.
Alle um uns her hatten schicke Sonnenschirme und glän-
zendes Haar. Wir waren die einzigen am Strand, die Jeans
trugen und keinen Sonnenschirm hatten. Als ich aus
Denver abhaute, dachte ich an den Sand und dieses Surf-
paradies. In Malibu strahlte einem dieses Paradies von

den Reklametafeln entgegen, als wäre es das Allerwichtigste – etwas, das jeder haben sollte. Als mein Dad und ich dann in Malibu ankamen, wurde mir klar, daß wir nicht dorthin gehörten und nie dorthin gehören würden.

Ich dachte an Jacks fehlende Zehen. Diese Zehen vermißte er bestimmt sehr. Ich war jedenfalls sehr froh, daß ich noch alle hatte.

»Äh, das mit deinen Zehen, Jack.«

»Ja?«

»Wie ist das passiert?«

»Ich war besoffen. Ich hab versucht, auf einen Zug aufzuspringen, der zu schnell war. Wenn man ab einem gewissen Tempo nach so einer Leiter greift, überschlägt man sich und fliegt so richtig auf die Schnauze.«

»Das ist gut zu wissen.«

»Allerdings.«

Drei Stunden später tauchte am Horizont ein alter, ramponierter Zug auf. Die Lichter der Lok warfen lange Schatten über den kahlen Boden. Jack stellte sich in den Wind und salutierte dem Lok- und dem Zugführer. Sie winkten zurück. Der Zug hatte vorn zwei schmutzige Lokomotiven, und dahinter ruckelten kaputte Güterwaggons, schwer mit Altmetall beladen, mit alten Autoteilen und Schrott. In den meisten Waggons waren aber nur stapelweise zersplitterte Holzkisten und zerrissenes braunes Packpapier. Fünfzehn Wagen später bremste der Zug gerade so weit ab, daß ein alter Hobo abspringen konnte. Ein kleiner, dürrer Mann mit geschwärztem Gesicht flog aus dem Zug und kullerte ein paar Meter weit über den Schotter. Dann lag er kurz da und schüttelte den Kopf. Jack lief hin und hob ihn an den Achseln hoch.

»Du weißt doch, du sollst das nicht tun!« sagte Jack.

»Ach, Scheiße! Ich wollte den Halt nicht schon wieder

verpassen. Beim letzten Mal hab ich zwei Tage gebraucht, bis ich wieder hier war.«

Der Zug bremste weiter ab, bis er fast zum Stillstand kam.

»Siehst du! Die halten für dich. Mann, das ist ein Schrottzug. Denen ist ganz egal, wo sie halten, und du weißt ganz genau, daß sie sowieso immer für dich halten, und jedesmal springst du kurz vor dem Halt ab.«

»Mann, aus Spaß mach ich das bestimmt nich.«

Jack warf die Hände hoch und ging dann am Gleis entlang das Gepäck seines alten Herrn holen. Sein Dad lief ihm nach und riß es ihm aus der Hand. Es war ein alter Seesack, an dem eine aufgerollte Decke festgebunden war. Er öffnete den Reißverschluß des Seesacks und zog eine große braune Nuß hervor.

»Schau mal, was ich dir mitgebracht hab.«

»Was zum Teufel ist das denn?«

»Was das ist? Das ist eine Kokosnuß, direkt aus Mexiko.«

»Was soll ich denn verdammt noch mal mit einer Kokosnuß?«

»Die ist gut gegen dein Asthma. Schau mal, siehst du den Dübel da? Ich habe das Ding aufgebohrt und dann mit Honig gefüllt. Dann hab ich drauf geachtet, daß keine Luft mehr drin ist. Dann hab ich sie auf dem Güterbahnhof in Missoula vergraben und da von Vollmond bis Vollmond liegen lassen. Wenn du den Honig trinkst, soll das gut sein für deine Lunge.«

Jack nahm die Kokosnuß und kam zu mir.

»Hey, Dad! Das hier ist Eddy Joe Cotton. Er hat grade selber mit dem Trampen angefangen.«

Der alte Mann klopfte sich die Klamotten ab und streckte mir dann seine schmutzige Hand entgegen. Er stank wie eine Forelle, die seit zwei Tagen vor sich hin fault. Er trug eine mit Öl beschmierte Lokführermütze, aus deren Schirm lange Nägel ragten, und er war klein – allerhöchstens eins fünfundfünfzig.

»Ein Vagabunden-Kollege, und dann auch noch ein so junger. Also ... man nennt mich Alabama, und das hier ist mein Zuhause. Es ist nicht viel, aber es ist gut genug.«

»Dein Zuhause?«

»Camp, Zuhause, nenn es, wie du willst. Das hier ist nur eins davon, ich habe Camps in vier Bundesstaaten, und die sind nicht alle so hübsch wie das hier, aber das ist egal, solange man den Mond sehen und frische Luft schnuppern kann.«

Er hob die Nase und streckte die Arme aus.

»Was gibt's zum Abendessen, Jack?«

»Ich hab ein paar Dosen im Wagen.«

»Hast du auch Chili?«

»Ja, ich hab dir dein Chili mitgebracht.«

Alabama rieb sich die Hände, und Jack ging zum Wagen.

»Ist ein paar Tage her, daß ich was gegessen hab.«

»Ein paar Tage? Warum denn so lange?« fragte ich.

»Kein Geld. Und im letzten Wohnheim, wo ich gegessen hab, hätten sie mich fast vergiftet.«

»Ich könnte auch was zu essen gebrauchen.«

Alabama ging zu dem alten Lincoln und setzte sich auf die Motorhaube. Ich folgte ihm und setzte mich wieder auf den Eimer.

»Weil ich Veteran bin, krieg ich jeden Monat einen Scheck, aber der reicht nur für zwei Wochen. Anschließend sind Mülltonnen dran oder Suppenküchen oder was auch immer. Man kann sich überall auf der Welt durchschlagen, wenn man Grips hat. Schau dich um, schau dir die armen Leute an. Die wissen, wie man überlebt. Das Wichtigste ist: immer beten. Ich weiß ja nicht, wer oder was Gott ist, aber da draußen gibt es irgendwas, und wenn du daran glaubst, hast du immer was zu essen. Manchmal ißt du wie ein König und manchmal wie ein Penner, aber das ist gut so, das hält alles im Lot.«

»Im Lot? Wie meinst du das?«

Ich kriegte schnell mit, daß Alabama sich gerne reden hörte.

»Ich meine: Wenn du dich immer wie ein König fühlst, vergißt du, wie es ist, ein Penner zu sein, und wenn du dich immer wie ein Penner fühlst, vergißt du, wie es ist, ein König zu sein. Und beides wäre absoluter Quatsch. Am vernünftigsten ist es, genau in der Mitte zu leben. Da gehören wir alle hin: genau in die Mitte.«

Er hielt sich den Zeigefinger an die Nase und zeigte dann damit auf den Mond.

»Ist er nicht hübsch?«

»Ja, das ist er, Alabama. Ja, das ist er.«

Eine kalte Brise

Ein paar Minuten später kam Jack wieder hinter dem Gebäude hervor. Er trug einen Stapel Holz und eine verknitterte Papiertüte. Er holte drei Dosen aus der Tüte, knüllte sie zusammen und warf sie auf die Feuerstelle. Sie landete auf einer rußigen Blechbüchse und ein paar Glasscherben. Er kniete sich hin, nahm zwei Steine und stellte sie links und rechts neben die Tüte. Alabama sammelte etwas Anzündholz, formte eine Pyramide daraus und steckte es mit einem Streichholz an.

Als das Feuer in Gang kam, nahm Alabama sein Buck-Messer und setzte die Spitze auf den Deckel der Chilidose. Dann schlug er einmal mit dem Handballen oben auf den Griff. Er durchstach den Deckel, fuhr dann mit der Klinge im Kreis herum und trennte ihn so ab. Er leckte die Klinge ab und stellte die Dose auf die beiden Steine, über das kleine Feuer. Dann setzte er sich und rührte das Chili um, bis es warm war. So machte er es mit allen drei Dosen. Er hatte nur noch die Hälfte seiner Zähne, und die übriggebliebenen waren schwarz. Er sah aus, als hätte er auf Steinen rumgekaut. Wir saßen am Feuer und unterhielten uns über Güterzüge, und währenddessen wärmte er die letzte Dose Chili auf.

Zwei Stunden später bog ein Sattelzug auf den Parkplatz. Auf dem Fliegenfänger überm Kühlergrill stand »RUNNIN' AGAINST THE WIND«. Ein dicker Mann quälte sich hinterm Lenkrad hervor und stieg aus. Er ging zur Hintertür des Restaurants und versuchte sie zu öffnen. Sie war abgeschlossen.

»Die haben zu!« rief ich.

Er sah uns drei an und watschelte zu unserem Lagerfeuer.

»Hat einer von euch die kleine Rothaarige gesehen?«

»Die ist schon vor Stunden weg.«

»MIST!« schrie er. »Die sollte auf mich warten.«

Er war ganz schmutzig um den Mund. Es war Limonade, in der Dieselruß klebte. Er stand da und lächelte frustriert. Da erst fielen uns seine Zähne auf. Oben waren zwei Schneidezähne in der Mitte abgebrochen. Er trat von einem Fuß auf den anderen und fluchte, und Wind kam auf.

»MIST!«

Die kalte Brise zog vorüber.

»SO EINE SCHEISSE!«

Schließlich machte er den Mund zu und hievte sich auf die Motorhaube des Lincoln.

»Wo kommst du her?« fragte Jack.

»Aus'm Westen. Die letzte Ebene da war harte Welle.

54

Schätz ma, in 'n paar Stunden ist das nur noch Glatteis. Das ist dieser Scheiß-Wind. Der friert alles zu.«

»Wie war's aufm Paß?«

»Fast genauso. Wenn du jetzt fährst, kommst du noch vor dem Frost durch. Später brauchst du doppelt so lange.«

Jack schüttelte den Kopf.

»Mann, und dann fahr ich auch noch Fehlfracht*.«

»Also, wenn du nicht bis morgen mittag warten willst, würd ich sagen, daß du jetzt losfahren solltest. MIST!«

Der Wind fachte das Feuer an. Ich drehte mich um und wärmte mir den Rücken.

»Wann machen die denn überhaupt wieder auf?« fragte ich.

»Um fünf.«

»Bis dann ist der Sturm hier.«

Alabama sah Jack an und lächelte. »Du solltest besser aufbrechen, Junge. Die Arbeit ruft.«

»Und was ist mit euch beiden?«

»Wir kommen schon klar. Ich glaube, wir haben genug Holz, um uns warm zu halten.«

Jack stand auf und ging zur Vorderseite des Gebäudes. Der dicke Mann rutschte vom Lincoln runter und wärmte sich am Feuer. Er roch nach Gin und Zigaretten. Er zog einen plattgedrückten Twinkie aus der Tasche, wickelte ihn aus und aß ihn, ohne abzubeißen. Er leckte sich nicht die Lippen ab.

Jack kam mit zwei Army-Wolldecken und einer Fellmütze wieder. Die Mütze sah aus wie ein Chihuahua. Er setzte mir den Chihuahua auf den Kopf und gab mir die Decken.

* Fehlfracht fahren (»Deadheading«): einen Sattelzug ohne Ladung fahren.

»Das hält die Kälte ab. Paß auf dich auf. Fang nicht an zu trinken, und hör nicht auf zu reisen.«

»Vielen Dank, Jack. Wirklich nett von dir.«

Alabama packte ihn, umarmte ihn fest und lächelte dabei. Der übereilte Abschied schien sie nicht zu stören. Ich glaube, sie hatten das schon tausendmal gemacht. Es erinnerte mich an meinen Vater und mich. Wie mein Vater mich immer ganz unbesorgt hatte ziehen lassen. Nicht daß ich ihm egal gewesen wäre. Aber er wußte, daß ich auf mich aufpassen konnte und daß ihm wahrscheinlich ein Streit ins Haus stand, wenn er mich nicht ziehen ließ. Mein Vater und ich waren eher wie Brüder zueinander. Uns war beiden klar, daß wir auf uns selbst aufpaßten, und nach Feierabend schlugen wir uns den Bauch voll und gratulierten einander zu einem gelungenen Tagewerk. Wir kümmerten uns umeinander, machten uns aber keine Sorgen umeinander. Unsere ganze Familie hatte sich immer so viele Sorgen gemacht, daß wir darüber hinaus waren. Die Sorgen waren immer da, bildeten aber nur den Hintergrund für ein eigensinniges Vater-Sohn-Gespann in einem Chevy-Pickup.

Jack stopfte seinem Vater einen Zwanzigdollarschein in die Hemdtasche.

»Für meinen alten Herrn«, sagte er und ging dann um das Gebäude rum.

Alabama, der dicke Mann und ich saßen am Feuer. Der dicke Mann teilte seine Twinkies mit uns. Alabama erzählte Geschichten. Ich hielt das Feuer in Gang.

»SCHEISSE!«

Der Wind wehte.

Es wurde sehr kalt.

»Und was machen wir jetzt?« fragte ich Alabama.

»Einen Zug nehmen.«

»Okay.«

Laster und Schrottzüge

Kaffee und Zigaretten – zwei Laster, die Geld kosten. Kaffee ist nicht billig, und deshalb sollte man ihn selber kochen. Er läßt sich über offenem Feuer zubereiten – man gieße einfach acht bis zehn Tassen Wasser in eine leere Kaffeedose und plaziere sie über den Flammen. Wenn das Wasser kocht, kippt man eine Tasse Kaffeemehl rein, läßt es eine Minute lang kochen und nimmt die Dose dann vom Feuer. Wenn man eine Tasse kaltes Wasser obendrauf gießt, setzt sich der Kaffeesatz auf dem Boden ab. Das nennt man Cowboy-Kaffee. Wenn man die Dose, die man zum Kaffeekochen nimmt, vorher außen mit Spülmittel einreibt, läßt sich der Ruß anschließend leicht abwaschen. Wenn man Tabak kaufen will, sollte man Top oder Bugler nehmen – das sind die billigsten Marken. Selbstgedrehte Zigaretten sind immer billiger. Wenn man viele von denen raucht, kriegt man vom Nikotin gelbe Fingerspitzen. Wenn man gar kein Geld hat, muß man auf dem Boden nach Zigarettenkippen suchen – am besten in der Nähe von Restaurants, Bars oder Bürogebäuden. Wenn Büroangestellte Zigarettenpause machen, können sie oft nicht schnell genug rauchen und werfen halb aufgerauchte Zigaretten weg. Am besten sucht man im Rinnstein oder auf dem Gehsteig danach.

Nahverkehrsgüterzüge werden als Schrottzüge (»Junker«) bezeichnet. Schrottzüge dienen vor allem dazu, Frachten über kurze Strecken zu transportieren. Das bedeutet, daß sie unterwegs an jedem Getreideheber, jeder Raffinerie und Fabrik halten. Sie sind nicht so wichtig und stehen die meiste Zeit über auf einem Abstellgleis. Falls man nicht schnell irgendwohin will, ist ein Schrottzug okay. Auf so einem Zug fährt man besser hinten, denn die Wagen am hinteren Ende werden nicht so oft abgehängt. Bei den meisten Zügen, nicht nur bei Schrottzügen, fahren die Wagen, die abgehängt werden sollen, vorn. Einen Schrottzug erkennt man an drei Kennzeichen: er ist kurz, langsam und häßlich. Sie haben nie mehr als drei Wagen, und diese Wagen stehen kurz davor, verschrottet zu werden. Die geschlossenen Güterwagen eines Schrottzugs sind normalerweise schwer ramponiert, und meistens ist die Hälfte von ihnen leer. Es spricht nichts gegen Schrottzüge, aber es kann passieren, daß man mal aus irgendeinem Graben Regenwasser trinken muß, weil einen der Schrottzug mitsamt des Kornwagens, in dem man geschlafen hat, an irgendeinem Getreideheber mitten im Nirgendwo stehengelassen hat, während der Weizen noch nicht mal geerntet ist.

Greybull

WYOMING

Evanston   Cheyenne

Wadsworth

Lower   Crossing

Central Pacific Rail Road

Old Emigrant Road

3
Von Nord-Wyoming nach Greybull

25. Oktober 1991, Mitternacht

Die Regentropfen gingen in dicke, feuchte Schneeflocken über. Der Schnee fiel ins Feuer und schmolz in den Flammen. Alabama schob mit einem Stock die glimmenden Zweige auseinander. Er stapelte das restliche Holz ordentlich auf und stellte eine von Jacks Chilidosen daneben. Die Dose würde Rost ansetzen, und das Etikett würde abfallen, ehe jemand kam und das Chili aß. Aber ich bin mir sicher, daß irgendein hungriger Tramp es schließlich gegessen hat.

Als ich zwei Monate später wieder in diesem Camp landete, war das Holz weg, und statt der Chilidose stand da eine Dose Mais. Es war süßer Mais, und er schmeckte gut.

Mit dem Sturm kam auch ein Zug. Alabama gab mir einen Bindfaden, damit ich meine Decken zusammenbinden konnte. Ich wickelte ihn zweimal um die Deckenrolle und knotete aus dem Ende eine Schlaufe. Ich schulterte die Decken und folgte ihm zur Seite des Restaurants. Wir linsten um die Ecke des Gebäudes und warteten ab, bis die Loks vorbeigefahren waren. Ein schummriger Lichtschein glitt über das Gesicht des Lokführers. Er hatte einen mächtigen Schnauzbart und den Mund voll Kautabak.

Wie man eine Gans fängt

Als es Morgen wurde, hielt der Zug auf freiem Ackerland. Wir waren auf einem Burlington Northern in der Gegend gelandet, die Alabama als die »Powder River Division« von Nord-Wyoming bezeichnete. Das Wetter hatte über Nacht aufgeklart. Der Morgensonnenschein ergoß sich über einen Hügel im Osten. Auf dem Acker verliefen Erdwälle schnurgerade über die Bodenwellen bis ins Feuer der Sonne. Nirgends Bäume. An einem Bewässerungsgraben gab es einen Unterstand aus Stöcken und Tuchfetzen. Weiter hinten auf dem Acker beugten sich etwa zwanzig Mexikanerinnen und Mexikaner über die Erde. Ich konnte nicht erkennen, was sie pflückten. Sie trugen Strohhüte und winkten uns zu. Eine braunhäutige Frau mit langen Zöpfen stellte einen Metalltopf auf ein kleines Feuer und floh dann wieder in den Schatten des Unterstands. Sie hatte Schlamm aus dem Bewässerungsgraben zwischen den Zehen. Sie bückte sich, um ihn im Wasser abzuspülen. Ihre dunklen Brüste hingen da wie süße Pflaumen. Ihr Kleid faltete sich so weit auf, daß man die Poren ihrer Brustwarzen sah und den Schweiß auf ihrem Busen.

»Muß wohl Erntezeit sein. Die ganzen Mexikaner kommen. Schau dir den Mond an.«

Alabama zeigte auf den Morgenmond.

»Er ist fast voll.«

»Sieht nach 'nem Herbstmond aus«, sagte ich.

»Wohl wahr.«

Er stand auf und lehnte sich an die Tür des Güterwagens.

»Mit diesen Zügen kann man ganz bis nach Acapulco fahren und ein bißchen Tropensonne tanken, so wie die reichen Leute. Dieser Mond bedeutet da unten viel mehr als hier bei uns. Bei diesem Mond ernten die armen Leute Palmwedel und decken ihre Dächer damit.«

»Und wieso bei Vollmond?«

»Weil dann die Termiten von den Palmen runterkommen. Ich weiß nicht, wieso, aber die kleinen Krabbelviecher bleiben ein paar Tage lang am Boden, und wenn man seine Palmwedel bei Vollmond erntet, hat man hinterher garantiert keine Löcher im Dach.«

»Halten Palmwedel wirklich den Regen ab?«

»Besser als ein Dach mit Schindeln drauf.«

Ich setzte mich hin und betrachtete den Himmel. Da war ich nun in einem Güterwaggon in Wyoming und dachte an die Mendoza-Ziegelei in Denver. Ich hatte alte Bilder von Mexiko im Kopf. Mein Vater und ich hatten nur deshalb zusammengearbeitet, weil wir genug Geld für eine Reise nach Mexiko sparen wollten. Wir wollten auf die große Halbinsel Baja California und uns das Querfeldeinrennen Baja 1000 ansehen. Was für ein fabelhafter Plan. Wahrscheinlich hätte ich nicht vorne im Pickup meines Vaters schlafen sollen. Es war ein kalter Tag gewesen, und der Winter lag schon in der Luft, und das mit Mexiko hatte ich mir längst abgeschminkt. Mir war klar, wenn es erst mal anfing zu schneien, würde uns die Arbeit ausgehen, und dann würden wir mit dem gesparten Geld Lebensmittel und Brennholz kaufen müssen. Mein Vater lud weiter Ziegelsteine auf den Pickup. Er gab nicht auf. Ich hätte ihm helfen sollen.

Mit dieser verdammten Ansichtskarte hatte alles angefangen. Ein Bild des Himmels. Ich zog sie aus der Tasche und zeigte sie Alabama.

»Warst du schon mal da?«

Er nahm sie und hielt sie sich direkt vors Gesicht. Ich sah, daß er unterm Bart eine lange Narbe hatte. Sie verlief über seinen ganzen Unterkiefer.

»Wo ist das?« fragte er.

»Irgendwo in Mexiko.«

»Wo hast du die her?«

»Die hat mir mein Dad vor langer Zeit mal geschenkt.«

»Ein hübsches Bild. Blaues Wasser, Palmen. Tja, das könnte überall sein.«

»Ich muß nur wissen, ob es da unten wirklich so schön ist.«

»Wieso?«

»Ich weiß nich. Vielleicht fahr ich da mal hin.«

»Es ist schon schön da.« Er lächelte mit seinen abgebrochenen Zähnen. »Ja, so schön wie auf dem Bild hier.«

Er stellte die Füße hintereinander und fing an zu tanzen. Ein kleiner Jig, ein Freudentanz. Mit den Lippen machte er ein summendes Geräusch und stolzierte hinter mir auf und ab. Er hörte sich an wie eine Hummel.

»So tanze ich immer unten in Mexiko.«

Er sah auf seine Stahlkappenstiefel und fing an, mit den Armen zu schwingen. Die Füße voreinander. Eine Hand nach rechts, eine nach links. Fünf Schritte nach rechts, ein Hüpfer, ein trockenes Husten, einmal mit dem Hintern wackeln und dann wieder fünf Schritte nach links. Er tanzte seinen Tanz. Er hätte Fred Astaire sein können oder Ricky Ricardo – der Leader einer Congaband.

»Als ich mir damals unten in Mexiko eine Hütte gebaut hab«, sagte er, »kam mich jeden Tag wer besuchen. Ich hatte eine richtige Familie, mit so vielen Freunden hab ich da immer getrunken. Ich hab Geschichten auf Spanisch gesammelt und Küsse – knallrote Lippenstiftküsse. Genau wie die Leute da.« Er zeigte nach draußen.

»Die arbeiten vielleicht für den Lohn von 'nem Maultier, aber sie haben ihre Familie, haben Gesellschaft. Aber ich sag dir was: Ich wäre lieber mit einem Maultier auf einem Berg als mit irgendeinem Idiot von Mensch in einem Tal. Ein Maultier guckt hin und überlegt, eh es einen Schritt macht. Es bringt einen langsam, aber sicher runter ins Tal.«

Er packte meine Schultern und schüttelte sie sacht.

»Wenn du schon arbeitest, arbeite klug. Wenn du deine Karten richtig ausspielst, kannst du dein ganzes Leben lang im Ruhestand bleiben. Der Ruhestand ist was für junge Leute. Urlaub ist was für Arme. Und eine ruhige Hand ... na ja, eine ruhige Hand bleibt immer stark. Wenn du diese Hände nur richtig einsetzt, wirst du sie bis zu deinem Tod nutzen können.«

Er schnappte nach Luft, legte sich hin und ließ die Füße aus der Tür baumeln. Für heute war der Unterricht beendet.

Als ich wieder zur Straße schaute, sah ich dort ein kleines Mädchen, das rosa Plastiksandalen trug. Ihre Mutter wickelte ein paar dampfende Tortillas in ein Tuch und zeigte in unsere Richtung. Das kleine Mädchen lief den Hügel hoch und hinterließ dabei eine Krümelspur, auf die sich eine Vogelschar stürzte. Alabama sprang aus dem Waggon und kniete sich vor dem Mädchen hin.

»Buenos días«, sagte er.

Sie verbarg ihr Gesicht an ihrer Schulter und wickelte die Tortillas aus. Der Dampf traf ihr Gesicht, und ein Wassertropfen rann ihr über die Stirn. Der Wind blähte ihr Kleid und wehte ihr das schwarze Haar ins Gesicht. Ich sah ihr nach, als sie den Hügel runter und dann auf den Acker lief, über dessen Furchen sich ihre Brüder und Schwestern beugten. Die Tortillas waren aus Maismehl und Holzascheflocken. Es waren die besten Tortillas, die ich je gegessen hatte. Sie schmeckten nach Prärie.

Ich stieß mich ab und sprang aus dem Güterwaggon. Ich merkte, daß Alabama sich langweilte, denn er redete nur noch Blödsinn. Er sprang neben mich und sagte: »Ich wünschte, hier gäb's ein paar Gänse oder so.«

»Gänse?« fragte ich. »Das sind aber keine hübschen Vögel.«

»Die schmecken aber gut«, erwiderte Alabama.

»Schmecken gut. Mann, auch wenn's hier Gänse gäbe, wüßt ich nicht, wie du eine fangen willst.«

»So wie wir das immer im Park machen. Erst besorgt man sich 'ne Angelschnur und 'nen Haken, und dann steckt man ein paar Maiskörner drauf. Gänse lieben Mais. Dann wirft man die Schnur aus und wartet, bis sie anbeißen.«

»Und dann?«

»Tja, wenn sie angebissen haben, holt man die Schnur ein.«

Er lehnte sich an den Güterwaggon, machte eine Geste wie ein Angler und wackelte dabei mit den Füßen.

»Man holt sie ein, steckt sie auf einen Grillspieß und brät sie schön langsam. Mann, das ist noch gar nichts«, fuhr Alabama fort. »Einmal hing ich drei Tage lang hier draußen fest. Ich wollte das erste Viech essen, das sich blicken ließ, und das hab ich dann auch getan. Ein verirrtes Schaf kam das Gleis rauf, und ich hab mich von hinten angeschlichen und es vor einem Stacheldrahtzaun in die Enge getrieben. Als ich mein Messer zückte, hat es gebockt. Fast wär's mir noch entwischt, aber dann hab ich ihm die Kehle aufgeschlitzt und hatte ein nettes Abendessen. Ja, an dem Abend hab ich geschmaust wie ein König.«

Die Sonne schien ihm ins Gesicht, und er verbeugte sich vor der heraufziehenden Abenddämmerung. Der Wind flaute ab, und im Westen küßte die Sonne den Horizont. Wir reisten dem Winter entgegen, die Tage wurden kürzer – ja, ich hatte es noch nie erlebt, daß ein Tag so schnell verging. Lag wohl an den Umständen. Es war mein erster Sonnenuntergang auf Achse, und es war ein schöner.

Ein Pritschenwagen kam und holte ein paar der Feldarbeiter ab. Sie hielten ihre Strohhüte fest, als der Wagen über den Feldweg rumpelte. Die übrigen warteten, bis sich die Staubwolke gelegt hatte, und gingen dann zu Fuß hinterher. Sie hielten sich den Bauch und dachten an den Duft von Tortillas. Von dem Staub mußte ich niesen. Mit einem Ruck erwachte der Zug zum Leben. Das Donnern der Kupplungen kam vom vorderen Ende und durchlief Wagen für Wagen den ganzen Zug. Ich packte die Waggontür und kletterte wieder rein, und dann fuhren wir langsam los. Die Landschaft verschwamm auf hübsche Weise, und ein kleiner Vogel flog neben dem Zug her. Ich hätte nur die Hand auszustrecken brauchen, dann hätte ich ihn gehabt. Er hielt sich neben uns, bis er es müde wurde, drehte dann nach Westen ab und verschwand im Sonnenschein. Alabama fuchtelte mit seiner schmutzigen Hand und rief: »Wir haben's aufs Land geschafft, Junge! Wir haben's aufs Land geschafft! Hier draußen in der Prärie bin ich geboren. Sieh doch, wie weit das Land ist. Viecher ohne Ende. Da läßt sich gut nachdenken.«

»Das glaub ich gern, Alabama.«

Er wandte sich wieder den Weiden und Äckern zu und ließ seine Stiefel draußen baumeln. Ich dachte, daß Alabama eigentlich alt genug war, um sich zur Ruhe zu setzen. Wirklich schade, daß er das nie tun würde. Während er von einem Güterwaggon in Wyoming aus den Vollmond betrachtete, gab ein anderer Mann in Acapulco seine Rente für Long Island Ice Teas und Diesel fürs Wohnmobil aus. Ein Tecate-Sonnenschirm schützte ihn vor der Sonne. Und was Alabama anging – tja, der würde wahrscheinlich für den Rest seines Lebens nur zusehen, daß er ein bißchen was im Magen und eine trockene Stelle hatte, an der er sich vor dem Regen verkriechen konnte. Er würde immer weiter und weiter laufen, weil er im Grunde seines Herzens wußte, daß er es so oder so nach Acapulco schaffen würde.

Der Weizen wich zurück, als der Zug vorüberfuhr – ein Schaudern lief durch die liebliche Prärie. Das Eisen knallte auf die schiefen Schienen, und je schneller wir fuhren, desto lauter wurde es im Waggon. Alabama redete weiter, aber ich konnte ihn nicht mehr verstehen. Gesten und Gelächter begleiteten seine Worte. Ich glaube, er erzählte sich Witze.

Doppelläufig

An diesem Abend bremste der Zug und hielt dann an einem Bahnübergang an der Hauptstraße einer kleinen Ortschaft. Auf einem Ladenschild in der Nähe stand »Greybull – Drogerie und Spirituosen«. Wir waren in Greybull, Wyoming – gut fünfunddreißig Meilen südlich von der Grenze nach Montana. Es war spätabends, und auf der Hauptstraße standen nur noch zwei Autos. Eins vor dem Saloon und das andere auf einem unbefestigten Parkplatz. Vorne drin sah ich die Umrisse zwei Teenager, die knutschten. Der Zug fuhr in den Güterbahnhof ein und hielt. Alabama sehnte sich nach etwas Fleisch und gab mir den Zwanzigdollarschein, und ich lief zu einem Spätkauf an der nächsten Ecke. Die Verkäuferin saß im orangenen Licht einer Marlboro-Reklame und rauchte. Sie las »Penthouse«. Ich schnappte mir ein paar vorgewürzte Hot-dog-Würstchen und ein paar Packungen Beef

68

Jerky, legte den Zwanziger auf den Tresen, bekam mein Wechselgeld und ging zurück zum Zug.

Auf dem Rückweg bremste neben mir ein schwarzer Chevy-Stepside-Pickup. Der Mann am Steuer war krebsrot im Gesicht und fett. Er hatte einen Gewehrhalter mit zwei Flinten drin am Heckfenster der Fahrerkabine, und oben auf seiner Windschutzscheibe hatte er einen Aufkleber mit dem Aufdruck »KEINE FETTEN HÜHNER«. Er kurbelte sein Seitenfenster runter. Ich trug den Chihuahua, den Jack mir geschenkt hatte. Ich nahm ihn ab und sagte höflich Hallo.

»Was treibst du dich hier rum, Junge?«

»Ach, ich habe nur ein paar Würstchen für meinen Freund geholt.«

Ich zeigte sie ihm.

»Fährst du auf dem Güterzug?«

»Nein, ich gehe hier nur vorbei.«

»Wenn du auf dem Zug fährst, rufe ich die Polizei.«

»Nein, ich gehe hier nur vorbei.«

Er fuhr weiter neben mir her. Ich überlegte wegzulaufen, aber das hätte seine Jagdlust nur gesteigert. Also setzte ich den Chihuahua wieder auf und ging weiter.

»Wo gehst du hin?«

»Nach Süden.«

»Wo ist denn dein Freund?«

»An der Straße.«

Er wurde ärgerlich. Ich glaube, er erwartete von mir, daß ich stehenblieb und ihm salutierte. Es lag Stunk in der Luft. Gleich würden ihm die Sicherungen durchbrennen. Sie glühten schon lange, das hatte mit mir nichts zu tun. Ich wandte mich von dem Wagen ab. Er hielt sofort, und ich hörte, wie der Mann nach dem Gewehrhalter griff. Jetzt hatte ich dieses Spielchen satt. Ich rannte los, ehe er noch die Tür aufmachte. Ich war etwa zwanzig Meter entfernt, als er aus seinem Pickup stieg und brüllte: »Verdammtes Obdachlosenschwein!«

Er brüllte so laut und wütend, daß ich nicht anders konnte, als mich umzudrehen. Sein Bauch hing unter seiner Jacke hervor, und er hielt das Gewehr so, als wüßte er nicht damit umzugehen. Es baumelte da wie ein schlaffer Penis. Das arme Schweinchen Dick tat mir leid.

Er hob die Waffe nicht. Wir standen unter dem wunderschönen Sternenhimmel von Wyoming. Ich atmete die frische Luft durch die Nase ein und durch den Mund aus. Ich konnte die Büffelgraswiesen riechen und den wilden Salbei und Dieselabgase.

Ich floh dorthin, wo es auf dem Güterbahnhof am dunkelsten war. Ich lief an einer Bremserhütte vorbei und an einem Mannschaftswagen der Burlington Northern. Der Bahnhof war so still wie ein überfahrenes Tier. Ich fand eine sichere Stelle zwischen zwei Kornwagen und sprang über die Kupplung. Auf der Rückseite des Zugs schlich ich weiter und hielt mich dabei gebückt, damit ich es sehen konnte, wenn gegenüber seine Füße auftauchten. Ich sah seine Stiefel, unter denen der Kies knirschte. Er hatte eine Taschenlampe und suchte damit die leeren Waggons ab. Ich war keine zehn Meter von ihm entfernt, aber er konnte mich nicht hören, weil gerade langsam eine Lok vorüberfuhr. Die Dieselabgase hüllten meinen Kopf ein, und ich bibberte wie ein frierendes Kaninchen. Alabama wartete am Ende des Zugs auf mich, und ich mußte vor Schweinchen Dick bei ihm sein.

Ich schlich mich bis zu unserem Wagen, sprang wieder über die Kupplung und stand dann, ohne einen Laut von mir zu geben, zwischen den beiden letzten Waggons. Ich hörte nichts und spähte um die Ecke. Schweinchen Dick war vier Wagen entfernt und brüllte in einen leeren Güterwaggon.

»Verdammtes Obdachlosenpack!« hallte seine Stimme über den Bahnhof.

Ich wartete, bis er den Kopf in den nächsten Wagen steckte, kroch dann zur Tür und kletterte rein. Alabama lag auf seinem Seesack und erzählte sich Witze. Ich ging zu ihm, packte seinen Arm und flüsterte ihm ins Ohr. Er sprang auf, warf sich seinen Seesack über die Schulter und ging zur Tür. Ich folgte ihm, aber es war zu spät. Alabama packte mich und zerrte mich zurück in die Dunkelheit. Er kniete sich hin und zog ein kleines Anglermesser aus seinem Stiefel. Ein kleiner Hobo mit einem kleinen Messer. Ich kauerte mich neben ihn.

»Scheiß-Penner! Kommt da raus!«

Er leuchtete mit seiner Taschenlampe die Stahlwand ab.

»Kommt raus, ihr Penner-Gesocks! Ich weiß, daß ihr da drin seid!«

Wir hielten den Atem an. Schweinchen Dick versuchte in den Waggon zu springen, blieb aber mit seinem Bauch hängen. Das wäre unsere Chance gewesen abzuhauen, doch Alabama regte sich nicht von der Stelle. Schweinchen Dick fiel runter, sprang wieder hoch und schaffte es diesmal. Ich konnte es nicht fassen. Da stand er in seiner ganzen Pracht. Da baumelte sein schlapper Schwanz. Er trug eine gelbe Schießbrille und eine Tarnjacke für die Jagd, die Taschen voller Munition. Seine Gesichtshaut sah wie das gekochte Würstchen aus, das ich in der Hand hielt. Alabama legte sein Messer weg und zeigte Schweinchen Dick seine leeren Hände.

Ich war in meinem ganzen Leben noch nie so verzweifelt gewesen. Mann ey, wir hatten viel eher das Recht, in diesem Güterwagen zu sein als er. Das arme Schweinchen Dick hatte einen schweren Fehler begangen, oder vielleicht hatten ihn ja auch schon seine Eltern verkorkst. Jetzt hatte er sich mit mir und Alabama angelegt, und das war kein sonderlich gutes Gefühl. Ja, übler hatte ich mich noch nie gefühlt. Alabama lehnte seine Schulter an meine. Ich spürte seine Körperwärme, und das beruhigte mich. Ich mußte alles aufgeben – mein Leben, meine Zukunft ... alles. Ich hatte keine Wahl. Am meisten ängstigte mich, daß ich in diesem Moment auch ein für mich bis dahin völlig unbekanntes Gefühl der Freiheit empfand. Ich hörte auf zu zittern. Schweinchen Dick hob seine Waffe, ging direkt auf mich zu und stemmte mir die Mündung vor die Brust.

»Du hast mich angelogen, Junge. Du hast gesagt, du wärst nicht hier im Zug.«

»Sie haben gesagt, Sie würden die Polizei rufen.«

»Mach das nie wieder ... Lüg mich nie wieder an. Hörst du?«

Er drückte mit dem Gewehr zu, bis ich vor Schmerz zusammenzuckte.

»Hast du gehört?«

»Ja, ja, ich mach's nie wieder«, murmelte ich.

Und das war's. Mehr brauchte es nicht, damit er sich wieder besser fühlte. Stolz sprang er aus dem Waggon und schlenderte zurück zu seinem Chevy. Er ließ ihn an, fuhr vom Güterbahnhof runter und zu einer Auffahrt zwei Ecken weiter. Dort schaltete er die Lichter ab. Er lebte in einem Wohnmobil, das gerade mal zwanzig Meter von den Gleisen entfernt stand. Ich atmete tief durch und setzte mich dann in eine Ecke. Ich spürte meine Brust zittern, und Tränen schossen mir in die Augen. Alabama lehnte sich aus der Tür und fuchtelte mit seinem schmutzigen Mittelfinger in der Luft herum. Er klopfte erst sich und dann mir die Schultern ab und kniete sich dann neben mich. Er stank wie eine leere Bierflasche voller Kippen.

»So ein Idiot!« sagte Alabama. »›Lüg mich nie wieder an.‹ So ein verdammter Idiot.«

Er schüttelte den Kopf und fuchtelte weiter mit seinem schmutzigen Mittelfinger in Richtung Himmel.

»Wenn der gewußt hätte, wer wir sind, hätte der uns auf 'n Kaffee eingeladen.«

Er nickte in Richtung Tür und zwirbelte an den Barthaaren auf seinem Kinn herum. Ich war neugierig, was er jetzt sagen würde.

»So ist das nun mal im Leben, Junge. Wenn man frei ist, gibt es immer wen, der einem die Freiheit wegnehmen will. Und weißt du, warum? Weil die sich dann hinterher besser fühlen, darum, aber nicht lange. Wenn die Sonne aufgeht und er wieder einen klaren Kopf hat, ist er der traurigste Mensch der Welt. Das sag ich dir: der traurigste Mensch der Welt.«

Ich wischte mir mit dem Ärmel über die Augen. Der Schmutz kratzte auf der Haut. Draußen drehte der Wind, und es wurde still. Wo Alabama und ich saßen, war es so ruhig wie an einem Sonntagmorgen.

»Siehst du, da gibt's dieses Ding, das man Karma nennt. Wenn man frei ist, ist alles ein Geschenk, und man ist dankbar für diesen Segen, dieses Glück. Aber wenn man erst mal anfängt, sich in ein Loch einzugraben, wird's immer dunkler und dunkler, bis man sich kaum noch aus dem Loch raustasten kann.«

Er zeigte hinaus in die Nacht.

»Ich habe in Vietnam über zweitausend Menschen umgebracht. Menschen, denen ich nicht mal ins Gesicht gucken konnte. Ich war Schütze auf einem Hubschrauber. Nachts haben sie uns Infrarotbrillen gegeben, und dann sind wir in einem Huey mit MGs über den Dschungel geflogen und hatten dieses Scheiß-Leuchten in den Augen. Es war genau wie in einem Videospiel. Jetzt will ich einfach nur noch leben, aber meine verdammte Vergangenheit läßt mir keine Ruhe. Du hast Glück, Junge. Du hast noch nie jemand weh getan, und ich weiß ... das wirst du auch nie tun.«

Er sah mich lächelnd an, verbeugte sich und fuchtelte dann mit seinen Wurstfingern herum. Seine Augen glänzten wehmütig.

»›Ihr sollt keine Fragen stellen, ihr sollt killen oder krepieren.‹ Das haben sie damals in Vietnam zu uns gesagt, und daran haben wir uns gehalten.«

Der Zug setzte sich wieder in Bewegung, und ich stand auf. Das braune Wohnmobil von Schweinchen Dick glitt an uns vorüber wie ein Panzer in einem Nachtkrieg. Schweinchen Dick stand im Licht seines Vordachs und winkte. So ein sarkastisches Arschloch. Er wollte nur ein bißchen was erleben. Das mit uns war wahrscheinlich das Aufregendste, was ihm seit Jahren passiert war. Alabama stand in der Tür und pinkelte hinaus. Es plätscherte auf das Gleisbett, den weißen Palisadenzaun und schließlich in das Vogelbad, das Schweinchen Dicks Gattin zu nah an den Gleisen angebracht hatte. Ich stellte sie mir als sehr traurige Frau vor.

Kalter Regen

Den ganzen nächsten Tag lang fiel ein eiskalter Regen. Alabama und ich standen in dem Güterwagen und sahen zu, wie es schüttete. Ich war der Burlington Northern dankbar, daß sie uns Schutz bot vor den Elementen. Gemächlich glitt die Landschaft vorüber. Es war ein ruhiger Tag auf dem Soul Train.

Es dauerte fast drei Stunden, bis wir aus Wyoming raus und in Montana waren. Es war ein Land für Denker. Hin-

74

ter den dichten Wolken und dem Regen nahmen die Rocky Mountains Gestalt an. Der Zug hielt, und Alabama fand, daß es eine gute Gelegenheit war, eine Dose Chili zu kochen. Wir sprangen von Bord und suchten nach trockenem Holz. Wir stießen auf zwei Outlaws, die fernab der Gleise in einem Trampcamp Eier brieten. Mit ihnen erlebten wir zwei äußerst unerfreuliche Tage. Sie hießen Bobby Blue und Levi Stout, und ihre Geschichte hebe ich mir besser für später auf. Ich habe nichts dagegen, mir ein Camp mit einem Straßenkämpfer zu teilen oder mit einem Mann, der seine Artillerie mit Vaseline einschmiert, aber man weiß doch instinktiv, daß es nicht gut ist, neben einem Mörder zu schlafen.

Notizbucheintrag Nr. 2:
Der mexikanische Esel

»Wußten Sie, daß man in Mexiko gegen Bezahlung zusehen kann, wie sich eine Frau von einem Esel ficken läßt? Wußten Sie, daß die Stripperinnen in Mexiko einem ihr Schamhaar ins Bier halten? Da würde ich gerne hin.«

Ich habe mal gehört, wie ein 75jähriger Mann in einer Kneipe das zu meinem Vater sagte. Sie hatten sich über Mexiko unterhalten. Ich zähle diesen Mann zu den vielen alten Männern, die ihre Lebenszeit nicht gerade weise genutzt haben. Das hat mit Manieren oder Moral nichts zu tun. Es hat etwas damit zu tun, wie man neue Dinge entdeckt. Entweder man erlebt etwas Neues und kennt es dann, oder man hört etwas Neues und plappert es nur weiter.

»Ich habe gehört, daß es gefährlich ist, auf Güterzügen zu fahren.« Das haben mir bisher alle gesagt, denen ich begegnet bin, und dann erwidere ich, daß es tatsächlich gefährlich ist, auf Güterzügen zu fahren ... wenn man sich damit nicht auskennt. Ein Zimmermann würde ja auch nicht einem kleinen Jungen eine Kreissäge in die Hand drücken und ihm sagen, er solle jetzt ein Haus bauen. Erst mal würde er ihm beibringen, wie man damit umgeht.

Ein stehender Zug ist ein sicherer Zug. Wenn man in Züge einsteigt, die sich nicht bewegen, verringert man das Verletzungsrisiko. Das sagt einem schon der gesunde Menschenverstand, aber nach einem durchzechten Tag ist der gesunde Menschenverstand manchmal nicht zur Stelle. Ich bin vielen Männern begegnet, denen Gliedmaßen fehlten, und wenn man sie fragt, wie das passiert ist, heißt es oft: »Na ja, ich war besoffen.« Komischerweise fahren sie weiter Güterzug. Evel Knievel ist öfter auf dem Kopf als auf den Füßen gelandet, hat aber dennoch nicht aufgehört zu springen. Das ist ein ganz banaler Wahnsinn, der sich nur durch zwei Sekunden in der Luft, gefolgt von sechs Monaten in einem Krankenhaus kurieren läßt.

Zwei Dinge treiben Männer auf die Züge – Frauen und Kriege. Eine böse Frau treibt ihren Mann erst in den Wahnsinn und dann unter die Räder des nächstbesten Güterzugs. Kriege haben die gleiche Wirkung. Dennoch suchen wir auch weiterhin die große Liebe und schicken die Frucht unserer Lenden in den Krieg. Ich hatte Glück und bin bisher weder einem Krieg noch einer Frau zum Opfer gefallen, aber die meisten der Männer, denen ich auf Zügen begegne, plagen sich mit den Nachwirkungen des einen oder anderen herum.

Ich kenne Männer, die überglücklich wären, wenn sie ihren Garten ums Haus herum – nur so zum Spaß – verminen könnten. Für die ist jeder Tag ein neuer Krieg. Das macht ihnen einen Heidenspaß. Einige dieser Männer fahren auf Güterzügen, aber weit mehr von ihnen gucken Football-Spiele, essen Kartoffelchips und vergehen sich an ihrer Tochter. Im ganzen Land, in jedem Dorf und jeder Stadt, hocken gefährliche, frustrierte Männer in den Wohnzimmern und lauern auf eine Gelegenheit, jemanden zu töten. Die auf den Zügen kurieren sich mit Einsamkeit, Dosenfraß und Billigbier von diesem schmerzhaften Verlangen. Sie greifen nur an, wenn sie bedroht werden. Die meisten dieser Tramps fahren einmal im Jahr nach Tijuana, spendieren den mexikanischen Nutten Tequila, zupfen sich rabenschwarze Schamhaare aus dem Mund und sehen zu, wie sich Frauen von Eseln ficken lassen. Ich würde nie behaupten, das sei ein absolut edler Übergangsritus, aber vielleicht hat der Tramp auf der Reise zu dieser Cantina ja gerade so einen durchlebt.

Auf Güterzügen gibt es durchaus Sicherheitsmaßnahmen, die man ergreifen sollte. Steige nie mit jemandem, den du nicht kennst, in einen Güterwaggon. In jedem Tramp stecken zwei Männer – ein nüchterner und ein betrunkener. Vielleicht lernst du einen Tramp kennen und kommst prima mit ihm klar. Doch drei Stunden später siehst du, wie er sich verändert. Er säuft seit zwei Stunden, und ehe du dich versiehst, steckst du in einer Sardinenbüchse fest, die mit hundert Sachen durch die Lande rast, läufst darin hin und her und spielst »Red Rover, Red Rover« mit einem Vietnamveteranen aus Tulsa. Er brüllt irgendwas von wegen Vietcong und guckt völlig ausdruckslos. Der arme Mann hat sein Herz in Alkohol eingelegt, und dann durfte es an den Wäscheleinen Mittelamerikas trocknen. Aber das ist nicht dein Problem. Du willst auch noch den nächsten Tag erleben, und es bringt nichts, für jemanden die seelische Müllhalde zu spielen.

Ich würde sagen, daß man außerhalb der Züge fast immer mehr Probleme hat als auf den Zügen. Es fahren auch fiese Leute auf Güterzügen, und es ist auf jeden Fall besser, allein zu fahren. Aber glaub mir, gleich bei dir um die

Ecke wohnen auch fiese, bewaffnete Typen. Die haben ihren Football, und die Bierbüchsen kommen schon zu ihren Fenstern raus. Sie wollen keinem was zuleide tun und tun auch keinem was zuleide, bis dann eines Tages jemand, dessen Nase ihnen nicht gefällt, über ihren Hof spaziert. Erst machen sie sich vielleicht noch über ihn lustig – sagen irgendwas, worüber ihre Kumpels dann lachen –, und wenn du derjenige bist, der da über ihren Hof geht, dann hältst du besser die Klappe. Doch manchmal funktioniert nicht mal das. Ich hab's versucht. Es hat nicht funktioniert.

MONTANA

Missoula

IDAHO

Greybull

Wadsworth

Lower   Crossing

Beginning Point

Central Pacific Rail Road

Old Emigrant Road

4
Von Nord-Wyoming nach Missoula

29. Oktober 1991, bei Sonnenaufgang

Aah ... die wunderbaren Kontraste der amerikanischen Landschaft. Es war wieder ein schöner, sonniger Morgen. Wir fuhren über eine Brücke. Das alte Fachwerk erbebte unter dem Zug, und tief drunten war ein Fluß, der die nicht wiedergutzumachende Sünde zweier Männer barg. Alabama stand auf der anderen Seite des Waggons an der Tür, und der kalte Wind zauste seinen Bart. Er hatte die Augen vor dem blendenden Sonnenschein halb geschlossen. Mit beiden Händen kramte er in seinen Hosentaschen rum und sortierte die paar Münzen, die er noch hatte. Seine Jeans flatterte, und sein Kiefer knackte, und wir fuhren hinauf auf die duftenden Berge Montanas.

Im letzten Mondschein hatten wir die Nordgrenze Wyomings überquert und waren dann in westlicher Richtung durch Süd-Montana gefahren. Am Abend zuvor hatten wir uns mit ein paar Yeggs gestritten, die an einem schlammigen Fluß lebten, und deshalb waren wir dann auf einen Zug aufgesprungen, der jetzt über die letzten Ebenen und Gebirgsausläufer hinauf in die Ponderosawälder der Rocky Mountains fuhr. Die Bäume standen wie Soldaten beiderseits der Strecke, und in diesen Wäldern gab es ein paar Häuser mit Holzdächern und hübsch lackierten Türen. Zwei Jungs sprangen aus dem Wald und liefen neben dem Zug her. Sie hatten Schwerter aus Stöcken und trugen zu große, löchrige Overalls. Der ältere lief vor dem jüngeren her. Direkt vor dem Zug blieb er stehen, und als unser Waggon vorbeifuhr, sah er zu mir hoch. Seinem Blick nach war er ein kleiner Hobo. Er winkte und schrie und lief weiter. Sein Freund sah uns auch, und beide liefen sie neben dem Zug her, winkten und schrien.

Alabama ging in die Mitte des Waggons und fing an zu tanzen. Er riß abwechselnd Arme und Beine hoch und wirbelte herum. Er sah aus wie ein Tanzbär. Ich stellte mich hinter ihn und fing auch an zu tanzen. Wir tanzten so lange, daß wir uns so richtig zum Affen machten. Ich denke mal, das war schon okay: Man kriegt nicht oft die Gelegenheit, sich zum Affen zu machen, und wenn, sollte man sie nutzen. Den Jungs gefiel es. Sie liefen jetzt so schnell, daß ihre Füße den Halt verloren. Der jüngere stolperte und fiel auf das Gleisbett. Der ältere blieb stehen und half ihm hoch. Wir sahen aus der Waggontür zu, wie sie immer kleiner wurden und schließlich nach einer Kurve hinter Nadelbäumen verschwanden.

Alabama lehnte sich an die Rückwand des Waggons und sang ein Lied. Ein Hobo-Lied. Ich stellte mich neben ihn und klopfte mit der Stiefelsohle den Rhythmus mit.

I picked my teeth of Montana Mud
That last six days I was on the hooch
I burned my boots to set them free
The last six days still botherin' me.

Vier Stunden später ging die Sonne unter. Unser Zug kroch förmlich durch die Rocky Mountains. Mit jedem Lufthauch wurde es kälter und kälter. Es fing an zu regnen, und dann ging der Regen in Schnee über, bis der Sturm da draußen nur noch eine weiße Wand war, aus der hin und wieder eine Fabrik auftauchte. Wir waren jetzt oberhalb der Baumgrenze, aus dem Schutz der Kiefern heraus, und riesige Felsblöcke ragten aus der Sturmwand. Sie hielten den eisigen Wind aber kaum ab. In einer der Fabriken sah ich einen Mann. Er saß hinter einem beschlagenen Fenster und drückte auf irgendwelche Knöpfe. Dann legte er eine Hand aufs Fensterglas und wischte das Kondenswasser weg. Dann hob er seinen Becher und atmete Kaffeedampf ein. Diese eigenartigen Fabriken mit ihren Lichtstrahlen, die aus dem Schnee hervorschossen, und ihren metallenen Schornsteinen, aus denen Dampfwolken in den dunklen Himmel aufstiegen.

Ich sah den Mann in seinem warmen Büro. Wenn ich mir nur zwei Minuten lang die Hände an seinem kleinen Heizgerät hätte wärmen können, wäre ich der glücklichste Mensch der Welt gewesen. Ich hatte das Zeitgefühl verloren, und allmählich wurden meine Hände taub, und das einzige, was ich dagegen tun konnte, war anscheinend, im Waggon auf und ab zu laufen, bis das Zittern aufhörte. Als ich auf meine Fingerspitzen guckte, sah ich, daß sie sich verfärbten. Ich drehte die Arme im Kreis und blieb weiter in Bewegung. Ich mußte mich bewegen, sonst hätte ich mich unterkühlt. Es tat schon weh. Alabama kannte diesen Schmerz anscheinend, denn er sprang in der Nähe der Waggontür auf und ab und fuchtelte mit den Armen.

Als wir über den Gebirgspaß rumpelten, riß die Wolkendecke auf und funkelten die Sterne. Im Wald ertönte die Morgenmusik der Natur. Die Sonne ging auf, und der

Schnee im Wald war von kleinen Fußspuren durchzogen. Die Nadelbäume trugen ihren weißen Wintermantel. Eine Schneeflockenprozession begrüßte die aufgehende Sonne. Die Vögel sangen und schnürten die Geschenke auf, die von den Bäumen fielen – kleine Schneebälle, die den Hügel hinab in die Höhle eines schlafenden Bären kullerten. Er erwachte, und auch ich erwachte, als der Schnee schmolz und die Suppe warm war.

Die Sonne schien, aber meine Finger und Zehen waren immer noch taub. Es waren die kältesten und schönsten Momente dieses Tags. Der Schnee schmeckte süß, und die Wärme der Sonne war so nah, daß ich sie fast spüren konnte.

Schließlich endete der Wald, und es tauchte eine unbefestigte Straße auf. Der Zug bremste, und wir konnten abspringen. Wir gingen die Straße runter, bis wir die Neonlichter einer typischen amerikanischen Kleinstadt sahen – Missoula, Montana. Von hier aus waren es noch etwa fünfzig Meilen Luftlinie nach Idaho.

Wir gingen in einem Neonladen vor Anker, der Café El Toro hieß; ich glaube, das war der Name, aber es könnte auch in einer anderen Stadt gewesen sein – keine Ahnung. Ich betrachtete meine Hände und suchte nach tauben Stellen. Irgendeine alte Hexe lachte, als ich zur Toilette humpelte. Ich mußte mir heißes Wasser über die Hände laufen lassen.

Da stand ich eine Minute lang und starrte in den Spiegel. Jemand hatte mit Textmarker ein großes Gänseblümchen draufgezeichnet und »I love Daisy« druntergekrakelt. Und als ich mich so anstarrte, spürte ich, daß da etwas an die Oberfläche drang, von dem ich nie gewußt hatte, daß ich es in mir trug. Es war der Wille, mit ganz wenig ganz viel durchzustehen. Anscheinend hatte ich in meiner ganzen Zeit auf diesem Planeten nie viel mehr gehabt als einen starken Willen. Er war nun stärker denn je zuvor, und wenn es regnete oder die Einsamkeit fast unerträglich wurde, wußte ich nun, wohin ich konnte. Genau hierher, hier in mein Herz, wo mich niemand finden und niemand je verstehen kann. Ich wusch mir die Hände und das Gesicht und richtete meine Klamotten, so gut es ging. Ich versuchte mir das Hemd in die Hose zu stecken und mir die feuchten Haare nach hinten zu streichen, aber es klappte nicht so recht, und deshalb zwinkerte ich mir einfach nur zu und ging zurück zu unserer Sitznische.

Ich merkte, daß mich eine Kellnerin schief anguckte. Sie ging weiter und steckte eine Bestellung auf den Haken. Der Koch zupfte sie mit fettigen Fingern ab und beugte sich wieder über den Grill. Die Einheimischen guckten neugierig, und angesichts ihrer blitzblanken Pickups und maßgeschneiderten Westernklamotten kam ich mir ein wenig auffällig vor. Wenn jemand glotzte, grinste ich schmutzig zurück. »Laß dir nicht den Stolz nehmen, Junge«, dachte ich.

Das Café El Toro und die Kindsmißbrauchnotrufstelle waren die einzigen Gebäude in Missoula, in denen Licht brannte. Ich wußte nicht recht, was ich daraus schließen sollte, außer daß die aufgehende Sonne vielfältigen Hunger weckte. Die Atmosphäre im Raum war immer noch angespannt, und ich wich den beklommenen Blicken aus. Güterbahnhöfe haben doch was für sich, dachte ich. Der von Missoula befand sich nur zwei Ecken weiter. Alabama trank eine Tasse Kaffee, also mußten wir nicht viel Trinkgeld geben. Wir verabschiedeten uns mit einem Winken, die Glastüren öffneten sich für uns, und dann gingen wir zum Güterbahnhof. Es war unglaublich warm draußen – wie im Altweibersommer. Die ganze Stadt war unterwegs.

Wir gingen eine Stunde lang die Gehsteige ab und suchten nach irgendwas Eßbarem. Alabama grub Fast-food-Behälter aus einer Mülltonne, und ich huschte über die Restaurantterrassen und schaute nach stehengelassenem Essen, Brot oder so. Als ich von einem der Tische hochschaute, sah ich eine Familie, die von Tellern aß und saubere Kleidung trug. Ich hielt inne und starrte sie an, bis die junge Dame am Tisch zu mir herübersah. Sie war richtig süß – eine Prinzessin mit großen Träumen. Ich drehte mich wieder zum Tisch um, nahm ein Stück Brot, steckte es ein und ging weiter.

Hinter mir kam Alabama angelaufen, einen halb abgegessenen Truthahnschenkel in der Hand. Er zog einen Faden aus der Tasche und band sich den Schenkel um den Hals.

»Schau mal, ich bin ein Indianer! Ein richtiger Indianer!«

Die Kellner klapperten mit ihren Tabletts. Der Geschäftsführer kam in feuerroten Cowboystiefeln auf die Terrasse und zeigte in unsere Richtung. Alabama ging schnurstracks zum Wunschbrunnen, langte hinein und fischte eine Handvoll Kleingeld heraus. Er steckte es sich in die Tasche, beugte sich vor und trank von dem Wasser. Dann stand er auf und schüttelte den Kopf wie ein wildes Pferd. Er spritzte alle naß. Aber niemand wurde sauer. Dazu kamen sie erst gar nicht, denn ehe sie sich versahen, waren wir schon weg.

Wir hasteten über die sauberen Gehsteige der Stadt zurück zum Güterbahnhof. Wolken zogen über den sonnigen Himmel. Schatten liefen über die grünen Rasenflächen, die mit Schindeln gedeckten Dächer, die Familienkutschen. Während die Kinder ihre Fahrräder und ihr Plastikspielzeug nutzten, klapperten die Mütter drinnen mit Töpfen und Pfannen, denn bald war es Zeit fürs Mittag-

essen. Die Väter spähten vorsichtig hinter den Fliegen-
gazetüren hervor. Nachdem wir vorbeigelaufen waren,
widmeten sie sich wieder den Bildern im Märchenbuch,
dem Mehlsieben, dem Geburtstagskuchen.

Notizbucheintrag Nr. 3:
Blumen und Mixed Pickles

Hobos essen alles, was nichts kostet
Hobos ziehen alles an, was nichts kostet

Wenn man auf Güterzügen fährt, wird man dreckig. Je
dreckiger, um so besser. Wenn du sauber bleiben willst,
fahr Amtrak oder halt dich an den Jetset. Reiche Leute
lieben ihre Duschen, ihre Blumen, ihre Mixed Pickles
und ihre weichen Betten. Ich will keinem diesen Luxus
verwehren, aber wenn man es sich so richtig gutgehen
lassen will, muß man ein bißchen Wein verschütten, im
Dreck schlafen, manchmal auch stinksauer und traurig
sein und über die Weiten der Tundra galoppieren wie ein
frisch kastrierter Stier.

Wenn man auf Achse ist, kümmert man sich nicht um
die eigenen Klamotten, Haare und so weiter, denn das alles spielt keine Rolle. Man will sich ja nur warm halten,
will hinausschauen auf das weite Weideland und über die
Hügel und sehen, ob sich aus der ganzen Scheiße doch
noch was machen läßt und ob das Wetter umschlagen
wird und was man in diesem Fall macht. Man will überleben – weiter nichts.

Wasser ist der Schlüssel fürs Überleben. Eine Gallone –
3,78 Liter – gilt als Minimalvorrat für eine Zugfahrt. Am
besten füllt man es in Orangensaftkanister ab. Die sind aus
zitrussäurebeständigem Plastik, und dadurch schmeckt

das Wasser daraus nicht so schnell nach Gummibändern. Ich bin schon ohne Wasser auf Züge aufgesprungen und mußte dann auf den Salztonebenen Nevadas erleben, daß ich einschrumpelte wie eine Rosine. Wenn man auf einen Zug aufspringt, ist es vielleicht noch eiskalt, aber wenn mittags dann die Sonne rauskommt, findet man sich mit einem Mal auf einem Teufelsritt durch die Wüste wieder, ohne Schatten und ohne Wasser, und man schwitzt aus allen Poren wie ein Rasensprenger. Hitze und Kälte sind bei Tramps die Todesursache Nummer eins. In den Herbst-, Winter- und Frühjahrsmonaten sollte man immer einen guten Schlafsack oder eine warme Decke und so was wie eine Isomatte dabeihaben und einen Hut oder eine Mütze und Lederhandschuhe und ein paar Schokoriegel oder Beef Jerky – irgendwas zu essen, das einen innerlich warm hält –, denn der Zug fährt und fährt, und manchmal kommt man tagelang durch keine Ortschaft. Ach ja, und Klopapier – vergiß das Klopapier nicht. Es sei denn, du willst statt dessen dein Hemd nehmen. Ohropax mitzunehmen ist auch eine gute Idee. Das kann einem das Gehör retten. Wenn man nichts zum Zudecken hat, kann man sich Zeitungspapier unter die Kleidung stopfen; das isoliert. So was nennt man »kalifornische Decke«, denn in Südkalifornien kann man meist auch ohne Decke draußen schlafen. Wenn man nichts hat, worauf man schlafen kann, kann man Pappe nehmen, und manchmal findet man auf Güterbahnhöfen auch Packpapier oder »Tausendmeilenpapier«, wie manche Leute dazu sagen. Eine andere Möglichkeit: Kerosin und Sand. Wenn man einen kleinen Blecheimer hat (ein »Kanonenboot«), füllt man ihn zur Häfte mit Sand und gießt dann Kerosin drüber. So hat man dann ein kleines Feuer, das einen warm hält. Wenn's gar nicht anders geht, kann man in einem geschlossenen Güterwagen auch ein Lagerfeuer machen –

aber paß mit dem Rauch auf, der könnte dich in Schwierigkeiten bringen. Die billigste und transportabelste Bettdecke ist eine Flasche billiger Schnaps, Night Train oder Black Crow etwa. Es ist eine bescheuerte Methode, sich warm zu halten, aber ich habe schon erlebt, daß es funktioniert – es wärmt einem das Blut und bessert die Laune. Das nennt man dann »Tokaierdecke«. Wenn es aber so richtig kalt und windig wird, kann man natürlich weiter nichts tun, als den Morgen abzuwarten.

Hier folgt jetzt eine Aufzählung dessen, was Hobos damals in den Dreißigern mit sich rumtrugen – entnommen aus Kenneth Allsops Buch *Hard Travellin' – The Hobo and His History*:

Seinen »Benny« oder Mantel, der auch als Kopfkissen oder Decke diente und dessen beutelgroße Seitentaschen folgendes enthielten: Einen Rasierer (ersatzweise eine scharfe Glasscherbe), Seife, Nadel, Faden und Flicken, eine Tüte Kaffee, ein paar Klumpen Zucker, Salz und Pfeffer, ein paar Zwiebeln für den nächsten Eintopf am Lagerfeuer, wenn er sich nichts Stärkeres leisten konnte, eine Flasche Zuckerwasser, Zeitungspapier als zusätzliche Unterwäsche und Schuhfutter, ein Getreidesack mit drei Löchern drin als Windjacke, wenn er es sich leisten konnte, auch eine Regenjacke oder ein Regenmantel und ein »Frogstikker«-Messer – zum Kartoffelschälen und zur Selbstverteidigung. Wenn er sich schlafen legte, band er sich seine Stiefel um den Hals, denn das waren die einzigen Besitztümer, die er sich auf keinen Fall klauen lassen durfte. Und wenn er denn mal ein paar Dollar hatte, die er zurücklegen konnte, nähte er sie in seine Krawatte ein oder in das Futter seiner Jacke.

MONTANA

Missoula

IDAHO

Greybull

Truckee River

5
Güterbahnhof Missoula, Montana

30. Oktober 1991,
bei Einbruch der Dunkelheit

Als es dunkel wurde, kamen Alabama und ich wieder zum Güterbahnhof Missoula. Riesige Halogenscheinwerfer leuchteten auf die Züge herab. Eine Rangierlok stellte gerade einen Schrottzug zusammen, und ein Bremser lehnte sich vorne raus. Der Lichtstrahl seiner Taschenlampe huschte hin und her über die Gleise. Die Rangierlok fuhr mit zwei Gondeln – offenen Güterwagen – und einem Tankwagen aus dem Bahnhof aus. Neben einem Laternenmast stand ein Ford Bronco. Da drin saß wahrscheinlich ein Bahnbulle, aber das konnten wir nicht sehen. Wir sprangen auf die Schienen und liefen humpelnd das Gleis runter. Alabama lief vor mir her – fort in die Dunkelheit. Autos rumpelten über uns auf der Straße. Ich sah ein Buch auf dem Boden liegen und hob es auf. Es hatte keinen Einband mehr, und ein paar Seiten fehlten. Ich blätterte es durch und las laut:

Falls ihr noch nie von ihm gehört habt, er hat diese fabelhafte Kurzgeschichtensammlung geschrieben – »Der geheime Goldfisch«. Die Titelgeschichte ist die beste. Sie handelt von einem kleinen Jungen, der niemanden seinen Goldfisch ansehen ließ, weil er ihn von seinem eigenen Geld gekauft hatte. Das hat mich umgehauen. Und jetzt ist D.B. in Hollywood und prostituiert sich. Wenn ich eins hasse, dann Filme. Fangt mir davon erst gar nicht an.

Ich stopfte das Buch in meine Jackentasche und lief hinter Alabama her. Ich habe es ganz durchgelesen, aber nie erfahren, wie es heißt, denn es hatte keinen Einband mehr.

Als ich Alabama einholte, packte er meine Arme und stieß mich ins Gebüsch. Ich lag da im Dreck und guckte in den Graben runter und in den Wald, und da sah ich eine brennende Holzkiste und darüber eine große Bierflasche, in der Wasser kochte. Der Boden war mit Glasscherben, Altmetall, verkohltem Holz und einem Teppich aus Zigarettenkippen bedeckt. Vier Tramps hockten auf Deckenrollen, Eimern und Holzklötzen, und einer lag auf dem Boden, den Kopf auf eine Hand gestützt. Vor sich hatte er einen Haufen Kippen. Er pulte den Tabak raus und sammelte ihn auf einem Blatt Zeitungspapier. Die anderen vier lachten im Licht des Lagerfeuers. Sie sahen aus wie Bergleute: granitene Gesichter und weiße Augen. Es war ein richtig hübsches Bild, wie sie so beisammenhockten. Sie erzählten einander Geschichten, lachten und banden sich gegenseitig Bären auf. Alabama stupste mich an der Schulter und zeigte auf einen von ihnen.

»Siehst du den Kerl mit dem weißen Bart? Das ist Yukon-Sam. Der fährt schon länger auf Zügen als ich, wahrscheinlich seit vierzig Jahren. Und der Typ mit der Weste, das ist der große Tim, und der neben ihm, der da auf dem

Boden liegt, das ist Billy the Kid. Ein Straßenkämpfer. Kämpft jeden Freitagabend unter der Brücke – verrückter als 'ne Scheißhausratte.«

Die anderen beiden waren Carny Chris, ein dünner Schwarzer aus South Dakota, und Bär, ein dicker Weißer aus der Hölle.

Alabama schüttelte den Busch vor uns, stand auf und sprang hinüber. Er verfing sich in den Zweigen und schlug mit der Schulter auf dem Boden auf, wobei er eine Staubwolke aufwirbelte. Mit erhobenen Händen sprang er daraus hervor und direkt vor die Männer und tanzte dann vor ihnen. Er trampelte und wackelte mit den Hüften, und die ganzen Insekten flohen, und eine mächtige Windböe kam aus dem Nirgendwo und fachte das Lagerfeuer an. Als sich die Staubwolke legte, hockte Alabama auf dem Boden und ruhte sich aus, und die anderen lachten und johlten und tanzten im Wind.

Yukon-Sam umarmte Alabama und hätte ihn dabei fast umgerammt. Er trug eine hübsche hellbraune Wildlederjacke mit Fransen an den Ärmeln und um den Hals einen ledernen Medizinbeutel, in dem er wahrscheinlich ein Amulett hatte.

»Alabama!« sagte er. »Wo zum Teufel bist du gewesen?«

Alabama überlegte.

»Tja nun«, sagte er schließlich. »Ich war in Mexiko. Da war ich.«

»Na, schön für dich. Mann, das ist ja Jahre her. Schön, dich zu sehen. Setzt euch doch, dann kriegt ihr 'nen Kaffee.«

Wir gingen zum Lagerfeuer. Bär und der große Tim zogen aus ihrem Brennholzvorrat eine Kiste hervor und stellten sie vors Feuer. Wir setzten uns drauf. Die Luft stank nach Pisse, Bier und schmorendem Plastik.

»Was ist das für ein Gestank?« fragte Alabama.

»Billy hat den Deckel von der Kühlkiste ins Feuer ge-schmissen.«

Ich sah zu Billy rüber, und tatsächlich ruhte sein Kopf auf einer ramponierten Coleman-Kühlkiste, die keinen Deckel mehr hatte. Er guckte ziemlich blöde. Sein rot-blondes Haar hing ihm wie ein Wischmop über die Au-gen. Er trank Bier und lächelte. Ihm waren alle und alles scheißegal. Er tat mir leid. Er war ein Jungle Buzzard – nur ein kleiner Ganove, der nirgends hinkonnte und den kei-ner wollte. Das war jedenfalls mein Eindruck, und der än-derte sich auch im Laufe des Abends nicht. Er führte sich immer bescheuerter auf, und wir steckten es weg. Weiter draußen als an den Bahngleisen kann ein Außenseiter nicht sein. Noch weiter draußen gibt's nur noch Knast oder Friedhof. Billy setzte sich auf, packte die Kühlkiste und brüllte zu uns rüber: »Ey, ihr Scheißer! Wollt ihr 'n Bier?«

Ehe wir antworten konnten, flog auch schon die ganze verdammte Kühlkiste in unsere Richtung. Sie landete vor Alabamas Füßen. Das Pissewasser spritzte ihm aufs Ho-senbein, und er war nicht allzu erfreut darüber.

»Scheiße noch mal, Billy! Hast du's denn immer noch nicht geschnallt?« Alabama nahm zwei Blue Ribbons aus der Kühlkiste, stand dann auf und warf die Kiste wieder übers Lagerfeuer. Das restliche Wasser spritzte Billy naß. Ihm machte das überhaupt nichts aus. Er trank einfach weiter sein Bier und lachte laut auf. Alabama schüttelte den Kopf und sah zu Yukon-Sam hinüber.

»Es ist nicht mehr wie früher ... was, Sam?«

Sam schüttelte den Kopf. »Nee.«

»Scheiße, ich weiß nicht mehr, was ich davon halten soll.«

»Ich auch nicht.«

Dann unterhielten sich Alabama und Yukon-Sam über die alten Zeiten. Daß ein Hobo-Camp früher eine Gemeinschaft von Männern und manchmal auch Frauen gewesen war, die sich mehr oder weniger umeinander kümmerten. Zu einem guten Eintopf steuerten alle im Camp was bei, und wenn jemand Not litt, teilte man mit ihm – gab ihm zu essen, eine Decke oder was er sonst brauchte. Sie erzählten, wenn man damals in ein Camp kam, wär alles vorhanden gewesen: Töpfe und Pfannen, Brennholz, ein Stapel Lebensmitteldosen, ein Spiegel fürs Rasieren und ein Waschzuber. Ich schätze mal, Yukon hatte das Ende der Weltwirtschaftskrise noch miterlebt und hatte sich auf Güterzüge verlegt, weil er gerade alt genug dafür war abzuhauen und seine Familie ihn nicht mehr ernähren konnte. So war es Millionen von Jungs ergangen, und er erzählte, die Züge seien voller Hobos gewesen, und ein paar von ihnen hatten dann nie wieder damit aufgehört. Das Leben auf Achse hatte sie ruiniert, und sie konnten nicht mehr zurück an irgendeinen Arbeitsplatz oder zu ihrer Familie. Also verlegten sie sich aufs Betteln, Klauen oder sonstwas, das ihnen eine warme Mahlzeit oder eine Flasche einbrachte; manche von ihnen arbeiteten auch, wenn es nicht anders ging; andere hingegen, die richtigen, in der Wolle gefärbten Penner, hätten auch dann keine Schaufel oder Hacke angefaßt, wenn ihr Leben davon abgehangen hätte. Ich lernte ein bißchen was von Yukon-Sam. Er war alt, wahrscheinlich schon über siebzig. Er sah aber eher wie fünfzig aus, war ein Energiebündel und wirkte nicht im mindesten sonderbar. Er hatte ein Leben in Freiheit geführt und konnte nun davon berichten.

Sam kniete sich vors Feuer, brach einen krummen Ast übers Knie und warf ihn in die Flammen.

»Ich denk dran, in den Sack zu haun«, sagte er.

»Keine Güterzüge mehr?«

»Jau.«

»Klingt gut, aber was machst du dann?«

»Keine Ahnung, 'Bama. Ich weiß es wirklich nicht, aber ich bin jetzt über siebzig und hab die andere Welt die meiste Zeit nur ein, zwei Tage mal gesehn.« Er zeigte mit dem Bier in der Hand auf die Neonlichter der Stadt. »Wenn's da immer noch so ist wie damals, als ich abgehaun bin, wird's mir wohl nicht gefallen, aber wenigstens komm ich da nicht um.«

Alabama schüttelte den Kopf und erwiderte: »Meinst du, ja? Du glaubst, es ist sicherer da? Also, das ganz bestimmt nicht. Da ist es bestimmt noch genauso wie damals, als du abgehaun bist. Die Leute da hungern nicht mehr. Die machen sich keine Sorgen mehr, daß sie verhungern, aber Sorgen machen sie sich trotzdem noch. Die halten dich immer noch für 'nen Penner. Ich garantiere dir, das hat sich nicht geändert. Ich hab versucht zurückzugehen, und das hat weh getan. Ja, das hat weh getan. Weil das ist nichts für mich, und wenn das für mich nichts ist, ist es für dich ganz bestimmt auch nichts.«

»So schlimm kann das gar nicht sein.«

»Doch, ist es.«

»Scheiße, Mann, guck dir die ganzen hübschen Frauen an und die geheizten Häuser und die Kinos. Da drüben kann man ins Kino gehen, und ich bin nicht mehr im Kino gewesen, seit ich ein kleiner Junge war.«

»Also, ich kann nur sagen, daß ich das nicht groß vermisse«, murmelte Alabama.

Der Ford Bronco, der auf dem Güterbahnhof gestanden hatte, hielt nun oben auf dem Hügel, hinter dem Zaun. Zwei Bahnbullen saßen drin. Billy richtete seinen Overall und hob eine zerquetschte braune Bananenschale vom Boden auf. Er ging den Hügel hoch, warf sie über den Zaun auf die Windschutzscheibe, kam dann wieder runter und setzte sich auf den Boden. Dann zog er eine kleine Glaspfeife und ein Streichholzbriefchen aus der Brusttasche, riß ein Streichholz an und hielt es über den Pfeifenkopf.

Billy traten die Augen aus dem Kopf. Er riß eine Faust hoch, zog dann aus seiner ausgebeulten Arschtasche eine Pistole hervor und baute sich in Schützenpose auf. Er schob ein Magazin in den Pistolengriff und ballerte blindlings sechsmal in den Wald. Die Bahnpolizisten braus ten in einer Staubwolke davon. Ich dachte, sie würden wiederkommen, war aber wohl der einzige, der sich da Sorgen machte, denn die anderen taten, als wäre nichts geschehen. Nach ein paar Minuten beruhigte ich mich.

Billy saß auf dem Boden wie ein Kind im Sandkasten. Er suchte in seinem Overall rum. Er hatte alle Taschen nach außen gestülpt und die Hosenaufschläge runtergekrempelt. Als er aufstand, stolperte er über eins seiner Hosenbeine und fiel mit dem Gesicht voran in den Dreck. Er war die Ungeschicklichkeit in Person. Ja, erst beim dritten Versuch aufzustehen kam er wieder auf die Beine. Er setzte sich neben mich ans Lagerfeuer und fing sofort an zu reden. Er erzählte mir ungefähr folgendes:

Ich war mal auf LSD, 'ne Woche lang oder so, unten am Fluß. Da kam 'n Bulle von hinten an und hat mir auf die Schulter gefaßt. Ich hab mich umgedreht und ihn verdro-

schen. Hab ich fünfzig Tage Knast für gekriegt. Da hab ich
so richtig das Kämpfen gelernt. Als ich rauskam, dacht
ich, ich könnt Geld damit verdienen, daß ich Leute ver-
dresche. Ich laß mich irgendwo nieder und kauf mir 'n
Haus und bring den Leuten Taekwondo bei. Bringe diesen
kleinen Scheißern bei, wie sie wen zu Klump kloppen.
Mein Nachbar ist ein Mörder. Hat wem den Kopp weg-
geballert. Den Scheißkerl solltense aufknüpfen oder so.
Ey, guck dir die Nutten an, da auf der Brücke, die kommen von 'ner harten Nachtschicht, wenn de denen 'nen
Zwanni gibst, machen se alles, was de willst. Mir hat mal
'ne Möwe aufs Sandwich geschissen. Hab ich trotzdem
gegessen. Ich hab mir mal 'n Murmeltier gebraten, als ich
Kohldampf hatte. Da guckt dieser Bulle aus seim Auto
und fragt: »Was zum Teufel kochst du denn da?« Hab ihm
gesagt, es wär 'n Arm, den ich gefunden hab. Hat er nur
gelacht und ist weggefahren. Hätt auch 'n Arm sein können, wär auch egal gewesen.

Er stand auf, nahm seine Pistole, hielt sie zur Seite und
schrie:
    »Peng! ... Peng! Peng!«
    Alabama schlich sich hinter ihn, riß ihm die Waffe aus
der Hand und verschwand damit hinter der Brücke. Billy
lief ihm nach. Ich hörte ein paar Schüsse und brüllendes
Gelächter. Zwanzig Minuten später strauchelten sie wieder hinter der Brücke hervor, besoffene Hunde, die nach
Schießpulver rochen. Billy hielt eine fettige Papiertüte.
Er warf sie vor uns auf den Boden.
    »Ich hab 'n bißchen Gras gegen sechs Tacos getauscht.«
    Er riß die Tüte auf und reichte sie weiter.
    »Hier, eßt, die sind ganz frisch. Da drüben ist 'n Mexi-
kaner-Camp, die haben sich gleich einen gebaut. Voll fett
und weit weg von Zuhause – besser geht's doch nicht. Und

macht euch keinen Kopp. Ich hab 'n Waffenschein für meine Magnum. Ja, keine Sorge – alles ganz legal.«

Er legte sich die Waffe in die Armbeuge und hielt sie wie ein Baby. Sie war noch warm. Er mochte es, wie sie sich auf der Haut anfühlte. Den ganzen Abend lang schwafelte er vor sich hin – über seine Waffe und was er schon alles damit gemacht hatte. Keiner beachtete ihn. Er hörte erst auf zu reden, als er sich dann vollgekotzt hatte. Er fuhr mit den Fingern hindurch, verteilte die Kotze aber so nur auf seinem Overall. Das meiste davon endete in seinen Taschen. Schließlich war er so weggetreten, daß er am Zaun in sich zusammensank, und wenig später stürzte sich ein Fliegenschwarm auf ihn. Die hatten ordentlich was zu essen. Als das Feuer runterbrannte, waren nur noch Sam, Alabama, Tim, Bär und ich wach. Bär setzte sich neben mich und klopfte mir auf den Rücken.

»Ich sag dir was, Junge: Wenn du mit mir fährst, bring ich dich zu einer Stelle in der Wüste, wo ein paar *richtige* Waffen liegen. Ich hab alles: von abgesägten Schrotflinten bis zu halbautomatischen Sturmgewehren; alles an einer geheimen Stelle vergraben. Alles mit Vaseline eingeschmiert. Man weiß ja nie, wann man so was mal braucht. Auf den da ist ein Kopfgeld ausgesetzt, fünf Riesen. Wir machen halbe-halbe. Mit meiner Hälfte fahr ich dann runter nach Florida zu diesem Treffen, zu diesen Rainbow-Leuten*.«

---

* Das erste Rainbow-Treffen fand 1972 in Colorado statt. Die Rainbow-Familie hat es sich zum Ziel gesetzt, für den Frieden und das Wohlergehen aller irdischen Lebewesen zu werben. Am vierten Tag des landesweiten Treffens beten und meditieren bis zu zwanzigtausend Menschen für ein harmonisches Miteinander auf der Welt. Bei diesen Treffen spielt Geld keine Rolle. Es wird ausschließlich Tauschhandel betrieben. Jeden Tag geht ein Hut rum und wird Geld gesammelt. Mit diesem Geld werden

»Warum willst du den Typ umbringen?« fragte ich.

»Er hat meinen Kumpel mit 'ner Waffe bedroht und hatte dann nicht mal den Mumm, ihn abzuknallen. Er hat den Tod verdient, wie er so rumläuft wie 'n tollwütiges Tier. Er hat's verdient, daß man ihn von seinen Qualen erlöst. Interessiert doch sowieso keinen. Das bringt mir fünf Riesen. Biste dabei oder was?«

Ich saß mit gesenktem Kopf da und starrte auf meine schmutzigen Klamotten. Dann sah ich hoch, schüttelte den Kopf und ging weg. Ich setzte mich zu Alabama, Yukon-Sam und dem großen Tim. Sie beguckten Tims Weste. Sie war ziemlich zerfetzt, und es waren Hunderte von Hobo-Signaturen und -Symbolen draufgemalt. Und zu jedem hatte er eine Geschichte zu erzählen.

»Das hier, das ist Glühbirne. Sie nennen ihn so, weil er mal auf 'nem Kohlenzug einpennt ist, und dann ist er ganz bis zum Kraftwerk in Gray Wolf, New Mexico, gefahren. Als die da die Kohlen aus dem Waggon gekippt haben, wäre er fast unten drunter gelandet, aber er hatte seinen Gürtel an die Leiter geschnallt. Als er sich schließlich losgemacht hatte, ist er zu dem Kohlekraftwerk gegangen, und seine Klamotten waren ganz schwarz und zerrissen. Als die Arbeiter ihn gesehen haben, sind sie weggelaufen, denn sie dachten, er wär ein Gespenst, und mir nichts, dir nichts war's in ganz New Mexico

dann über einen Gemeinschaftsladen Lebensmittel und Gebrauchsgüter für alle gekauft. Tramps können bei einem Rainbow-Treffen zwei Wochen vorher anreisen und bei den Vorbereitungen helfen und zwei Wochen länger bleiben und beim Aufräumen helfen. Insgesamt kann das bis zu sechs Wochen dauern, während deren man gratis zu essen, eine Art soziales Umfeld und jede Menge engelsgleicher Hippiemädels hat, die man anglotzen kann. Den Großteil ihrer Zeit verbringen die meisten Tramps dort im A- oder Alkohol-Camp, das für Männer und Frauen bestimmt ist, die gern geistigen Getränken zusprechen.

zappenduster. Als die Polizei schließlich kam, fanden sie ihn im Pausenraum, und er hatte den Mund voller Donuts. Und die ganzen Arbeiter hatten sich in ihren Autos eingeschlossen. Ha! Das ist doch mal 'ne lustige Geschichte.«

Der große Tim schlug sich aufs Knie und lächelte mit seinem runzligen Gesicht. Er zog einen Stift aus der Tasche und bat mich, seine Weste zu signieren. Ich fühlte mich geehrt.

»Laß mal sehn.« Alabama schnappte sich den Stift und fuchtelte damit vor meinem Gesicht rum.

»Mal sehn. Ich glaube, das hier wird dein Spitzname.«

Er krakelte etwas auf sein Hosenbein und hielt es dann zum Feuer hin, so daß ich es sehen konnte.

»Blackjack? Was soll das denn bedeuten?«

»Keine Ahnung.«

Er legte sich den Zeigefinger vor den Mund und dachte darüber nach.

»Ist mir nur so eingefallen.«

»Na ja. Also gut.«

Ich lächelte und schrieb meinen neuen Spitznamen neben »Mailbox« auf Tims Schulterblatt.

»Siehst du den da«, sagte Tim. »Das ist Mailbox, der kleinste Hobo überhaupt. Einer hat ihm mal erzählt, daß keiner, wirklich keiner auf dem Gray Ghost fahren kann. Das ist der bestbewachte Zug in ganz Amerika. Der fährt in sechsunddreißig Stunden von LA ganz bis nach Jacksonville, Florida. Wenn Santa Fe dich auf dem erwischt, wanderst du für zwei Jahre in den Bau, da gibt's nichts. Das ist ein Postzug und ein Goldzug, die ganzen schönen Dinge. Der einzige Zug mit Schlössern dran. Der olle Mailbox hat gehört, wie so 'n Veteran erzählt hat, wie sie damals in den Dreißigern unter den Zügen mitgefahren sind. Die haben ein Brett genommen und über die Streben unterm Waggon gelegt, und dann sind sie unter dem Zug gefahren. Jedenfalls kam er auf die Idee, eine Sperrholzkiste zu bauen, die gerade groß genug wär für ihn und ein paar Sandwiches, und die dann unter den Zug zu binden. Völlig verrückte Idee, aber es hat funktioniert. Er sagte, nach sechsunddreißig Stunden in dieser Kiste, mit weiter nichts als Erdnußbutter- und Bananen-Sandwiches, hätt er zweimal Gott gesehen, und beim dritten Mal hätt Gott ihm dann die Füße geküßt und gemeint, jetzt soll er mal ans Ruder. Er hat erzählt, Gott würde riechen wie ein verschwitzter Ochse, und ehe er aus dieser Kiste wieder rauskam, hatte er in seinen Träumen die ganze Welt gesehen. Jetzt wohnt er in einer alten Hütte an der Yellow Brick Road, so nennen sie in New Mexico die Route 66. Er baut leere Raketensilos zu Kirchen um, nennt das Pandabloo Unterwasserwelt. Völlig durchgeknallt. Völlig durchgeknallt.«

Ich sah ihm in die Augen und lachte und hörte gar nicht mehr auf zu lachen. Yukon-Sam und Alabama setzten sich neben mich und fingen an, sich zu unterhalten. Yukon-Sam sprach mit sanfter Stimme und war der einzige hier, der nüchtern wirkte.

»Wir haun morgen ab, 'Bama. Wir sammeln in sieben Bundesstaaten Lebensmittelmarken* ein und fahren dann zu dem großen Rainbow-Treffen unten in Florida und füttern da die ganze Bande. In ganz Florida wird's keinen ein-

---

* Hobos können sich recht ordentlich ernähren, indem sie sich in mehreren Bundesstaaten Lebensmittelmarken aushändigen lassen. In diesem Fall hatte Yukon-Sam ausgerechnet, daß sie auf der Reise nach Florida durch sieben Bundesstaaten kommen würden. Höchstwahrscheinlich war er bereits in allen sieben Staaten bei Sozialdiensten gemeldet und konnte seine Belohnung auf der Durchreise einfach so »einsammeln«.

zigen hungrigen Hippie mehr geben. Das wird ein Riesen-Festmahl da im Wald.«

»Hört sich gut an, Sam. Hört sich gut an. Ich war schon seit Jahren bei keinem Rainbow-Treffen mehr.«

.

Morgenbier

Billy erwachte aus seiner Benommenheit und schüttelte die Fliegen ab. Sie stoben wirr auseinander, sirrend und summend, und prallten aneinander wie ein Haufen Betrunkener. Er klatschte in die Hände.

»Jungs, gehn wir! Die Kneipe macht gleich auf!« Es war sechs Uhr morgens.

»Ha! Du hast recht, Billy.« Sam sah zum Horizont. »Ist ungefähr so spät.«

Sie standen alle auf und klopften sich die Klamotten ab. Sam holte ein Ding, das aussah wie der Rückspiegel eines Ford Baujahr '32, und eine Flasche Olivenöl aus seinem Seesack. Er legte den Spiegel so auf den Sack, daß er sich darin sehen konnte, goß sich einen Klecks Öl in die Hand, verrieb ihn dann zwischen den Händen und fuhr sich damit durchs Haar. Alabama stapelte neben der Feuerstelle ein wenig Holz auf und stellte seine letzte Dose Spezial-Chili daneben.

»So, das sollte reichen. Wenn einer hier vorbeikommt, wird er sich freuen.«

Dann gingen wir alle rüber zur Hauptstraße.

Familienzirkus

Auf dem Weg zum Saloon kamen wir an einer Veranda vorbei, die mich an eine erinnerte, auf der ich ein paar Jahre zuvor in Rhode Island oder Denver mit meinem Vater gesessen hatte. Ich hörte meinen Dad, wie er mich durch ein offenen Fenster zum Essen reinrief. Diese bescheidenen Mahlzeiten fehlten mir sehr. Das Essen war nicht besonders gewesen; schön aber war das Bild, wie er mit einem Lächeln auf den Lippen über den Herd gebeugt dastand. Jedesmal wenn er das Gas aufdrehte, wurde es im ganzen Haus hell, so daß ich mich dort daheim fühlen konnte.

Da waren wir also –: vier dreckige Außenseiter, vier olle Cowboy-Penner – und trotteten mitten auf der Hauptstraße dahin. Im Diner hielten die Einheimischen inne und guckten von ihren Kaffeetassen hoch. Sie hatten einen harten Tag vor sich, blickten müde der Arbeit entgegen, und das Wochenende war in Sicht. Es war Freitag. Yukon-Sam war von Kopf bis Fuß eingeölt. Er war der Größte von uns und so eine Art Vaterfigur. Meine Ford-Winterjacke fühlte sich wie feuchtes Fleisch an, und meine Stiefel quietschten auf dem Beton. Ich hatte Maschinenöl unter den Sohlen. Billy the Kid ging neben mir. Er zog einen Karren voller Selbstmitleid hinter sich her und hielt einen gedachten Teddybären im Arm. Er setzte sich an die Spitze. Carny Chris hatte seinen Seesack dabei, denn er war unterwegs zum Highway, und Bär bildete die Nachhut – gebeugt gehend und leise keckernd wie ein Kolibri. Wir waren eine große, scheißglückliche Familie.

Als wir zu dem Saloon kamen, versuchten wir alle, durch das runde Fenster in der Tür zu sehen, und traten einander dabei auf die Zehen. Der Raum war dunkel und verqualmt. In der Ecke rumpelte eine Jukebox vor sich hin.

Blaue Diskolichter schossen daraus hervor. Wir standen dicht gedrängt. Schließlich machte Yukon-Sam die Tür auf und ging rein. Ich blieb mit der Stiefelspitze am Türpfosten hängen und fiel hin. Billy the Kid packte mich unter der Achsel und half mir wieder hoch. Als ich wieder auf den Beinen war, blieb mir das Herz stehen. Am Tresen saß die kleine Prinzessin aus dem Café El Toro. In dem Café war sie das lächelnde Mädchen gewesen –: weiße Zähne, rosa Bettwäsche, Blümchentapete und Ballerinaträume. Doch wie sie da am Tresen auf dem Hocker saß – mit einem Glas Malt-Whisky vor sich, in kniehohen, teuflisch roten Stiefeln und mit ordentlich Holz vor der Hütte –, war sie verdammt noch mal ein richtig geiles Weib.

Das Wasser, das sie zum Whisky trank, sprudelte. Ich stand am Eingang und kriegte das Maul nicht mehr zu: ein Idiot in Lumpen und Stiefeln. Sie streckte die Hand aus und stibitzte aus der Hemdtasche ihres Freunds eine Schachtel Zigaretten, steckte sich eine zwischen die Lippen, sah zu mir rüber und lächelte. Ihr Freund schüttelte den Kopf. Sie glitt von dem Hocker runter – eine Versuchung nach der anderen. Die Gläser auf dem Tresen klirrten. Sie ging unter den pulsierenden Neon-Bierreklameschildern durch, zur Vordertür raus und rein in die ersten Tropfen eines leichten Morgenregens. Ich setzte mich auf einen Hocker und legte den Kopf auf meine Arme. Sie stand auf dem Gehsteig und guckte an ihrer durchnäßten Zigarette entlang.

Ihr Freund war doppelt so alt wie sie. Er drückte seine letzte Kippe aus und schloß die Augen. Er schüttelte wieder den Kopf und murmelte vor sich hin.

»Wie Ray Charles immer gesagt hat: ›Frauen sind was für zwischendurch.‹«

Dann stand er auf, zog seine Lederjacke an und verschwand durch den Hinterausgang.

Ich sah aus dem Fenster, und auf der anderen Straßenseite hängte eine Hausfrau in ihrem Carport Wäsche auf. Drei Sonnenstrahlen schossen aus den Wolken. Ich drehte mich wieder zum Tresen um und zupfte ein paar Servietten aus dem Spender. An der Kasse lieh ich mir einen Stift und kritzelte dann ein paar Sätze hin:

»Die Sonne brennt mir alle meine Fehler ins Gedächtnis – wo ich sie doch wirklich nur vergessen will – vergessen, was mich so fertiggemacht hat, was mich dazu gebracht hat, die Flasche zu öffnen und reinzusteigen, mich in einen Korkenkopf zu verwandeln, der sich einfach so treiben läßt – der nur der Sünde und dem Sonnenschein folgt und allem, was da kommen mag. Es kommt so weit, daß ich die Straße runtergehe oder über die Gleise gleite – vielleicht vom Mississippi aus ans Meer fahre –, und in meiner Seele und meinem Herzen bin ich meinen Problemen nur einen kleinen Schritt voraus, bin nur noch eine Träne davon entfernt, mich an meine Vergangenheit zu erinnern. Ich habe Probleme, und sie sind mir auf den Fersen wie ein Rudel kräftiger Bluthunde, und wenn ich nicht den richtigen Bach durchwate oder auf den richtigen Baum klettere, wird mich dieses große Rudel geifernder Hunde einholen, und wenn sie mich dann haben, werden sie mich zu Boden stoßen, das weiß ich, mit dem Gesicht voran in den Dreck ... aber das ist egal, denn ich werde nicht zulassen, daß sie mich einholen – auf keinen Fall.«

Zehn Minuten später sah ich wieder aus dem Fenster. Der Mann der Hausfrau kam im Bademantel raus, hob die Zeitung auf und betrachtete den Rasen. Ich konnte den schmurgelnden Speck riechen. Morgens gebratenen Bacon essen! Mann! In diesen drei Sonnenstrahlen am Frühstückstisch zu sitzen, mit fünf Schachteln Frühstücksflocken vor sich, mit Brötchen, Fleischsoße, Vorhängen und Seife. Neben dem Kneipenfenster war ein Gemälde an die Wand gepinnt: Vater und Sohn angeln von einem Boot aus in einem See, Rohrkolben wiegen sich im Wind, und Seerosenblätter treiben auf dem klaren grünen Wasser. Die Hausfrau gegenüber hängte ein rosa Laken über die Wäscheleine und befestigte es mit zwei hölzernen Wäscheklammern. Ihr Mann saß auf der Eingangstreppe ihres Hauses und las die Zeitung.

Alabama und Billy waren in der Ecke, in der die Jukebox stand, und tranken die Miller-Flaschen aus, die jemand hatte stehenlassen. Billy suchte mit dem Zeigefinger im Aschenbecher nach was zu rauchen. Ein vierter Sonnenstrahl schien durchs Fenster auf die beiden. Um Alabamas Kopf schwebte die Asche seiner Secondhand-Zigarette. Sie waren zwei Penner in Diesel, mit Blechkronen auf – zwei Könige, die in einem Schloß saßen und die Fragen des Landes besprachen.

Ich war an der Schwelle angelangt – an der Schwelle zwischen Daheim und der Straße. Es war sieben Tage her, daß ich abgehauen war – eine Woche, die mir wie drei Monate vorkam – und das nicht auf unangenehme Weise, aber in einer, die einen nachdenklich machte. Dort draußen währen die Augenblicke länger, sind eindrucksvoller und bedeutsamer. Man kann das nicht so einfach erklären – dieses Buch kann es nicht erklären – man muß es einfach erlebt haben, wie einem diese Tage mit religiöser Wucht ins Bewußtsein dringen –, um es wirklich zu verstehen. Hinter dem Kneipenfenster sah ich eine makellose Welt – rosa Laken und Sonnenschein. Ein hübscher weißer Palisadenzaun. Zwei Menschen, die zusammen in einem kleinen Haus in einer kleinen Stadt in Montana lebten. Ich kriegte ein wenig Heimweh davon.

In diesem Saloon hörte ich das Pochen gebrochener Herzen, das Flüstern verzweifelter Lippen und den Walzer müder Schritte. Und das ließ mich nicht mehr los –

auf angenehme Weise. Mein Zuhause lag hinter mir, und vor mir lagen ungeahnte Möglichkeiten. Ich hatte die goldene Fahrkarte, mir als Geschenk überlassen von meinen Freunden, den müden, alten Rittern der amerikanischen Eisenbahn. Wenn ich diese Fahrkarte klug nutzte, würde ich erblühen. Die Dame Amerika würde mir die Tür öffnen. Gevatter Winter würde sich noch eine Woche gedulden und mir Zeit lassen, runter nach Mexiko zu fahren. Genau das war es, was ich tun mußte.

Ein Tramp lebt jeden Moment, als wär's sein letzter Atemzug, und erhofft vom Leben weiter nichts, als daß ihn ein schneller Güterzug aus der Stadt trägt. Und diese Reise führt nie mehr nach Hause. Was Alabamas Herz bewegte, bewegte auch meins. Heimat ist da, wo das Herz ist – und der Schmerz und die Furcht im Blick der Neugeborenen. In diesem Saloon spürte ich diese Tragik, und enden konnte sie nur auf den bonbonroten Lippen der Gewißheit. Ich ging zu der kleinen Prinzessin auf den Gehsteig vor dem Saloon. Sie legte ihre roten Locken an meine Schulter. Wir sahen zu, wie der Himmel Regentropfen abfeuerte, die zwischen den Zweigen einer Platane hindurchschossen, die Gott erschaffen hatte. Letztendlich ist die Liebe die einzige Gewißheit – rettungslos verliebt zu sein in das Leben, wie es in Amerikas Achselhöhle gelebt wird – ihr Ginger-ale aus einem Glas mit Lippenstiftflecken zu trinken und von den bonbonroten Lippen geküßt zu werden, die dieses Freitagmorgenfieber entfacht hatten. Die kleine Prinzessin beugte sich rüber und küßte mich. Und als ich so auf diesem Gehsteig saß, verliebte ich mich, wie Jungen es tun – ehe sie alt und bitter werden – ehe sie auf den Knien landen, einen Diamanten schenken, ein Versprechen geben – in der Zeit der Unschuld, in der die Sonne noch scheint.

Später dann umarmte ich Alabama dort in der Ecke und sagte ihm, es wär jetzt Zeit für mich zu gehen. Er wußte so gut wie ich, daß man allein am schnellsten reisen kann. Und außerdem war er genauso ein Einzelgänger wie ich, und darum klopfte er mir auf den Rücken und sagte:

»Ein Stromer muß stromern.«

Ich nahm jede Runzel in seinem Gesicht wahr, als er das sagte, und sah alle Traurigkeit der Welt in seinen Augen. Es gibt ein Wort dafür: Aufrichtigkeit. Wenn einem die Sonne des Lebens sieben Tage die Woche, 365 Tage pro Jahr in die Augen scheint, kann man nicht anders, als traurig zu werden. Ich schwor mir, daß ich mir diese Sonne hundert Jahre lang in die Augen scheinen lassen würde. Ich konnte einfach immer weiter gehen, immer weiter gehen, bis ich von Kopf bis Fuß wettergegerbt und traurig war – genau wie 'Bama.

Ich sagte ihm, daß ich nach Mexiko wollte – vielleicht den Ort finden, an dem das Foto für die Ansichtskarte aufgenommen worden war.

»Ach, Scheiße«, sagte ich zu ihm. »Ich hab doch sonst nichts zu tun.«

Und ehrlich gesagt, hatte ich die Kälte satt. Die Ansichtskarte strahlte Wärme aus. Sie war ein Busen, an den ich meinen Kopf lehnen konnte, ein Ozean, in dem ich baden konnte, war ein Ziel. In zwei Wochen würde das letzte Laub von den Bäumen fallen, und wenn ich bis dahin nicht im Süden war, würde ich in der Kälte festhängen. Außer Mexiko kannte ich an warmen Orten nur mein Zuhause, und ich hatte ja schon beschlossen, daß ich noch nicht bereit war, nach Hause zurückzukehren.

»Die Dinge werden einem erst wichtig, wenn man hingeht und sie sich ansieht«, dachte ich.

Ich packte zusammen, was ich angesammelt hatte: meine schmutzige Wolldecke, meine Chihuahua-Mütze,

eine Muschel, die Yukon-Sam mir geschenkt hatte, eine
Limoflasche aus Plastik, die ich mit Wasser füllte, ein paar
Stoffetzen und eine Rolle Garn, um meine Hose damit zu
flicken, ein Paar Bremserhandschuhe, die ich gefunden
hatte, und ein Stück Schaumstoff, das ich mir unter den
Hintern schieben konnte. Ich rollte alles zusammen, band
es mit der Schnur fest, küßte den kleinen Rotschopf auf
die Wange und ging zurück zum Güterbahnhof – alleine.

Notizbucheintrag Nr. 4:
Hoboheme-Varieté

Der Ort, an dem sich Hobos und Tramps versammeln
und campieren, wird »Dschungel« genannt. Dschungel
befinden sich normalerweise in der Nähe eines Güterbahnhofs oder einer Stelle, wo die Zugbesatzung wechselt oder die Züge Diesel oder Wasser tanken – an Orten
an einer Bahnstrecke also, an denen man leicht auf einen
Zug aufspringen kann. Der Dschungel ist für den Hobo
der Mittelpunkt seines sozialen Lebens, ein Ort, an dem
sich Drifter und Vagabunden begegnen und ihre Notizen
über die Streckenverhältnisse abgleichen. Ein Dschungel
ist wie ein Klassenzimmer. Statt der Tafel gibt es dort ein
Lagerfeuer. Dort sitzt ein Hobo, schürt das Feuer und
spricht über gefährliche Güterbahnhöfe, über Obdachlosenheime, die kaltes Essen und harte Betten bieten, über
das Wetter im Nordwesten – woher er gerade kommt –,
über die Apfelpflücksaison und darüber, welchen Pull-
man-Waggon er bei den vorherrschenden Wetterverhält-
nissen vorziehen würde. Im Dschungel wird Wäsche ge-
waschen und gekocht, um Ungeziefer zu töten, und dort
kann ein Hobo kochen und essen oder sich richtig schön
besaufen und dann ins Traumland stolzieren. An vielbe-

fahrenen Strecken und im Zentrum beliebter Städte sind die traditionellen Dschungel stets leicht zu finden. Früher, in den alten Zeiten, wurden die Pfannen und Blechtöpfe, die man zum Kochen und Waschen nutzte, sorgfältig an Stellen versteckt, wo die Nachfolgenden sie finden konnten. Als »Geier« galt jeder Tramp, der nicht aufräumte und saubermachte, nachdem er im Dschungel gekocht oder ihn anderweitig genutzt hatte. An guten Tagen findet man als Tramp dort eine Bande von Pennern vor, die im Wald beieinanderhocken und in Partylaune sind – sie machen Feuer, sammeln Geld für Bier und suchen sich einen guten Holzklotz oder Eimer, auf dem sie sich dann für den Abend niederlassen. Wenn du so was findest, hast du ein Zuhause gefunden. Nutze es, denn wenn der nächste Zug kommt, ist das alles wieder vorbei.

Der Dschungel ist das Varieté der Hoboheme: eine Bühne für Hobos, Tramps, Straßenkämpfer, Dealer, Verbrecher, Nutten, Säufer und miese kleine Luden. Es ist ein Ort, an dem man fast wahre Geschichten erzählt, schlichte Gedanken denkt und sich im Holzrauch unter dem Sternenhimmel zusammenkuschelt. Ein Dschungel ist zum Warten da, und was man in diesem Klassenzimmer lernt, während man auf einer Milchkiste hockt, nimmt man mit auf die nächste Zugfahrt.

Früher, in den alten Zeiten, gab es in einem Dschungel meist einen großen Kochtopf, auch »Gumbo« genannt, in dem »Mulligan Stew« gekocht wurde. Dieser Eintopf wurde fortwährend durch Beiträge aller anwesenden Tramps aufgefüllt. Darin landeten Gemüse und Fleisch aller Art – Fleischereiabfälle, Speckschwarten und hin und wieder auch ein »beschlagnahmtes« Huhn –, und das alles wurde zu einer mal mehr, mal weniger schmackhaften, stets aber heißen Pampe zerkocht. Mulligan Stew wurde in beliebigen Behältnissen serviert: sei's in einer gefundenen Blechbüchse oder auf einem großen Blatt. Es erlebt heutzutage bei den etwas besser organisierten Hobo-Treffen eine Renaissance. Doch wenn man heutzutage in der Nähe der Gleise hockt, wird man auf dem Feuer meist eher eine Dose Chili sehen oder eine Dose Thunfischfilets in Öl.

Bei diesem urtümlichen Beisammenhocken auf dem nackten Erdboden kommt es einem fast so vor, als würde der Schmelztiegel Amerika wie das Gemeinschaftsritual mit dem Suppentopf funktionieren: Weiße, Afroamerikaner, Mexikaner und Indianer leben zusammen und helfen einander. Im Dschungel verlangt man keine Referenzen und werden auch keine Fragen über die Vergangenheit eines Mannes gestellt. Man muß stark sein im Dschungel, aber ein Weißer muß man nicht sein.

Hobos wissen, wohin sie gehören – in den Wald – außer Sicht – ein Flüstern, das der Wind übertönt. Viele Dschungel, auch der in Missoula, sind immer noch an der gleichen Stelle wie vor hundert Jahren. Es ist eine gute, starke Kultur – so alt wie die Dampflokomotiven, aber viel langlebiger.

6
Güterbahnhof Missoula

Halloween, 31. Oktober 1991, Mitternacht

Dornengestrüpp

Ich ging zurück zum Güterbahnhof, setzte mich auf den Kasten und wartete. Die untere Hälfte der Kühlkiste lehnte immer noch am Zaun. Ich war ganz allein, also machte ich es mir auf meiner Deckenrolle bequem, schloß die Augen und ruhte mich aus. Ich beschloß, eines Tages nach Missoula zurückzukehren und dem rothaarigen Mädchen einen Besuch abzustatten. Außerdem beschloß ich, daß ein Junge, der nicht in jeder Stadt, durch die er kommt, Schönheit finden kann, besser zu Hause bleiben, Speckschwarten fressen und Fettflecken auf dem Sofa hinterlassen sollte.

Als endlich ein Zug kam, war es bitterkalt, und deshalb beschloß ich, auf einer Lok zu fahren. Alabama hatte mir erzählt, daß es im Führerstand einer Lok eine Toilette, Stühle und alles mögliche gab. Der Zug hielt, und die Besatzung wechselte. Zwei Bremser unterhielten sich in einem Lichtkegel. Ich ging langsam hinter ihnen vorbei und stieg die Leiter der letzten Lok hoch. Ich machte die Tür auf und legte mich im Führerstand auf den Boden. Ich hielt den Atem an, bis der Zug dann ruckelte, dreißig Meter weit fuhr, wieder ruckelte und stehenblieb. Sie hängten hinten Wagen an. Der Lichtschein aus der Taschenlampe eines Bahnbullen glitt über die obere Hälfte des Führerstands, und dazu hörte ich leise das Motorengeräusch seines Pickups. Wenn er die Leiter hochkam, würde er mich auf jeden Fall sehen, und deshalb kroch ich auf die Toilette und wartete da. Es kam mir so vor, als dauerte es eine Stunde, bis sich der Zug dann endlich richtig in Bewegung setzte. Ich kriegte mit, daß sich die Umgebung änderte, und jetzt mußten wir aus dem Bahnhof raus sein.

Ich kroch aus der Toilette raus und spähte durch ein Fenster. Ich konnte nichts sehen, und deshalb hob ich den Kopf höher – zu hoch. Der Bulle stand auf einem Felsvorsprung an der Zufahrtsstraße und entdeckte mich mit seiner Taschenlampe. Ich duckte mich wieder und legte mich auf den Boden. Ich spürte, wie der Zug langsamer wurde. Ich packte meine Deckenrolle, ging auf die Plattform und lief zum hinteren Ende der Lok. Der Bulle fuhr neben dem Zug her und sprach in ein Megaphon.

»Sofort runter vom Zug!«

Ich schaute nach vorne und sah, daß die Straße an einer Brücke endete und dahinter nur noch Gestrüpp kam. Der Zug fuhr so langsam, daß man abspringen konnte, aber ich wollte nicht in den Knast, und deshalb log ich und schrie zurück: »Ich springe nicht ab! Der Zug fährt zu schnell!«

Er ging an sein Funkgerät, und nur Sekunden später bremste der Zug. Ich tat so, als wollte ich gleich abspringen, und behielt dabei die Brücke und das Gestrüpp im Blick. Dann kroch der Zug an der Brücke vorbei. Der Bulle hielt mit seinem Pickup, machte die Tür auf und stieg aus. Ich blieb auf der untersten Leitersprosse stehen, bis das Gestrüpp kam und ich dort einen Pfad erkennen konnte. Ich sprang ab und lief los. Aber das war kein weiches Gestrüpp – das waren Büsche mit langen Dornen. Die zerfetzten mir die Jacke. Wenn ich weitergelaufen wäre, hätte ich mich verletzt, also legte ich mich auf den Boden und wartete ab, während er mit seiner Taschenlampe in meine Richtung leuchtete. Er leuchtete rechts von mir, hielt inne und leuchtete dann links von mir.

Vom Zug her ertönte ein Donnern. Mir war klar, daß er jetzt abfuhr, und ich wollte ihn nicht verpassen, also kroch ich auf allen vieren unter den Dornen durch. Als ich zu den Gleisen kam, fuhr der Zug schon, und ich rannte so schnell ich konnte, bis ich die Leiter eines Kornwagens erwischte und mich dran festhielt. Der Zug riß mich in die Luft. Er war stärker als ich, aber ich hielt mich fest, kriegte ein Bein auf die Plattform und hievte mich schließlich ganz drauf. Ich stieg die Leiter hoch aufs Dach des Kornwagens. Der Zug fuhr jetzt richtig schön schnell, und ich blieb flach liegen, bis die Lichter der Stadt verschwanden und der Nachthimmel klar war. Man konnte alle Sterne sehen, genau wie in meinen ersten Nächten in Wyoming. Ich war allein, und das war ein schönes Gefühl, denn ich hatte ja immer noch den Wind, der mir Gesellschaft leistete, und fing allmählich an, in einem Hobo-Dialekt zu denken. Ich kümmerte mich um gar nichts mehr, nur noch um die Luft, die ich atmete, und meine ganzen düsteren Gedanken flogen auf und davon – wie einsame schwarze Krähen.

Notizbucheintrag Nr. 5:
Bahnbullen

Bahnbullen sind bewaffnete Angestellte der Bahngesellschaft, die deren Grundstücke, Gerätschaften und Fracht bewachen sollen. Selber nennen sie sich »Bahnpolizisten«. Es ist wichtig zu wissen, daß Bullen nur dann aus ihrem Auto oder Pickup steigen, wenn sie einen guten Grund dazu haben. Wenn du einen Pickup siehst, der irgendwelches Werkzeug geladen hat oder in dem jemand sitzt, der einen Schutzhelm trägt oder einen Dreitagebart hat, ist das höchstwahrscheinlich nur ein normaler Bahnarbeiter oder -angestellter. Diese Leute kümmern sich nur um ihre Arbeit und stellen im allgemeinen keine Bedrohung dar. Bahnbullen sind normalerweise nicht so proll und tragen nur selten einen Overall. Es dauert nicht lange, dann kannst du einen Bremser von einem Lokführer unterscheiden und einen Lokführer von einem Bahnbullen. Die haben alle einen bestimmten Habitus und Gang. Wenn du den stolzierenden Gang der Bahnbullen kennst, kannst du sie auch im Dunkeln und aus der Ferne erkennen. Wenn sie dich nicht sehen können, können sie auch keine Angst vor dir haben. Ein junger Lokführer will dich vielleicht nicht auf seinem Zug haben. In seltenen Fällen ruft er dann den Bahnbullen, aber meistens unternimmt er nichts deswegen. Es soll Glück bringen, einen Hobo auf dem Zug zu haben. Ältere Lokführer wissen das.

Wenn dich ein Bahnbulle zu fassen kriegt, kann er deinem Leben recht einfach eine unangenehme Wendung geben, aber meistens schreibt er nur deinen Namen in ein kleines Notizbuch, erzählt dir, daß du ein Nichtsnutz bist, und scheucht dich dann weg. Das ist es, was meistens passiert. Manchmal fragt der Bahnbulle auch über

Funk im örtlichen Polizeirevier an, ob du in irgendwelchen Schwierigkeiten steckst. Wenn du aus irgendeinem Grund von der Polizei gesucht wirst, sagst du am besten, du hättest keinen Ausweis dabei und nennst ihm einen falschen Namen, möglichst den von jemandem, der dir ähnlich sieht. Wenn der Bahnbulle dir Platzverbot erteilt, wartest du einfach, bis es dunkel wird oder seine Schicht rum ist. Wenn dich derselbe Bulle ein zweites Mal erwischt, läßt er dich wahrscheinlich einbuchten. Die Strafe ist je nach Stadt und Bahngesellschaft ganz unterschiedlich. Santa Fe steckt einen garantiert in den Knast. Die befördern militärische Fracht und bewachen sie scharf. Militärische Güterwaggons sehen ganz anders aus als alle anderen. Sie sind normalerweise in einem dunklen Rotbraun gestrichen, sind sehr groß und haben keine Türen. Wenn du so einen Waggon siehst, läßt du besser die Finger von dem entsprechenden Zug. Man sollte immer daran denken, daß, was Güterzüge angeht, nichts sicher ist – absolut nichts. Ich habe es schon erlebt, daß ein Bahnbulle einen Transporter geholt und alle Tramps reinverfrachtet hat, und dann ist er mit ihnen zum Knast gefahren; und ich habe es auch schon erlebt, daß so ein Bulle einem Tramp an einem heißen Sommertag eine Flasche kaltes Wasser schenkte. Ich denke positiv und respektiere jeden, dem ich begegne – ob er nun eine Dienstmarke trägt oder nicht. Das funktioniert am besten.

Wenn ein Bahnbulle in einem Dschungel auftaucht, ist das eine ungute Situation. Das bedeutet normalerweise, daß er jemanden sucht. Die machen unsereinem die Hölle heiß, wenn in der Stadt irgendwas passiert und ein Tramp der Verdächtige ist. Du solltest also wissen, ob in der Stadt, in der du dich aufhältst, in letzter Zeit irgendwas vorgefallen ist (das kann man ganz einfach rauskriegen, indem man in einem Obdachlosenheim nachfragt oder

sich bei dem erstbesten Tramp erkundigt, den man trifft).
Sonst tauchen die Bahnbullen aber nie in einem Dschungel auf – wahrscheinlich, weil sie da um ihr Leben fürch-
ten. Nicht daß ihnen dort irgendwas passieren würde. Es
ist halt bloß ein Ort, an dem sich eine so hochgestellte
Persönlichkeit nicht blicken läßt. Und außerdem gibt es
da keine Donuts.

IDAHO

Idaho Falls★
Blackfoot★

Central P

Stage House

Old Emigrant Road

B. Kauffman's Old Station

Central Pacific Rail Road

Old Emigrant Road

7
Von Idaho Falls nach Blackfoot

1. November 1991, bei Sonnenaufgang

Es war einer dieser Herbstmorgen, an denen das Gras der
Prärie mit Rauhreif überzogen ist, niedergedrückt von
Eis und Wind. Bald würde sich ein Meter Schnee auf die
Prärie legen, würde der Winter sie packen und erst im
Frühjahr wieder von ihr ablassen. Auf einer Wiese graste
eine kleine Büffelherde. Sie schnaubten Dampfwolken in
die kalte Luft. Ich fand, es hätten mehr sein sollen.
    Ich fuhr auf einem Union Pacific von Missoula aus
nach Süden. Wenn alles gutging, würde ich Montana bald
hinter mir lassen, am frühen Nachmittag in Idaho sein
und bei Sonnenuntergang dann in Pocatello. In Pocatello
gibt es einen der größten Güterbahnhöfe von Idaho. Wenn
ich in Pocatello ankam, wollte ich mir kurz die Beine ver-
treten, mich waschen und dann mit einem Union Pacific
weiter Richtung Süden fahren, nach Green River, Wyoming. Green River ist ein Bahnknotenpunkt und liegt
auch am Interstate Highway – ein guter Ort also, um Entscheidungen zu treffen.
    Ich langte in meine Tasche und zog die Ansichtskarte

aus Mexiko hervor. Da war sie, die Señorita mit den kandierten Lippen und dem rotweiß gepunkteten Kleid. Sie hatte milchkaffeebraune Haut und schwarzes Haar, das sich vor dem blauen Himmel der Karibik abhob. Sie richtete sich gerade das Haar und tanzte um den Stamm einer Kokospalme. Ich steckte sie in meine Hemdtasche – über meinen Winterblues. Ich pfiff ein kaltes Lied und klopfte mit den Füßen den Rhythmus mit.

Country Squire

Drei Stunden später hielt der Zug irgendwo zwischen Idaho Falls und Blackfoot. Die Sonne stand hoch am Himmel, und der Rauhreif war geschmolzen. Das Gleisbett war feucht. Ich sprang von dem Kornwagen ab, fand drei Wagen weiter einen offenen Güterwaggon und kletterte rein. Zehn Minuten später kam vom Ende des Zugs her ein alter Holzkopf mit sonnenverbranntem Zinken angestolpert. Seine Füße taten sich mit dem Schotterbett schwer. Seine Haut war so verbrannt, als wäre sie drei Wochen lang der Sonne ausgesetzt gewesen, und er war wackelig auf den Beinen vom Wandern auf dem Gleisbett. Er richtete seine halbgaren Augen auf meine Brusttasche und ließ seine zerrissenen Decken auf den Boden fallen.

»Hast du 'ne Zigarette?« fragte er.

»Eine Zigarette? Das letzte, was du jetzt brauchst, ist eine Zigarette.«

Der Typ sah wirklich aus, als bräuchte er ein Glas Wasser und keine verdammte Zigarette.

»Hier.« Ich hielt meine Wasserflasche hoch, in der noch ein bißchen was drin war, und wollte sie ihm geben.

»Damit kannst du dir die Kehle befeuchten.«

»Leck mich doch am Arsch«, sagte er, sammelte seine Siebensachen ein und stapfte an mir vorbei zum vorderen Ende des Zugs.

»Leck du mich doch am Arsch.«

Ich sah zu, wie der alte Idiot an den Gleisen entlangstolperte. Die Loks standen in einer Kurve, darum konnte ich von meinem Platz aus sehen, was er machte. Er brauchte zehn Minuten dafür, die nächsten beiden Waggons hinter sich zu lassen. Als er schließlich bei der ersten Lok angekommen war, stieg er die Leiter hoch und fuhrwerkte im Führerstand rum. Er leerte den Mülleimer aus und verteilte den Müll auf dem Boden. Keine Zigaretten, also preschte er zur Tür raus und stolperte zur zweiten Lok.

Jetzt sahen der Lok- und der Zugführer ihn kommen. Der Zugführer holte eine Flasche aus dem Mülleimer. Der Penner hüpfte wie ein Känguruh über die Kupplungen zwischen den beiden Loks, blieb dran hängen und schlug hart mit der Schulter auf dem Boden auf. Er stand wieder auf und strauchelte weiter auf sie zu. Der Zugführer stieg seitlich an der Lok eine Leiter hoch und lief dann übers Lokdach. Als er hinter dem Penner war, stieg er wieder runter, ging zu ihm und hob die Flasche. Der alte Penner schlug schwankend nach ihm, verfehlte ihn und klappte auf der Plattform zusammen. Je länger ich dem zusah, desto nervöser wurde ich. Ich beschloß, daß ich dazwischengehen mußte, wenn sie ihm wirklich ans Leder gingen. Also schlich ich mich am Zug entlang, bis ich so nah war, daß ich sie hören konnte.

»Was machen wir jetzt mit dem?« fragte der Lokführer.

»Scheiße. Keine Ahnung.«

Der Zugführer ging in den Führerstand und öffnete einen Werkzeugkasten.

»Haben wir hier irgendwo 'n Seil?«

»Ein Seil? Was willst du denn mit 'nem Seil?«

»Ich bind ihn am Geländer fest, falls er wieder zu sich kommt.«

»Lassen wir ihn doch hier.«

»Nein.«

»Wieso nicht?«

»Er sieht krank aus. Wir setzen ihn in der nächsten Stadt ab.«

Schließlich fanden sie ein Seil und banden den alten Kerl damit an allen vieren ans Geländer, damit er nicht runterfallen konnte.

»Blackfoot, here we come!« dachte ich.

Ich sprang auf die letzte Lok und setzte mich in die Sonne. Der Zug kroch zurück aufs Hauptgleis und beschleunigte, und dann waren wir wieder unterwegs. Ein Leichenzug fuhr neben uns her. Ich dachte: Vielleicht betten die die ganzen armen Penner-Holzköpfe, die nicht finden, was sie suchen, zur letzten Ruhe. Ich behielt das Seil im Blick, mit dem sie den alten Sack festgebunden hatten.

Der Leichenwagen hielt vor einem Spirituosenladen. Der Fahrer ging mit einer Handvoll Dollarscheine rein und kam mit einem Kasten Budweiser und einer Tüte Eis wieder. Er warf alles hinten rein zu dem Sarg und rumpelte dann weiter die unbefestigte Straße runter. Die Trauernden guckten alle erstaunt, aber es war zu kalt, um sich groß zu beschweren, und deshalb gaben sie Gas und folgten dem Leichenwagen über einen Hügel und auf den friedlichen Totenacker.

»Ab in die nächste Stadt«, dachte ich. »Wo ein Toter wieder leben kann.«

Ich ging in den Führerstand der Lok, guckte unter dem Sitzpolster nach und fand eine halb aufgerauchte Camel und eine Streichholzschachtel mit drei Streichhölzern drin. Ich brach den Filter ab, steckte die Zigarette am hinteren Ende an und kroch zur Tür hinaus. Mit der Zigarette zwischen den Lippen kroch ich auf die Plattform, zu dem Penner. Er schüttelte den Kopf und sabberte sich auf den Hemdkragen. Ich kniete mich neben ihn und steckte ihm die Zigarette zwischen die Lippen. Er bewegte sie mit den Lippen hin und her, nahm einen tiefen Zug und lächelte. Um uns her blies der Fahrtwind, und über uns zog der Dieselrauch vorbei, und der alte Holzkopf sagte kein Wort. Die Frau mit dem taubenblauen Haar, die mit fünf Gallonen Benzin seinen Trailer in Brand gesteckt hatte, fiel ihm wieder ein. In seinen Träumen. Jugend hing ihm um den Hals wie ein Blumenkranz aus Ingwerblüten. Seine Tage in der Sonne. Seine Urlaube auf Hawaii. Seine Nächte auf der Bühne und seine Morgen als Korken in der Flasche, mit einer Camel und einem Grinsen im Gesicht.

Der Zug wurde schneller, und der Fahrtwind nahm zu. Ich sah nach hinten, wo einige Güterwaggons um eine Kurve fuhren. Und ich erinnerte mich an einen von Alabamas berühmten Vorträgen über das Fahren auf Güterzügen:

»Ich will dir mal erklären, was ein Tramp ist, Eddy. Tramps liegen gern auf der Seite. Sie sind gern im Schatten, und im Schatten liegen kann man nur, wenn man auf der Seite liegt. Du bist ein glücklicher Tramp, wenn du einen Hut hast, der spendet Schatten, aber wenn du keinen Hut hast, kriegst du einen Sonnenbrand, und zwar nicht nur auf dem Gesicht und den Armen, sondern auch auf den Augen. Deine Augen werden krebsrot, weil du oft einfach nicht aus der Sonne rauskommst. Ein Tramp hat oft nichts zu rauchen oder zu saufen, wenn er rauchen oder saufen will, und er denkt nicht daran, alt zu werden, denkt nur daran, wie er sich irgendwie durchschlagen kann, und wenn er statt Wasser Bourbon kriegen kann und in der Wüste ist, tja, dann hat er den Bourbon wohl nötiger gehabt als das Wasser, nimmt das Wasser aber trotzdem mit, für den Fall, daß ihm der Bourbon ausgeht. Also tu dir bitte einen Gefallen und besorg dir einen guten Hut, und gewöhn dir diese Sachen nicht an, denn genauso sicher, wie die Sonne jeden Tag scheint, wirst du eines Tages mal nicht aus der Sonne rauskommen und dich nach 'ner Zigarette sehnen und stinksauer sein, daß du nichts zu trinken hast. Bleib sauber, dann findest du vielleicht eines Tages noch mal ein nettes Zuhause.«

Ich saß da auf dem Zug mit dem sonnenverbrannten Penner. Der Säufer rauchte die Camel auf und öffnete dann die Augen. Er sah mich an und wurde noch roter, als er ohnehin schon war. Dann kniff er die Augen zu und ließ den Kopf wieder sinken. Ich schaute hinaus in die Prärie. Der eisige Wind blies mir um den Hals, und ich klappte meinen Kragen hoch und lehnte mich auf meiner Dekkenrolle zurück. Irgendwas beschäftigte mich, ich wußte bloß nicht, was es war.

Ich schloß die Augen und dachte darüber nach. »Na klar!«

Ich setzte mich wieder auf. Ich kannte den Mann. Ich hatte sein Gesicht an einem Lagerfeuer in Montana gesehen. Die Arschgeige hieß Bobby Blue. Ja, das war er. Der Mann, mit dem Alabama und ich in Montana diese schreckliche Nacht verbracht hatten.

Zur Erinnerung an Bobby Blue und Levi Stout
27. und 28. Oktober 1991

Einige Seiten zuvor habe ich erwähnt, daß Alabama und ich zwei Yeggs begegnet waren, die gerade Eier brieten und an einem Fluß lebten. Der Mann, der da ans Geländer der Lokomotive gefesselt war, war der schlimmere der beiden – Bobby Blue. Alabama und ich waren mit dem Burlington Northern von Greybull aus in nordwestliche Richtung unterwegs, als wir ihm begegneten. Ich weiß noch, daß es den ganzen Tag geregnet hatte. Alabama wollte Chili kochen, und deshalb sprangen wir ab, als der Regen nachließ, und suchten nach Brennholz. Nebel waberte über den Boden. Die Espen trugen kein Laub mehr und waren nur noch eine Armee weißer Gespenster. Wir stapften in unseren Stiefeln über ihre Schatten. Alabama guckte beim Gehen immer auf den Boden. Er war Schatzsucher und behauptete, er könnte allein von den Schmuckstücken leben, die anderen Leuten aus den Taschen fielen. Der Boden dort war übersät mit faulendem Laub, benutzten Kondomen, Einzelteilen von Barbiepuppen und Kleinmädchenunterhosen. Der Geruch von Babypuder lag in der Luft.

Wir hasteten zwischen den dunklen Ästen durch, bis wir ein Feuer knistern hörten und Schatten auf dem Schnee sahen. In einer Pfanne brieten Eier, und daneben kauerten zwei Männer. Da sah ich Bobby Blue zum ersten Mal. Er guckte über das Feuer, und in seinen trüben Augen sah ich sein Leben wie in einer Glaskugel. Es war nicht wie im Märchen. Er war ein menschlicher Molotow-Cocktail.

Alabama sah das auch, aber es störte ihn nicht so sehr wie mich. Für ihn war es nur eine weitere Nacht auf der Wanderschaft. Mir kamen die beiden ausgesprochen gefährlich vor.

Ich träumte immer noch von Mexiko – weiße Sandstrände, Palmen, Cabanas und großäugige Señoritas. Für weniger als das wollte ich meinen Arsch nicht riskieren.

Wir setzten uns dazu und plauderten mit ihnen, aßen

von ihrem Essen, tranken von ihrem Whisky und pfiffen sogar einen alten Popeye-Song mit ihnen. Levi Stout und Bobby Blue hatten ein Faible für Zeichentrickfilmmusik und warmes Bier. Sie sangen eine Stunde lang alle Songs aus den *Jetsons*, »Meet George Jetson!«, aus *Familie Feuerstein*, »They're a modernstoric famaleeeeeeee!«, und aus *Addams Family* – »They're kooky and they're spooky, they're altogether ooky, they're the Addams Family. Da Da Da Dom! Da Da Da Dom!«

Während sie sangen, hielten sie einander in den Armen. Sie sangen, weil sie mit ihrem batteriebetriebenen Fernseher nur einen einzigen Sender reinkriegten. Dieser Sender brachte zwanzig Stunden lang täglich alte Zeichentrickserien und vier Stunden lang die Kellerpredigten eines Himmelslotsen. Er war ein Mann mittleren Alters, der live von seinem Keller aus predigte. Als Kanzel diente ihm ein Billardtisch, und sein Priesterrock war aus Holzfurnierfolie. Seine Worte trugen den Glauben in eine kleine Westernstadt. Levi und Bobby versteckten sich vor der Polizei, und der Pope und die Trickfilme waren das einzige, was sie von der Außenwelt sahen. Levi erzählte mir, daß er Bobby einmal pro Woche in die Stadt schickte, Batterien und Whisky kaufen. Die restliche Zeit verbrachten sie, wie sie sagten, »im Busch«.

»Ich mag's hier draußen«, sagte er. »Die Luft erinnert mich an den Krieg. Die nächste Stadt ist zwei Meilen weit weg. Keine Straßen, nur die Gleise. Hier stört uns keiner.«

Er nahm einen Schluck aus seiner Black-Crow-Flasche und gab sie dann an Alabama weiter. Alabama nahm sie, stand auf und zeigte hinaus über das Feuer.

»Einen Toast auf das heutige Glück und den morgigen schnellen Güterzug!« sagte er.

Bobby Blue riß ihm die Flasche aus der Hand und warf sie ins Gestrüpp.

»Es gibt kein Morgen!« brüllte er.

Auf Bobbys schlechte Laune war Alabama nicht gefaßt. Die Zeichentrickserien waren gerade zu Ende, und aus dem batteriebetriebenen Fernseher nuschelte der Prediger ein Gebet. Bobby flippte für den Bruchteil einer Sekunde aus, kriegte sich dann wieder ein und schürte einfach weiter das Feuer. Alabama ging zu der Stelle, an der die Flasche gelandet war, setzte sich und trank einen Schluck. Dann legte er sich auf den Rücken, die Flasche auf der Brust, und schaute zum Himmel empor.

»Morgen wird es wieder regnen«, sagte Alabama.

»Es regnet seit zwei Wochen jeden Tag«, murmelte Bobby, »da muß man kein Genie sein, um sich denken zu können, daß es morgen wieder regnet.«

»Stimmt, da muß man kein Genie sein. Aber etwas Schnur könnte man schon gebrauchen.«

»Was willst du denn mit Schnur?«

»Ein Floß bauen.«

»Wozu zum Teufel willst du ein Floß bauen?«

»Der Fluß wird anschwellen, und ihr braucht möglicherweise ein Floß, damit ihr auf dem Trockenen bleibt.«

»Scheiße, der Fluß da macht gar nichts, und selbst wenn er was macht, schaffen wir's auch alleine, ein Floß zu bauen.«

Alabama erhob sich, klopfte sich ab und ging rüber zum Fernseher. Er hatte die Nase voll von Bobbys Quatsch. Er setzte sich zu Levi und ließ sich von dem Pfarrer in dem alten Schwarzweißfernseher zeigen, wie man Poolbillard spielt.

Bobby stocherte im Lagerfeuer rum und starrte mich hin und wieder zornig an. Er war kein glücklicher Mann und auch kein stolzer, aber er war ein starker Mann, und als das Feuer niederbrannte, fing er an, darüber zu reden, was ihn so störte. Es war der Fluß. Das kalte Wasser von Montana, das um seine Füße leckte.

»Na und? Wenn das Wasser zu sehr steigt, mußt du doch bloß den Hügel raufgehen.«

Ich zeigte in Richtung Bahndamm.

»Ich mach mir keine Sorgen, daß ich nasse Stiefel kriegen könnte«, sagte er. »Es geht darum, was da auf dem Flußgrund liegt.«

Später schliefen die drei vor dem Fernseher ein. Ich nahm meine Deckenrolle, machte den Fernseher aus und ging weg. Ich ging ein paar hundert Meter am Fluß entlang und fand dann unter einem Busch eine trockene Stelle, an der ich meine Decken ausbreiten konnte. Mir war nicht danach, im Schlamm zu schlafen, und mir war auch nicht danach, neben den beiden durchgeknallten Verbrechern zu schlafen.

Als ich dort unter dem Busch lag, hatte ich solche Angst, daß ich nicht einschlafen konnte. Ich schaute zum Himmel hoch und ließ meine Gedanken in südlichere Gefilde schweifen.

Ich wäre auf einem Güterzug von dort ganz bis nach Mexiko gefahren, wenn ich gewußt hätte, daß sich, wenn ich dort ankam, der kalte graue Himmel in einen sommerlich blauen verwandelte. Nichts ist garantiert, es sei denn, ich garantiere es, und wenn es so weiterregnete und irgendeiner der schlammigen Flüsse Montanas anschwoll, war's besser, wenn ich wußte, wann ich mich zurückzog, oder wenigstens wußte, wie man ein gottverdammtes Floß baut, denn das Flußwasser würde nicht vor mir Hasenherz haltmachen. Ich mußte auf einen Zug, mußte die Türen der Güterwaggons öffnen und mit meinem großen, dummen Traum ganz bis nach Mexiko fahren. Da unten gab es mit Schokolade überzogene Bananen und mit Karamel überzogene Lippen und den geilen Hüftschwung einer tanzenden Frau. Ich würde sie ausziehen. Ich würde ihre Schenkel spreizen. Ich würde butterweich in Mexiko einsinken. Ich hatte keine Zeit für den grauen Himmel des Nordens. Ich hatte keine Zeit für unberechenbare Männer.

Deshalb ging ich in dieser Nacht von Bobbys und Levis Lagerfeuer weg, und deshalb schnitt ich Bobby Blues Fesseln durch.

Ich sah zu, wie er einen letzten Zug aus der Camel nahm, zückte dann mein Taschenmesser und schnitt das Seil durch. Der alte Holzkopf fiel wie ein Sack Kartoffeln auf die Plattform der Lok. Ich bückte mich, legte mir einen seiner Arme um die Schultern und half ihm hoch. Der Zug bremste vor einem Bahnübergang. Ich stieg mit ihm die Leiter runter und stellte ihn auf die unterste Sprosse. Als der Zug langsam genug fuhr, gab ich ihm einen Stoß. Er machte einen großen Schritt und dann noch einen kleinen und landete mit der Schulter zuerst auf dem Gleisbett. Eine Platinblonde wartete in einem Lincoln an der Ampel. Zwischen ihren Lippen steckte eine Zigarette. Sie rauchte zum Fenster heraus. Bobby Blue lag am Boden, und sie lächelte.

Montana Blue

Damals erwachte ich in der Nähe der Gleise in Montana und rollte meine Decken zusammen. Es regnete, und der Fluß war angeschwollen. Wie es aussah, blieb Bobby und Levi noch etwa ein halber Tag, bis sie ihr Camp verlegen mußten. Ich wollte zurückgehen und ihnen beim Zusammenpacken helfen. Die Wolken zogen im Kreis. Es war windig. Ich ging zurück zum Camp, aber es war niemand da. Das Lagerfeuer rauchte noch, und die Pfosten für die

Plane steckten immer noch im Schlamm, aber die Männer waren weg.

Ich setzte mich auf meine Deckenrolle und wartete, und nach etwa fünf Minuten fing ich an zu grübeln.

Ich konnte mir nicht vorstellen, daß mich Alabama ohne Bescheid zu sagen verließ. Aber andererseits war ich ja weggegangen, ohne ihm Bescheid zu sagen, und vielleicht dachte er, ich wäre entmutigt abgehauen. Oder vielleicht hatten ihn die beiden Rowdys im Fluß ertränkt. Aber das hätte Alabama nicht mit sich machen lassen. Sie mußten einfach wiederkommen. Vielleicht war ein Bulle aufgetaucht, und sie hatten sich versteckt, oder vielleicht war der Teufel höchstpersönlich aus der Hölle emporgefahren, hatte seinen Schwanz um sie geschlungen und sie in die Finsternis und Verdammnis hinabgerissen.

Ich sah mich auf dem schlammigen Boden um und entdeckte Alabamas Stiefelabdrücke. Die kannte ich gut, weil ich ihnen schon über viele unbefestigte Wege gefolgt war. Seine Spur führte ins Gestrüpp, und ich nahm meine Deckenrolle und folgte der Spur den Hügel rauf. Auf dem Gleisbett verlor ich sie kurz, fand sie dann aber ein Stückchen weiter wieder. Er war nicht allein. Die drei waren zusammen weggegangen. Ich hatte in der Nacht zwei Züge gehört, und auf den zweiten hätte man aufspringen können. Und die Stelle, an der ihre Stiefelspuren endeten, deutete darauf hin, daß sie genau das getan hatten.

Ich setzte mich wieder auf meine Deckenrolle und legte den Kopf in die Hände. So saß ich eine Stunde lang hilflos da, und jede Minute beschäftigten mich andere Gefühle, andere Hoffnungen und Sorgen. Ich erhob mich, stampfte mit dem Fuß auf und fühlte mich stark, sank dann wieder auf meine Deckenrolle, stand wieder auf, kickte ein paar Steine in die Gegend und sank dann wieder in mich zusammen.

»Ich scheiße auf diesen Abenteurer-der-Landstraße-Schwachsinn!« schrie ich. »Ich scheiße auf diesen Schwachsinn, ganz schnell erwachsen zu werden! Ich brauche ein Auto, verdammt noch mal, und einen Koffer, und ein Motelzimmer und eine Freundin mit 'nem halben Kilo Lippenstift im Gesicht! Ich brauche endlich ein bißchen *Klasse*!«

Man könnte wohl behaupten, in diesem Moment hätte ich aufgegeben. Ich ging in Richtung Highway los. Ich zeigte den Güterzügen die kalte Schulter und hoffte verdammt noch mal, daß ich vor Einbruch der Dunkelheit noch eine nette Frau und eine Dusche fand. Ich hatte die Schnauze voll vom harten Leben, vom kalten Erdboden und trocknen Brot.

Ich schaffte es bis zur Heilsarmee. Da hockte ich dann mit einem alten Mexikaner und seinem alten mexikanischen Fahrrad vor der Eingangstür. Er hatte das Fahrrad auf Lenker und Sattel gestellt und versuchte einen Reifen zu flicken. Er hatte überhaupt keine Ahnung von so was. Er fluchte immer wieder auf Spanisch und lachte auf Englisch. Eine Texanerlache – der verdammte Mexikaner lachte wie ein Texaner. Schließlich gab er das mit dem Fahrrad auf, ging über die Straße und setzte sich unter einen Wollbaum. Der Wind trieb Schatten über sein Gesicht. Wollfasern segelten herab wie Schneeflocken. Die Wolkendecke teilte sich, und die Sonne fiel wie ein goldenes Ei aus dem riesigen Arschloch des Himmels.

Sein Fahrrad war ihm längst nicht so wichtig wie seine Zigarre und seine Silberkappen-Cowboystiefel. Ich schob sein Fahrrad über die Straße, stellte es unter dem Wollbaum wieder auf Sattel und Lenker und half ihm, den Reifen zu flicken. Mit den paar Brocken Englisch, die er beherrschte, unterhielten wir uns über Mexiko. Er brauchte keine zwei Minuten, sich wieder an den Sonnenschein und die Señoritas in seiner Heimatstadt zu erinnern. Die Abende auf dem Marktplatz, wo die Jungs rechts gingen und die Mädchen links, Mariachi-Musiker, die für Mescal spielten, und Liebespärchen, die im hellen Mondschein Mexikos zum heiligen St. Valentin beteten.

»Scheiß auf Amerika!« sagte er. »*Mexico es muy romántico.*«

Er hob die Augenbrauen und bekam große Augen. Dann ging er zu einem Stoppschild und zeigte darauf. Er tat so, als würde er vor das Schild spucken.

»In Mexiko keine Schilder. Du einfach fahren. Du einfach gehen. Keine Schilder.«

Ich fand, daß es nett wäre, ganz ohne Schilder einfach nur zu fahren und zu gehen. Ich wollte tun, was ich wollte und wann ich es wollte, und ohne Schilder wäre das viel einfacher.

Die Heilsarmee machte auf, und es gab was zu essen. Der Mexikaner und ich aßen trockenes Brot und zähes Fleisch und duschten dann. Im Duschraum wimmelte es von dreckigen Pennern, billiger Seife und Haaren – überall Haare. Ich duschte ganz fix. Es war schade, daß ich meine Hose wieder anziehen mußte. Vom einen Moment auf den anderen war ich nicht mehr blütenfrisch sauber, sondern dieseldreckig. Als wir rausgingen, nahmen wir uns beide ein Gratis-Buch aus dem Regal. Meins hieß *Midnight Cowboy*.

Wir setzten uns unter dem Wollbaum auf einen Holzklotz und lasen. Ich gab mir alle Mühe, Alabama und seine Weisheiten aus meinen Gedanken zu vertreiben. Ich mußte weiter wandern – ganz egal, was die Leute taten, wer kam und wer ging –; man mußte immer weiter wandern – nach Mexiko oder wohin auch sonst es einen zog. Und dann hieß es nur noch: rote Rosen, weißer Sand und schlechte Diskomusik.

Play the music fast
Lower the donkey
Burn the trash
We're going to Mexico

Stiefelspuren

Als es dunkel wurde, tauchte Alabama an der Bahn-strecke auf. Er hatte die Hände in den Taschen und kickte Steine in die Gegend. Ich stand auf und lächelte. Er guckte zu dem Baum rüber, sah mich und lächelte ebenfalls. Wir umarmten einander. Ich hatte nicht gedacht, daß ich ihn noch mal wiedersehe, und der alte Knabe hatte eine Träne im Knopfloch. Seit drei Stunden hatte er das glei-che getan wie ich zuvor.

»Ich hab deine Stiefelabdrücke gefunden. Red Wings, nich wahr?«

Ich guckte zu meinen Stiefeln runter und nickte.

»Den ganzen Morgen bin ich diesen Stiefelspuren ge-folgt. Du bist heut nacht so weit weg, daß ich dachte, du gehst nach Hause. Ich bin heute morgen mit Bobby und Levi aufgestanden, als dieser Zug vorbeikam. Fast wär ich mit ihnen nach Seattle gefahren, aber gleich nachdem ich auf den Waggon aufgesprungen war, hatte ich ein ganz komisches Gefühl im Bauch – ich hatte so das Gefühl, daß du noch hier bist oder so. Also bin ich wieder abge-sprungen und losgegangen. Ich konnte dich aber nicht finden, und dann hab ich's aufgegeben und hab am Bahn-damm ein Nickerchen gemacht. Ich dachte, du hättst mich im Stich gelassen.«

Er setzte sich zu mir und dem Mexikaner auf den Holz-klotz und knackte mit seinem gebrochenen Unterkiefer. Dann mußte ich mich wohl an den Plan halten und weiter dem Nordwind trotzen. Die Leute, die einem Jungen das Gehen beibringen, sind auch die Leute, die ihn in die Freiheit entlassen, und was mich anging: Ich war immer noch ein dreibeiniges Pferd mit einem Stall irgendwo im Herzen der Unsicherheit. Ich brauchte Alabama noch. Ich verabschiedete mich sehr freundschaftlich von dem alten Mexikaner und folgte meinen staubigen Stiefelspuren zurück in den Busch – zu dem, was von Bobbys und Levis Camp noch übrig war.

Am nächsten Morgen fühlte ich mich, als hätte ich nur billigen Whisky im Bauch – als hätte ich ganz Montana verschlungen, den ganzen Schlamm und die ganze Pracht – und als platzte mir beim Aufwachen der Schädel. Diese Rowdys lebten ja nicht ohne Grund da draußen. Rednecks nehmen dem Tramp-Dasein jeden Reiz. Sie verschanzen sich hinter der Annahme, alle müßten so sein wie sie, und wenn sie einen Jungen sehen, der die von ihnen gezogene Grenze übertritt, springen sie drauf an, als wär's ein Gratis-Pornoheft. Ich hatte gedacht, schlimmer als mit Schweinchen Dick in Greybull könnt's nicht kommen, aber Bobby und Levi in ihrem Camp im Wald, zwei Meilen außerhalb der Stadt, waren tatsächlich noch übler drauf. Schweinchen Dick war ein Gentleman. Er war beim Militär gewesen und hatte da 'ne Menge Scheiße wegstecken müssen. An diesem Morgen überquerten wir den Fluß, der die nicht wiedergutzumachende Sünde zweier Männer barg, und Alabama erzählte mir, daß Bobby und Levi – aus purem Irrsinn – in ebendiesem Fluß einen Mann ertränkt hatten. Ich stelle mir vor, daß es bei einem Saufgelage zu einer hitzigen »Diskussion« gekommen war, und am Ende des Abends hieß es dann zwei gegen einen, und dieser eine endete auf dem Grund des Flusses.

Nachdem ich Bobby Blue aus dem Zug befördert hatte,
setzte ich mich wieder auf die Plattform der Lok, richtete
meine Deckenrolle und lehnte mich darauf zurück. Ich
sah zu, wie eine Stadt vorüberzog – Ladenfassaden und
Hinterhöfe. Der Zug beschleunigte wieder und fuhr aus
der Stadt aus. Wir waren wieder auf dem Lande, auf der
Prärie und an der frischen Luft – neue Horizonte und
neue Möglichkeiten.

Ich hatte Bobby die Fesseln durchgeschnitten, nachdem
er die Zigarette aufgeraucht hatte, und machte mir nicht
die geringsten Vorwürfe deshalb. Wenn ich das nicht getan hätte, wäre er mir und meinem Zug auch noch bis
ins Paradies gefolgt. Ich war lieber allein. Mexiko war
das einzige, woran ich dachte, und wenn alles gutging,
konnte ich es immer noch bis zum Wochenende dorthin
schaffen.

Notizbucheintrag Nr. 6:
Auf Schusters Rappen

Ein Ding, wenn man auf Güterzügen fährt, ist das ewige
Gelatsche. Du kannst dich drauf verlassen, daß du viel
latschen wirst. Erst mal mußt du zum Güterbahnhof latschen. Dann mußt du latschen, um einen guten Waggon
zu finden. Du mußt latschen, um dir was zu essen zu suchen. Du mußt latschen, um deinen Kumpel zu finden,
der am Abend zuvor zuviel getrunken hat und den sie in
eine Ausnüchterungszelle gesteckt haben. Du wirst wahrscheinlich mehr latschen als fahren, aber das ist schon in
Ordnung so, denn Latschen kann auch eine soziale Akti-
vität sein, und außerdem ist es gut für die Knochen.

Ich glaube, für einen Tramp gibt es nur zwei Arten des

Gehens. Es gibt das Hingehen und das Weggehen. Beim Hingehen kommt es vor allem darauf an zu bedenken, daß du die Wahl hast. Nehmen wir beispielsweise einen Dschungel. Wenn du in einem Dschungel jemanden siehst, der dir nicht gefällt, dann gehst du nicht hin. So einfach ist das. Das Dumme an dieser Theorie ist aber, daß man sich nicht immer drauf verlassen kann. Man sieht nicht allen Menschen an, wie sie wirklich drauf sind, und wenn man sich allzusehr an diese Denkweise klammert, kriegt man möglicherweise ein paar tolle Lebensweisheiten nie zu hören. Darum ist es manchmal gut, sich einfach dazuzusetzen, eine Tasse heißen Kaffee zu trinken und ein paar Geschichten zu erzählen. Wenn der Typ dann anfängt zu faseln und keiner seiner Sätze mehr sonderlich viel mit gesundem Menschenverstand zu tun hat, wird es Zeit wegzugehen.

Es gibt Gauner, die von ihrem Grips leben, und es gibt Gauner, die von ihren Muckis leben. Wenn die pleite und abgerissen sind, haben sie sich das normalerweise selber eingebrockt, und die einzige Methode, da wieder rauszukommen, die sie kennen, besteht darin zu lügen, zu betrügen, zu klauen und sich zu kloppen. Das sind die Gauner, die von ihren Muckis leben. So was funktioniert natürlich nicht ewig. Die reiten sich immer tiefer rein, und es wird immer dümmer und dümmer. Ein Gauner, der von seinem Grips lebt, führt genauso ein Leben, kann es aber mit einem Lächeln kaschieren – eine Fähigkeit, die die besten Verkäufer, Vertreter und Politiker Amerikas entwickelt und immer weiter verfeinert haben.

Manchmal sucht man sich das Latschen nicht aus – manchmal ist es eher umgekehrt. Dafür sorgt dann normalerweise die Polizei, und zwar nie dann, wenn man selber will. Ich bin mal eines Sommers mit einem Southern Pacific von Colton, Kalifornien, aus nach Osten gefahren –

auf der »Sunset Route«. Bei Sonnenaufgang sprang ich auf einen Schnellzug auf, und mittags brauste ich dann durch die Mojave-Wüste. Ich war der Sonne schutzlos ausgesetzt, und es gab nicht viel, woran ich mich festhalten konnte. Ich hatte einen langen Ledergürtel, und den fädelte ich durch das Trittbrettgitter der Plattform und schnürte mich so daran fest. Nach zwei Stunden in der Wüste fuhr mit einem Mal ein Bahnbulle neben dem Zug her. Er gab dem Lokführer über Funk Bescheid und ließ mich in der heißesten Tageszeit mitten in der Wüste vom Zug schmeißen. Nur dafür war er mir von seinem Güterbahnhof aus zwei Stunden lang nachgefahren. Wahrscheinlich hatte er die Fahrt genossen. Ich mußte drei Meilen zu einem Schuttabladeplatz latschen und von dort noch mal fünfzig Meilen bis zum nächsten Bahnhof trampen. So ein verfluchter Scheißkerl! Wegen dem brauchte ich zwei Tage länger nach El Paso.

Wegen derartigen unvorhersehbaren Komplikationen sollte man nie ohne ein gutes Paar Stiefel auf einen Zug aufspringen. Wenn du arbeiten willst, solltest du Stiefel mit Stahlkappen haben. Auf dem Bau gibt es viele Vorarbeiter, die dich ohne Stahlkappenstiefel nicht anheuern. Und wenn du nicht arbeiten willst, solltest du dir ein gutes Paar Tennisschuhe besorgen. Die tragen Trinker anscheinend am liebsten.

IDAHO

Greybul

Idaho Falls

Blackfoot

WYOMING

Evanston

Ogden

Salt Lake City

Wadsworth

Lower   Crossing

Central Pacific Rail Road

Old Emigrant Road

8
Von Blackfoot, Idaho, nach Evanston, Wyoming

2. November 1991

Blackfoot

Kurz nach Mitternacht hielt der Zug in Blackfoot, Idaho. Es war eine kleine Ortschaft, und der Güterbahnhof dort bestand lediglich aus einer Wellblechhütte mit staubigen Fenstern und ein paar kleinen Scheinwerfern, die an Telefonmasten angebracht waren. Hinter einem Zaun stand ein Baum, und darunter schlief ein Hund. Das einzige Geräusch, das ich hörte, kam von einer Schaufel, die über Steine schabte – ein alter Knacker grub auf seinem Hinterhof ein Loch. Er summte irgendwas vor sich hin, hielt ab und zu inne, streckte die Arme und wischte sich die Stirn ab. Ich setzte mich in den Schatten der Hütte und wartete auf einen Zug, der nach Süden fuhr. Wenn ich Glück hatte, konnte ich bei Tagesanbruch weiterreisen, aber auf so kleinen Güterbahnhöfen kann das auch schon mal ein paar Tage dauern, und deshalb breitete ich meine Decke aus und machte es mir gemütlich. Ich verschränkte die Hände hinterm Kopf und betrachtete den Sternenhimmel.

Der alte Knacker knurrte und schimpfte über den steinigen Boden. Er hatte keine Ahnung, daß ich dort lag.

»Herrgott noch mal, dieser Scheiß-Boden. Nichts als Steine hab ich hier auf dieser verdammten Farm.«

Er warf die Schaufel hin und schleuderte auch seinen Hut zu Boden. Dann zeigte er auf den Erdboden und brüllte: »Das ist die letzte Nacht, hörst du, die letzte Nacht, in der ich auf diesem gottverlassenen Hof grabe!«

Er sagte das mit einer Überzeugung, die nach zehn Jahren Erfahrung klang, und wie sein Gesicht dabei glühte, hatte er sich schon sein halbes Leben lang mit diesem Boden abgeplagt. Ich stand langsam auf und ging näher, so daß ich sehen konnte, was er da zu pflanzen versuchte. Ich erkannte einen Kartoffelsack, in dem das Wurzelwerk eines jungen Baums steckte. Es war ein Apfelbaum. Ein einziger Apfelbaum war alles, was er hier pflanzen wollte. Ich verlor das Interesse, machte kehrt und ging zurück zu meinen Decken. Es war stockdunkel, und ehe ich die richtige Richtung fand, lief ich gegen einen Pfosten. Kein Zaunpfosten oder so, sondern einfach nur ein in der Erde steckender Stab, der mir gerade bis zum Schritt reichte. Als ich mich dann vor Schmerz auf dem Boden krümmte, hatte ich schon einen lauten Schrei ausgestoßen.

»Wer ist da?« rief der Alte.

Ich hielt den Mund und versuchte weiter in die Dunkelheit zu kriechen. Als ich mich umsah, ging er in die entgegengesetzte Richtung. Er ging ein paar Meter weit, blieb stehen, legte sich eine Hand auf den Kopf und ging dann zurück, seinen Hut holen. Er blinzelte in die Dunkelheit und kam wieder langsam auf mich zu. Ich verkniff mir zehn Schreie und rollte auf dem Boden hin und her.

»Ich will dich sehn!« brüllte er.

»Schon gut, schon gut«, sagte ich. »Lassen Sie mich bloß aufstehen.«

Ich stand auf und humpelte ins Licht. Es schien schräg auf mein schmutziges Gesicht, und ich stand gebeugt da wie ein Gorilla.

»Was zum Teufel machst du hier?« fragte er.

»Nichts, ich bin bloß auf der Durchreise.«

Wir standen schweigend da.

»Und Sie? Was machen Sie hier draußen?« fragte ich.

»Ich arbeite.«

»Arbeiten?« erwiderte ich. »Es muß doch schon halb zwei sein. Wieso arbeiten Sie denn so spät noch?«

»Was geht dich das an?« schnauzte er. »Ich wohne in dem Haus da, und das hier ist mein Hof, und ich kann hier machen, was ich will.«

»Ich hab nie was anderes behauptet«, erwiderte ich.

»Und was geht es dich dann an?«

»Nichts. Ich versteh bloß nicht, warum Sie so spät noch arbeiten.« Ich wandte mich zum Gehen und schüttelte den Kopf. »Wieso machen Sie's nicht wie die anderen Leute und graben tagsüber ein Loch?«

Er machte wieder an seinem Hut rum, senkte dann den Kopf und murmelte: »Wenn einer von meinen Nachbarn sehen würde, daß ich hier auf diesem steinigen Boden irgendwas pflanze, würde der doch denken, ich wär nicht mehr ganz dicht, und ich will keinen Ärger, Ärger hab ich schon genug.«

Ich drehte mich wieder um.

»Tja, ich sag Ihnen was: Wenn die sehen würden, daß Sie nachts um halb zwei auf Ihrem Hof ein Loch graben, würden die denken, Sie wären komplett verrückt.«

»Na und? Mit denen hab ich sowieso nichts zu tun, die haben mich übern Tisch gezogen, als sie mir das Land hier verkauft haben. Also, von denen will ich ganz bestimmt keine Hilfe. Die sollen doch denken, was sie wollen, aber ich wette mit dir, denen bleibt die Spucke weg, wenn der Baum hier mal wächst und ich einen ganzen Bottich voller Äpfel ernte.«

»Äpfel, ja? Also, Äpfel mag ich gern.« Ich ließ mich im Schneidersitz nieder, atmete tief durch und dachte an große, süße Äpfel. Der Alte war nicht mehr so ängstlich, und wenig später setzte er sich zu mir.

»Und? Wohin bist du unterwegs?«

»Nach Mexiko.«

»Nach Mexiko, soso.« Er ließ sich das kurz durch den Kopf gehen. »Dann reist du also nur so in der Gegend rum? Das hab ich auch gemacht, als ich in deinem Alter war. Du fährst einfach, wohin du willst, kannst sagen, was du willst, bist frei wie ein Vogel. Es ist gut, das zu machen, wenn man jung ist, aber wenn man älter wird, kann man nicht mehr so einfach abhauen. Dann hat man Dinge, um die man sich kümmern muß.«

»Dinge, um die man sich kümmern muß?« fragte ich.

»Ja, ein Haus und Kinder und 'ne Frau.«

»'ne Frau? Mann, ich will keine Frau, um die ich mich kümmern muß.« Ich schüttelte den Kopf.

Ich dachte über ihn, seine kleine Farm und seinen Apfelbaum nach.

»Und wieso haben Sie sich hier niedergelassen?« fragte ich.

»Ich hab mich verliebt – was denn sonst?« Er senkte und schüttelte den Kopf. »Es braucht schon 'ne Menge, einen Mann an einem Ort festzuhalten. Das schaffen nur zwei Dinge. Arbeit und Liebe. Man muß arbeiten, damit man stark wird, und man muß stark sein für die Liebe.«

»Stark sein für die Liebe?« Ich schüttelte wieder den Kopf. »Mann, Liebe ist doch ganz einfach.«

Er fing an zu kichern und brach dann in Gelächter aus.

»Was?« fragte ich. »Worüber lachen Sie?«

»Tja, Junge, vor 'ner Minute hätt ich noch nicht sagen können, wie alt du bist, aber jetzt hast du's mir verraten.«

Er lehnte sich zurück und setzte ein neunmalkluges Lächeln auf. Selbstgefällig war er – so selbstgefällig wie ein gewiefter Hund. Das reichte, um mich neugierig zu machen, und mir gingen so viele Sachen durch den Kopf, daß ich es mir nicht verkneifen konnte, ihm noch weitere Fragen zu stellen.

»Na, wenn Sie glauben, so viel über die Liebe zu wissen, sagen Sie mir mal eines. Glauben Sie, daß einer, der einen eigentlich lieben sollte, wenn er einfach so abhaut, einen trotzdem noch liebt?«

»Das hängt davon ab, ob er wiederkommt«, antwortete er.

»Na ja, sagen wir mal, er ist unterwegs und macht was, wodurch er dann vielleicht ein besserer Mensch wird. Und sagen wir mal, er ist zwar schon lange weg, denkt aber immer noch an sein Zuhause und weiß, wenn er jetzt nach Hause gehen würde, bevor er eigentlich soweit ist, daß er dann wahrscheinlich nach ein paar Wochen nur wieder abhauen würde.«

Er legte sich einen Finger ans Kinn und schüttelte den Kopf.

»Das ist eine schwierige Frage, Junge, aber eins kann ich mit ziemlicher Sicherheit sagen: Wenn du so bist, wirst du vermutlich dein ganzes Leben lang allein bleiben.«

»Ja, da haben Sie wahrscheinlich recht«, sagte ich. »Wie die Dinge im Moment stehen, kann mich keiner finden. Auch wenn sie recht damit hätten, mich zu suchen – sie könnten mich unmöglich finden.«

»So ist das halt manchmal, Junge. So ist das halt manchmal.«

Wir saßen schweigend in der Dunkelheit. Ich lehnte

mich zurück und sah zum Himmel hoch. Der Alte sammelte eine Handvoll Steine, stand auf und ging ins Licht. Er warf mit den Steinen nach dem Pfosten. Einer nach dem anderen prallten sie daran ab. Als die Steine alle waren, steckte er seine Hände in die Taschen und ging im Kreis herum. Seine Augenbrauen hoben und senkten sich, so als grübelte er über irgendwas nach. Dann blieb er stehen und fuchtelte mit dem Zeigefinger in meine Richtung.

»Weißt du, die Gefühle, über die du da redest, Junge –«

»Ja?«

»Ich kenne diese Gefühle. Ich bin selber zehn Jahre lang auf Achse gewesen.«

Er grübelte weiter.

»Zehn harte Jahre. Und weißt du was? Ich hab was gelernt. Eine gute Lektion, die ich nie vergessen werde.«

Er pochte sich mit dem Zeigefinger an die Schläfe.

»Es ist alles hier drin.«

Er klopfte sich den Overall ab, schaute zum Horizont hinüber und richtete sich den Hut.

»Sieht so aus, als würde die Sonne bald aufgehen.«

»Ja.«

»Ich geh rein, ehe die Nachbarn aufstehen.«

»Wollen Sie mir nicht sagen, was es ist?«

»Was?«

»Die Lektion, über die Sie gerade gesprochen haben.«

»Willst du das wirklich wissen?«

»Kann nicht schaden.«

Er setzte sich wieder.

»Laß mal sehen, ob ich das noch zusammenkriege.« Er schloß die Augen. »Es war aus einem geistlichen Buch oder so.«

Er saß mit geschlossenen Augen da und hob dann den Zeigefinger.

»Okay, ich glaube, jetzt hab ich's.«
Er atmete tief durch und fing langsam an zu reden.
Er sagte ungefähr folgendes:

Wenn ein Mann ein Leben wählt, das ihm Erfahrungen einbringt, kennt er bald den Zwecks jedes Dings, das ihm unterwegs begegnet. Er weiß auch, was mit diesen Dingen vor sich gehen muß, bis sie ihm die Früchte seiner Arbeit bescheren. Er weiß das, weil er mit eigenen Händen daran gearbeitet hat, und wenn er dann nach all dem ein Zuhause findet, weiß er dieses Zuhause nur um so mehr zu schätzen.

Wenn ein Mann ein praktisches Leben wählt, wird er weniger Not leiden müssen. Seine Erzählungen werden so süß sein wie unreife Tomaten, aber seinem Zuhause bleibt der Kummer vieler Tage der Ungewißheit erspart. Alles, was er um sich herum aufbaut, wird zu einer festen Einrichtung. Er wird sein Leben der Aufgabe widmen, seine Heimstätte zu hegen und zu pflegen, den Rasen zu gießen, im Garten Wasserfälle anzulegen und sein Dach zu decken. Sein Leben hat Beständigkeit, und die Menschen, die ihm begegnen, werden zu seiner Inspirationsquelle.

Er lächelte und atmete noch einmal tief durch.
»Ich glaube, das war's.«
Er stand auf, und wir schüttelten einander die Hand.
»Schön, dich kennengelernt zu haben, Junge. Wenn du mittags noch da bist, komm doch zum Essen rein.«
»Danke«, sagte ich.
Dann ging er weg. Die Sonne färbte den Himmel grün, und in der Ferne hörte ich Autogehupe. Die Stadt erwachte. Der Erdboden, den mein Freund ausgehoben hatte, stand wie ein Berg neben dem Tal davor. Ein Bach

floß mitten durch dieses Tal, und ein optimistischer junger Mann verließ mit schwerem Herzen die Stadt.

Bei Tagesanbruch erwischte ich einen Kornwagen, und das war schön, denn ich saß draußen an der frischen Luft. Es war sonnig – nicht warm, aber sonnig. Der Rauhreif schmolz erst gegen Mittag, und fast den ganzen Tag lang konnte ich meinen Atem sehen. Ich holte meine mexikanische Ansichtskarte hervor und betrachtete sie. Ich konnte es kaum fassen, wie viel mittlerweile zwischen mich und dieses Bild getreten war. Alabama. Zweimal Bobby Blue. Der alte Knacker mit der Schaufel und schließlich, als ich Blackfoot in südöstlicher Richtung verließ, weiter nichts als Rauhreif und Sonnenschein. Mein Zug würde wahrscheinlich in Pocatello halten, wo die Besatzung wechselte, und dann in südöstlicher Richtung weiter nach Green River, Wyoming, fahren.

Ich sammelte ein paar Zweige zusammen, die in einer Ecke der Plattform lagen, und legte sie übereinander. Dann riß ich einen Streifen von meinem Halstuch ab und band aus den Zweigen einen kleinen Besen. Ich kehrte die Kieselsteine, das Getreide und den Dreck zusammen und fegte alles durch ein Loch über einer Achse aus dem Wagen raus. Dann legte ich meine kleine Isomatte hin und rollte meine Decken aus. Sie hatten Öl- und Dreckflecken und waren völlig zerknittert. Ich wickelte mir eine um die Beine und die andere um den Kopf und legte mich hin. Mein Gesicht ließ ich frei, so daß mir der Wind um die Nase wehte, und dann schaute ich zu den Wolken und dem strahlend blauen Himmel hoch. Ich schloß die Augen und ließ die Morgensonne durch meine Lider scheinen.

Ich wußte, daß der Zug mindestens vier Stunden lang fahren würde, und während dieser vier Stunden konnte mir niemand in der ganzen Welt was anhaben. Niemand wußte, wo ich war. Keine Idee, keine Meinung konnte mich in die Irre führen. Einzig ich allein konnte hier weinen, einzig mir allein konnten die Muskeln weh tun. Ich war so einsam wie ein Seemann auf dem Meer – Sorgen im Kopf und keinen Penny in der Tasche.

Ich atmete tief die kalte Luft ein und behielt sie lange in der Lunge. In diesem Atemzug war ganz Amerika enthalten. Das Salz des Pazifischen Ozeans, das Gold der Espen Colorados, das Büffelgras der unermeßlich weiten Prärie. Dieses Land barg ein Vermögen aus Erzen und Gold, und während ich darüber hinwegfuhr, wogte es unter der Sonne wie ein Ozean – auf und nieder, auf und nieder. Die Loks pfiffen. Die Sonne wurde zu einem Kreis über dem weiten Land. Zwei Vögel flogen hinein und verschmolzen damit.

Piraten-Stew

In Pocatello wechselte bei meinem Zug die Besatzung. Dann fuhr er weiter, durch ein paar Nationalparks und über zwei nicht allzu hohe Gebirgspässe, überquerte mitten in der Nacht die Grenze von Idaho nach Wyoming und rollte dann wieder runter in die Ebenen Wyomings. Dann bog der Zug auf ein Nebengleis und hielt in einem kleinen Zwiebelfeld. Dem Sonnenstand nach war es etwa elf Uhr morgens. Die Hügel waren lieblich, und in ihrem Schatten war der Boden noch feucht. Ich war auf der kalten Seite des Kornwagens, und darum rollte ich meine Decken auf, nahm meinen kleinen Besen und wechselte auf einen offenen Güterwaggon.

Ich betrachtete die vielen Zwiebeln, und sie waren erntereif. Mein Magen knurrte so, daß sie mir wie eine Schar magerer Hähnchen vorkamen.

Ich legte meine Deckenrolle in die Waggontür, wo ich sie leicht erreichen konnte, zog den Reißverschluß meiner Jacke zu und ging auf Zehenspitzen auf den Acker. Da waren so viele Zwiebeln, aus denen ich mir welche aussuchen konnte. Ich zog hier und da ein paar aus dem Boden, so daß man nicht sah, daß ich dort gewesen war, stopfte sie in meine Jackentaschen und lief zurück zum Zug. Der Wind legte sich, und auf dem ganzen Land wurde es still, und ich hatte das unheimliche Gefühl, daß mich jemand beobachtete. Dem war aber nicht so, es war meilenweit keine Menschenseele, und ich machte es mir in dem Waggon bequem und lud die Zwiebeln aus.

Zunächst versuchte ich sie roh zu essen, aber dabei hätte ich mir fast ein Loch in den Magen gebrannt, und darum legte ich sie ordentlich aufgereiht auf den Boden. Ich betrachtete sie kurz und zertrat sie dann eine nach der anderen mit dem Absatz. In unzähligen Restaurants hatte ich schon französische Zwiebelsuppe gesehen, und das schien ein einfaches Rezept zu sein.

Der zweite Schritt bestand darin, eine Dose zu finden, in der ich sie erhitzen konnte. Ich ging also ein gutes Stück am Gleis entlang und fand schließlich eine alte, leere Suppenbüchse. Sie war aus Stahlblech und innen komplett verrostet, konnte aber noch nicht allzu lange da liegen, denn auf dem Etikett konnte man noch »Campbell's Home Style Soup« entziffern, und untendrin lag sogar noch ein Möhrenstückchen.

Als ich mich hinkniete, um sie aufzuheben, sah ich unter dem Zug durch. Der Himmel war grün, und darunter sah ich Millionen von Maiskolben. Sie reiften unter der stolzen Sonne. Ich pflückte drei Kolben, schälte die Körner gleich dort im Feld mit meinem Schälmesser ab, warf sie in die Dose und ging zurück zum Waggon. Ich goß eine halbe Flasche Wasser in die Dose und streute eine Prise Salz drüber, das ich mir aus Missoula mitgenommen hatte.

Es stand ein einziger Baum in diesem Maisfeld. Er war weit weg, aber es war die einzige Stelle weit und breit, an der ich Feuerholz finden konnte, und deshalb schnürte ich mir die Stiefel fest zu und lief los. Auf halber Strecke etwa kam ein Pickup die Straße raufgerumpelt. Ich bremste mitten im Schritt und warf mich bäuchlings hin. Ich hörte den Wagen näher kommen, und dann fuhr er an mir vorbei und hielt. Ich guckte hoch. Ein Mann in einem Overall stieg aus, ging zu dem Baum und setzte sich drunter. Mehr tat er nicht: Er setzte sich dort nur in den Schatten, und nach einer Weile fing er sogar an zu pfeifen. Er klopfte sich mit den Händen auf die Knie und wippte mit dem Kopf. Ich drehte mich auf den Rücken, schob mir die Hände unter den Kopf und schaute zum Himmel hoch. Keine Wolken, kein Staub, keine Sorgen.

Der Zug setzte sich in Bewegung. Das Donnern der Kupplungen ertönte. Ich sprang auf und lief los – aber nicht zum Zug, sondern zu dem Baum. Die Haare standen mir in Büscheln zu Berge, mein Gesicht war kohlrabenschwarz, und mit den Stiefeln polterte ich wie Frankensteins Monster über den harten Boden. Der Farmer aber rührte sich nicht, blieb einfach da sitzen und pfiff vor sich hin. Vor dem Baumstamm blieb ich stehen, sprang hoch und griff nach dem untersten Ast. Er war morsch und brach unter meinem Gewicht. Ich fiel zu Boden und wirbelte dabei eine Staubwolke auf.

Der Ast war größer als ich, und es hing trockenes Laub dran. Erst versuchte ich ihn zu tragen, aber er war zu schwer, also schleifte ich ihn über das Zwiebelfeld und schließlich zu den Gleisen. Der Zug fuhr nur langsam, aber diese Waggons sind verdammt hoch, und ich mußte mich mit dem Ast noch mächtig abkämpfen, ehe ich ihn endlich reinkriegte.

Nach dreißig Minuten Fahrt hatte ich eine schöne Glut. Nach vierzig Minuten hatte ich eine schöne Dose Suppe. Der Mais war Futtermais und verdammt hart. Er blieb mir zwischen den Backenzähnen hängen. Es dauerte drei Tage, das alles wieder rauszupulen. Der Farmer fuhr nach Hause, und ich malte mir aus, wie er sich noch vor Sonnenuntergang eine Augenklappe aufsetzte und einen auf Pirat machte. Man hatte ihn beraubt, aber ich glaube, es machte ihm nichts aus, denn er hatte immer schon gewußt, daß es eines Tages so kommen würde.

Zahltag

Später an diesem Tag kam ich durch ein kleines Dorf. Ich weiß nicht mehr, wie es hieß. Es bestand nur aus sieben oder acht Häusern, die eingekeilt zwischen den Bahngleisen standen. Auf der Straße, die durchs Dorf führte, war nur ein einziger Mensch zu sehen – ein Wochenend-Drifter, der den Daumen raushielt, um in die nächste Stadt zu gelangen. Der Junge sah irgendwie kränklich aus. Die Straße, die an seinem Seesack begann, versank in der Ferne hinter einem Hügel.

In der nächsten Stadt saß ein alter Mann auf seiner Veranda, gab es eine Hängematte mit eigenem Ständer, eine Kirche, deren Fenster mit Brettern vernagelt waren, und einen Park mit einem defekten Karussell. Ich stand in der Tür des Güterwaggons und sah im Fenster eines kleinen Hauses die Silhouette einer Frau, die Hamburger zubereitete. Sie hätte wahrscheinlich lieber Steak gegessen, aber es war kein Geld gekommen. An den Runzeln in ihrem Gesicht sah ich, daß sie frustriert war. Der halbe

Gehaltsscheck steckte wahrscheinlich in der Kasse des Saloons El Cortez und die andere Hälfte in der Arschtasche ihres Sohns. Für einen richtig üblen Kater hatte es immerhin gereicht.

Hillbilly-Schütteln

In der nächsten Stadt stand ein weißgestrichenes Stuckgebäude. Es hatte eine Uhr am First, die um zwanzig nach vier stehengeblieben war. Es waren keine Ziffern drauf, nur das rostige Bild einer dahinbrausenden Dampflok. Der Wind pfiff um alle Ecken, und das Laub wehte die Mauern hoch und auf den Güterbahnhof. Unter der Uhr saß ein Mann mit einer Blechbüchse in der Hand. Er schüttelte sie, hielt sie still und schüttelte sie wieder. Ich dachte erst, er wäre ein Bettler, aber es war weit und breit kein anderer Mensch zu sehen – niemand, den er hätte anbetteln können. Er lachte auf und schrie und schüttelte die Dose so schnell er nur konnte. Ab und zu griff er in eine Tüte Kirschen, kaute den Kern ab und spuckte ihn in die Dose. Je mehr Kerne er hineinspuckte, desto froher wurde er. Als ihm das mit den Kirschen langweilig wurde, sank er zusammen und schlief ein.

Eine Liebesgeschichte

Ich dachte, mein Zug würde in Richtung Osten fahren, nach Cheyenne. Darum sprang ich ab, ging zu dem Gebäude mit der Uhr, setzte mich neben den Penner und stupste ihn an.

»Hey, welche Stadt ist das hier?«

Er öffnete die Augen, setzte sich aber nicht auf.

»Green River.«

»Kann ich hier einen Zug Richtung Westen erwischen?« fragte ich.

»Keine Ahnung.«

Er nahm die Tüte Kirschen und legte sie mir vor die Füße.

»Kirschen?« fragte er.

Ich nahm mir eine Handvoll aus der Tüte und stopfte sie in meine Jackentasche.

»Weißt du, was für ein Datum wir heute haben?«

Er schüttelte den Kopf. »Nein, muß aber November sein. Die Leute reden über Thanksgiving.«

Ich ging ein Stück die Gleise ab, und sie machten keine Kurve, also mußten sie wohl weiter nach Westen führen. Ich setzte mich wieder zu dem Penner und wartete in der Sonne auf einen Schnellzug.

Ein Sechserpack Lokführer und Bremser kam aus dem Bahnhofsgebäude, und hinter ihnen kam noch ein weiterer Tramp heraus. Er sah übel aus, noch schlimmer als ich. Er trank eine Tasse Kaffee. Sie setzten sich alle an einen Picknicktisch auf dem Gras. Einer der Bremser sah mich und winkte mir zu. Ich dachte »Na, was soll's« und stand auf.

»Danke für die Kirschen.«

»Gern geschehn.«

Dann ging ich zu dem Picknicktisch und sagte hallo.

»Wo willst du hin?« fragte der Bremser.

»Nach Mexiko.«

»Nach Mexiko?« Er schüttelte den Kopf.

»Ich hab schlimme Sachen gehört über Mexiko. Die stecken dich ins Gefängnis, und dann kommst du da nie wieder raus.«

»Waren Sie schon da?« fragte ich.

»Nein, das hab ich in der Zeitung gelesen.«

»Tja, ich will mir das selber ansehn.«

Er legte dem Tramp eine Hand auf die Schulter und sah ihn an. »Das hier ist Ben, und wir sind gerade dabei, euch auf den richtigen Zug zu setzen.«

»Den richtigen Zug?« dachte ich. »Das ist doch wohl ein Scherz.«

Aber es war kein Scherz, und fünf Minuten später hatten sie alle ihre Fahrpläne rausgeholt. Ben würde bei Einbruch der Dunkelheit mit der Union Pacific in Richtung Osten aufbrechen und dann am nächsten Tag von Cheyenne aus mit der Burlington Northern nach Denver fahren. Die gleiche Strecke, die Alabama und ich ein paar Tage zuvor genommen hatten. Ben war richtig aufgeregt, weil er mal pünktlich ankommen würde, was ihm, wie er sagte, noch nie gelungen war.

»Ich war seit Jahren nicht mehr in Denver«, sagte er. »Mein Mädchen haben sie ausgeliefert. Die Bullen haben sie vor zwei Wochen nach Denver überstellt. Sie haben sie eingebuchtet wegen Totschlag.«

Die Männer von der Union Pacific waren neugierig. Sie waren ausgeglichene Menschen. Vielleicht liegt es daran, daß sie so viel auf den Spuren der Pioniere wandeln. Sie sehen selber aus wie Pioniere. Sie müssen sich nicht mit dem ganzen Dreck außerhalb der Züge rumschlagen, und im Gegensatz zu einem Tramp sieht es in ihrem Hirnstübchen sauber und ordentlich aus.

»Sie lief immer nur im Motelzimmer auf und ab, nich wahr, und ich hab zwanzig Dollar die Nacht bezahlt für das Zimmer, und sie – sie lief immer nur auf dem Teppich auf und ab. Nach zwölf Tagen hatte ich es satt und hab ihr den Autoschlüssel hingeworfen und gesagt, sie soll mal 'ne Runde drehn. Alles, bloß nicht mehr in diesem verdammten Zimmer rumlaufen.«

»Und was ist dann passiert?« fragte einer der UP-Männer.

»Totschlag«, sagte er. »Sie hat vier Menschen umgebracht. Ist mit dem Beretta mit hundertachtzig über den Highway geknallt und hat fünf Autos plattgemacht. Ganz zu schweigen von unserer Zukunft. Wir wollten beide noch mal von vorne anfangen. Ich hatte mit ihr abgemacht, daß ich fünf Dinge tun werde: trocken werden, mir einen Job suchen, einen Wohnwagen kaufen, wieder an Gott glauben und meine Klamotten öfter waschen. Ich hatte das auch schon fast geschafft, aber dann mußte sie ja alles versauen.«

Er fuchtelte frustriert mit den Händen.

»Verdammt, ich mach mir solche Vorwürfe. Ich will nach Denver, weil ich so ein schlechtes Gewissen hab, weil ich sie damals rausgeschmissen hab. Und dann war ich auch noch so doof, sie zu überreden, daß sie nach Kalifornien kommt, obwohl sie nur auf Kaution draußen war. Jetzt stecken wir beide noch tiefer in der Scheiße als damals. So ein Mist! Und ich verstoß grad gegen meine Bewährungsauflagen. Ich werd sie nicht mal besuchen können, wenn ich nach Denver komme, aber ich kenn den Gefängnispfarrer vom Denver County, und dem kann ich 'n Kassiber geben, und den steckt er ihr dann zu. Ich glaube, er wird das verstehen.«

Die ausgeglichenen Männer tranken ihren Kaffee und hörten aufgeschlossen zu. Ich war ein bißchen erstaunt über das, was er sagte, aber auch nicht allzusehr. Daß jemand seine Kautionsauflagen verletzt, ist da draußen, glaube ich, was ganz Normales, das gehört alles zum Landschaftsbild – wie die Saat im Frühjahr und das Wrack eines Ford. Ich fragte ihn, wie er so weit gekommen war und ob er irgendwelches Geld hätte.

»Nein, so gut wie nichts. Ich bin in Oakland mit dem Fahrrad losgefahren. Damit kam ich bis Walnut Creek, und da hab ich's gegen 'nen Burrito und zwanzig Dollar eingetauscht. Das hab ich alles noch am gleichen Abend für Alk auf den Kopp gehaun, hab mir richtig die Birne zugeknallt und bin dann zu Fuß zu dem Bahnhof in Tracy. Ich wußte, wenn ich's bis dahin schaffe, kann ich einen Zug erwischen, der mich aus Kalifornien rausbringt. Dann bin ich mit dem Zug von Tracy ganz bis nach Reno und hab da ein paar Tramps getroffen. Die hatten alle zusammengelegt und sich ein Motelzimmer genommen, und bei denen durfte ich ins Bad und mich waschen. Nach drei Tagen Suff bin ich aus Reno weg, und da war von meinem rechten kleinen Finger nur noch die Hälfte über. Seht ihr?« Er zeigte uns seine rechte Hand, und die Spitze des kleinen Fingers fehlte.

»Hinterher war ich ein paar Stunden lang im Krankenhaus, aber die konnten da im Grunde nichts für mich tun. Eins von diesen Schweinen hat mir das Scheißding abgebissen. Wir hatten uns wegen irgend so 'nem blöden Automaten gestritten, und in der Nacht hat er sich mordsmäßig einen auf die Lampe gegossen und ist dann über mich hergefallen, als ich schon schlief. Ich schlafe jetzt nur noch allein.«

Er stand auf, wühlte in seinem Armee-Seesack rum und holte eine zerknitterte Papiertüte raus. Er zog einen Zettel daraus hervor und warf ihn auf den Tisch.

»Das ist ein Brief, den sie mir geschickt hat. Sie findet sich fett, aber ich find sie einfach nur schön.«

In der Tüte waren ein paar in Zeitungspapier eingewickelte Polaroids. Es waren Schnappschüsse einer Frau, die eine große Brille trug und in der Wüste vor ein paar Kakteen stand. Sie sah aus wie dieser Typ von McDonald's – untenrum dick und obenrum mager.

»Das Grundstück hier gehört ihr. Wenn ich erst mal den Wohnwagen gehabt hätte, wollten wir da leben. Ich hätte im Steinbruch gearbeitet und sie im Diner. Und jetzt hat sie noch Glück, wenn sie nur für zwei Jahre in den Bau muß. So eine Scheiße! Aber ich werd auf sie warten. Sie ist verrückt, sie ist krankhaft manisch-depressiv, aber ich werd trotzdem auf sie warten.«

Jefferson

Die Männer von der Union Pacific setzten mich auf den nächsten Zug nach Ogden, Utah. Sie hatten einen »Panoramawagen« für mich. Das ist ein Güterwaggon, bei dem links und rechts die Türen offenstehen. Während ich darauf wartete, daß die Besatzung wechselte, bemerkte ich einen Mann, der vom Ende des Zugs her auf mich zukam. Er war nicht groß; ja, je näher er kam, desto kleiner wurde er, und sein Gang wurde immer mehr zu einem Schlurfen. Er blieb stehen, legte das hin, was er in der Hand hielt, zog ein Tuch aus der Arschtasche und wischte sich damit die Stirn ab. Dann faltete er es ordentlich zusammen und steckte es wieder in seine Jeans. Er war noch ein Junge, höchstens vierzehn Jahre alt. Er sah aus wie einer der Jungs, die dem Milchwagen hinterherlaufen, um bei den Nachbarn die Milch zu klauen. Er ging wie ein langbeiniger Vogel. Immer wieder bückte er sich und guckte unter den Zug. Ich spürte, daß er nichts Gutes im Schilde führte.

Als er an meinem Waggon angekommen war, blieb er stehen und lächelte. Seine Nase sah wie ein Schnabel aus, und er hielt eine Wassermelone in den Händen.

»Hallo«, sagte er. »Ich heiße Jefferson, und ich wüßte gern, wohin dieser Zug fährt.«

»Wohin willst du denn?« fragte ich.

»Ans Meer.«

»Ans Meer?«

Er steckte den Kopf in den Waggon und guckte hin und her.

»Reist du alleine?« fragte er.

Ich nickte.

»Das ist der einzige offene Waggon in diesem Zug. Ist es okay, wenn ich hier mitfahre?«

Ich guckte ihn mir an. Ich traute ihm nicht, aber er war jung und würde nichts Schlimmeres versuchen, als mir die Schnürsenkel zu klauen oder mir ein Ohr abzuquatschen. Beides kümmerte mich nicht, und ich wollte unbedingt ein Stück von seiner Melone.

»Du kannst gern mitfahren, wenn deine Melone auch mitfährt.«

Er legte sie auf den Waggonboden. Ich hielt ihm meine Hand hin und zog ihn hoch. Er fiel auf den Bauch, stand auf, richtete sich die Jacke und klopfte sich die Hände ab.

»Wohin fährst du?« fragte er.

»Nach Mexiko.«

Diesmal empfand ich Stolz, als ich das sagte. »Mexiko.« Ich kam mir richtig waghalsig vor. Ich fuhr wohin, wo es angeblich gefährlich war, und das machte mich stolz.

»Mexiko, hm? Da bin ich noch nie gewesen. Ich war aber schon am Meer. Ich war schon oft am Meer.«

»Am Meer ist doch jeder schon gewesen. Was ist daran so besonders?«

»Nichts, schätz ich mal. Ich hab gehört, daß Mexiko auf dem Weg zum Meer liegt. Also nehme ich mal an, daß ich da durchkomme.«

Er hob die Wassermelone auf, ging in eine Ecke des Waggons und legte sie da hin.

»Hey, wie heißt du?«

»Eddy.«

»Und warum Mexiko, Eddy? Hast du da Familie?«

»Nein, ich will da bloß so hin, will's mir mal anschaun.«

»Weißt du, wo ich gerne hin würde, Eddy?«

»Wo?«

»Irgendwo, wo's nett und sonnig ist und wo ich diese Wassermelone essen könnte.«

Ich sah zu ihm rüber, schüttelte den Kopf und spuckte einen Kirschkern auf den Boden.

»Wie lange bist du schon hier draußen, Junge?«

»Wo draußen?« fragte er.

»Hier draußen.« Ich zeigte auf den Horizont. »Auf der Straße.«

»'ne Woche etwa.«

»Du bist seit einer Woche von zu Hause weg, und das einzige, was du vorzuweisen hast, ist eine Wassermelone?«

»Nein, ich hab auch noch das hier.«

Er langte in seine Tasche und zog vier bunte Plastikteile hervor. Eins war eine rote Insel, das zweite ein brauner Baumstamm, das dritte waren grüne Palmwedel und das vierte ein paar Kokosnüsse. Er fummelte etwa fünf Minuten lang damit rum und stellte es dann auf den Boden. Es war eine Plastikpalme, gut zwanzig Zentimeter hoch.

»Was zum Teufel soll das denn sein?« fragte ich.

»Das ist ein Baum, so einer, wie's die am Meer gibt. Ein Freund von mir hat erzählt, daß man die braunen Dinger hier essen kann. Er sagt, da ist Milch drin.«

»Ja, natürlich. Das sind doch Kokosnüsse, oder?«

»Mann, was weiß ich. Da, wo ich herkomme, gibt's solche Bäume nicht.«

»Aber du warst doch schon am Meer, und da gibt's die.«

»Ja, aber da war ich noch ein Kind. Ich erinnere mich nur noch an die Fahrt dahin. Das Fenster war runter, und ich hab Wind in die Augen gekriegt. Ich hab noch nie so einen Baum gesehen.«

»Na, du bist doch immer noch ein Kind. Wenn du noch nie eine Palme gesehen hast, bist du immer noch ein Kind.«

Er verschränkte die Arme vor der Brust und guckte grimmig.

»Ich bin vierzehn Jahre alt.«

»Als ich vierzehn war, bin ich schon auf Palmen *geklettert*. Ja, aus den Dingern hab ich schon ein ganzes Haus gebaut.« Ich zeigte auf seine Palme. »Und weißt du was?« Ich dachte an Alabama und lachte in mich hinein. »Palmwedel halten den Regen besser ab als ein Dach mit Schindeln drauf.«

Kumpels

Als sich unser Zug bei Sonnenuntergang in Bewegung setzte, kam ein Kartoffelsack halb voller Glasflaschen zur Tür reingeflogen und knallte auf den Boden. Hintendrein kam ein alter Indianer geflogen, der einen großen Rucksack trug, und knallte ebenfalls auf den Boden. Er drehte sich auf die Seite und lag dann stöhnend da. Ich lief zu ihm und half ihm hoch. Jefferson trug den Rucksack und den Sack voller Flaschen auf die andere Seite des Waggons. Der Sack war tropfnaß.

»Das Bier?« fragte er. »Hat das Bier es überstanden?«

»Wenn du den Sack meinst: ja.«

»Gott sei Dank. Ich dachte schon, ich hätte die Tür nicht getroffen.«

Er ging rüber zu dem Sack, zog eine Flasche raus, öffnete sie, trank sie auf ex aus und wischte sich dann mit dem Ärmel die Lippen ab.

»Ich mag Miller. Wein kann ich nicht ausstehen. Ich trinke nur gute Sachen. Entweder Miller oder gar nichts.«

Wir schüttelten einander die Hand.

»Ich heiße Eddy, und das ist Jefferson.«

»Freut mich, euch kennenzulernen, Jungs«, sagte er.

»Ich bin Pollock.«

Pollock, Jefferson und ich setzten uns in die letzten Strahlen der untergehenden Sonne und tranken Miller aus der Flasche. Wir fuhren nach Westen, in Richtung Ogden, Utah. Ich war noch nie einem Indianer begegnet – und schon gleich gar keinem, der Pollock hieß. Das Bier war so kalt wie der Lake Tahoe im Winter, und als der Zug endlich fuhr, amüsierten wir uns köstlich über unsere jeweilige Vergangenheit und darüber, wieviel Pech wir schon im Leben gehabt hatten. Ich schätze mal, Pech bedeutet, an einem Ort zu landen, wo die Erleichterung aus einer Flasche kommt und Verständnis aus trunken blickenden Augen. Wir gaben uns die Kante. In der Sonne, unter einem Metalldach und mit einem Kartoffelsack voller Landschaft.

Der Zug scheitelte die Prärie, als wäre sie Ricky Ricardos Haar, und wir waren träge. So träge wie ein alter Schaukelstuhl. So lahm wie ein Zug, der bergauf fährt. So langsam wie ein schlechtes Gedächtnis. Alles hatte eine gute und eine schlechte Seite, und so hockten wir beieinander und beklagten uns die ganze Nacht lang. Sich zu beklagen ist das, was ein Tramp am besten kann. Ganz egal, wie schön das Leben auch sein mag – ein Tramp wird es immer miesmachen oder irgendeine komische Gruselgeschichte erzählen, so daß allenfalls Jesus behaupten könnte, er hätte noch schlimmer gelitten.

Der Vogelmensch

Am nächsten Morgen hielt der Zug wiederum in einem Zwiebelfeld, und die Zwiebeln rochen gut. Gegen Mittag fragten wir uns, ob der Zug überhaupt noch weiterfahren würde. Wir hatten es alle schon erlebt, daß ein Zug mal ein, zwei Stunden lang hielt, aber wenn es dann drei oder vier werden, fängt man an, sich Gedanken zu machen.

Wir warfen mit Steinchen auf ein Meilenschild, balancierten auf den Schienen und suchten auf dem Gleisbett nach Fossilien. Ich fand ein paar schöne, die aussahen wie Käfer und Säbelzahntigerzähne, und steckte sie ein. Bei Sonnenuntergang wurde Jefferson neugierig, ging zum vorderen Ende des Zugs und kam gut eine Stunde lang nicht wieder. Als er wieder auftauchte, schüttelte er den Kopf und ging ganz langsam.

»Dieser Zug fährt nicht weiter«, sagte er.

»Wie meinst du das?«

Pollock nickte. »Ich hab's gewußt. Die haben die Loks abgehängt und uns hier stehenlassen – nicht wahr?«

»Ja.«

»Ich hab die Druckluftbremse gehört, aber ich dachte, sie würden bloß einen neuen Wagen anhängen.«

Ich ging zum Gleis und trat dagegen.

»Wir sind auf dem Nebengleis.«

»Das ist nicht das Hauptgleis?« fragte Pollock.

»Nein, da drüben ist noch ein Gleis.«

»Scheiße, jetzt hängen wir hier tagelang fest.«

Er hatte recht, und es sollte zwei Tage dauern. An diesem Abend machten wir neben dem Gleis ein kleines Lagerfeuer. Pollock holte ein Kochset, drei Dosen Venusmuschelsuppe und ein paar Salzkräcker aus seinem Rucksack. Er öffnete die Dosen vorsichtig und goß den Inhalt in einen Topf. Ich fand im Gestrüpp zwei Steine und stellte sie neben das Feuer, und Pollock plazierte den Suppentopf darauf über die Flammen.

Der Mond war ein Scheibchen über dem Feld, und es waren viele Sterne zu sehen. Der Zug stand ganz geduldig da. Ab und an blies Wind durch die offenen Türen und zwischen den Rädern durch, und es hörte sich an wie Sandwehen auf Metall. Der Zug ließ die Knöchel knakken, ein metallisches Geräusch durchlief ihn. Er war lebendig – saß da wie ein Dinosaurier im Teer einer stockdunklen, stillen Nacht. Der Zug hatte so unglaublich schwere Knochen. Er bewegte sich träge, ruhte manchmal auch tagelang und hielt dann wieder Woche um Woche einen steten Galopp. Und man konnte ihn unmöglich beherrschen. Er war einfach, wie er war – da draußen, bei den Zwiebeln und den Pennern – die gammelten und lachten und versuchten, an was Schönes zu denken. Wir tranken das Miller aus. Pollock legte sich beim Feuer auf dem Erdboden schlafen. Die Flammen tauchten sein Gesicht in sanftes Licht. Er hatte viele Falten und Runzeln. Sein Gesicht war eine Landkarte seines Lebens. Jede Straße, auf der er gereist war, war darin eingeritzt, und die Straßen des Elends und des Kummers konnte man unter seinen Augen erkennen – die hatte er ein bißchen häufiger bereist als die anderen. Die Straßen rund um seinen Mund waren die besserer Zeiten: das Lächeln und die Grübchen, mit denen er versucht hatte, Frauen für sich einzunehmen, und rote Flecken vom Erröten über ein falsches Wort oder eine törichte Lüge. Im Schlaf hob und senkte sich seine Brust. Das Feuer knisterte, und Jefferson und ich waren für ihn unendlich weit weg.

Jefferson und ich blieben die ganze Nacht wach. Bei Sonnenaufgang wurde er philosophisch und versuchte, seine Lage gedanklich in den Griff zu kriegen. Ich hörte ihm zu, und es war, als würde man ein Kinderbuch lesen. Er versuchte einen Teil seines Lebens zu verstehen, über den ein doppelt so alter Mann gar nicht hätte nachdenken müssen. Es gab keinen Grund dafür, daß er hier draußen war – keine Erklärung dafür, die sein junges Hirn hätte ersinnen können. Wie sehr er sich auch bemühte – er fand keine Erklärung für sein Herumzigeunern. Sein Vater hatte einen fiesen rechten Haken – an guten Tagen. An schlechten Tagen griff er zur Schaufel. Ich glaube, deshalb kam Jefferson das Meer so himmlisch vor.

»Das Meer ... o Mann!« rief er. »Stell dir das doch mal vor: Sand und blaues Wasser, Bikinis und Vögel.«

Ich hörte mir seine Meer-Philosophien ein paar Stunden lang an, wurde schließlich aber doch müde und legte mich hin. Verklingend hörte ich seine Worte noch, bis ich einschlief. Ich mochte den kleinen Vogelmann, aber seine Träume waren nichts für mich.

Nüchtern

Pollock erwachte und war nüchtern. Er sah nicht so aus, als wäre er je nüchtern gewesen, und ich glaube, es gefiel ihm nicht. Er ging sieben Mal rund um die rauchende Feuerstelle. Bei der fünften Runde guckte er, als wäre ihm was eingefallen. Er ging noch zwei Runden und blieb dann bei seinem Rucksack stehen. Die Sonne stand auf neun Uhr, und es war hell. Er nutzte den Sonnenschein, um bis auf den Boden seines Rucksacks zu gucken. Er holte eine Bibel hervor, küßte den Einband, schaute mit seinen blutunterlaufenen Lichtern zum Himmel hoch und murmelte ein Gebet an den heiligen Antonius. Dann legte er die Bibel weg und holte zwei Dosen Sterno-Paraffin hervor. Mit dem Deckelrand der einen Dose öffnete er den Deckel der zweiten und mit dem offenen Deckel dann den der ersten. Das Paraffin darin war leuchtend rosa und roch wie Holzgeist, und ich glaube, das war es auch. Als nächstes nahm er den Kochtopf, in dem wir die Suppe warm gemacht hatten, und stellte ihn vor sich hin. Dann zog er aus seiner hinteren Hosentasche ein rotes Halstuch hervor und legte es über den Topf. Mit seinem Messer löffelte er das Paraffin aus den Dosen auf das Tuch. Dann nahm er das Halstuch bei den vier Ecken und drückte das Paraffin so lange, bis der ganze Holzgeist rausgelaufen war.

»Pink Lady.« Er grinste. »In der Not frißt der Teufel Fliegen.«

Er goß eine Dose Limonade drüber. Dann hob er den verrußten Topf gen Himmel, prostete dem Herrn zu und trank ihn zu einem Drittel aus. Als er ihn wieder senkte, waren seine Lippen schwarz und gekrümmt wie Pfeifenreiniger. Ich glaube, er lächelte, aber das war schwer zu sagen. Er wirkte nicht froh, aber zufrieden. Er hielt mir den Topf hin. Ich nahm ihn und guckte rein, sah Pollock an und dann wieder in den Topf. Muschelsuppe und Paraffin. Es sah aus wie Popeyes Kotze und schmeckte wie Meerwasser nach einer Ölpest. Aber es wirkte. Ich gab den Topf an Jefferson weiter. Er trank einen Schluck und gab ihn dann Pollock zurück.

Am nächsten Tag war Pollock wieder trocken und nüchtern und verwandelte sich von einem lallenden Idioten in einen Mönch mit Schweigegelübde. Der arme Kerl hatte solchen Hunger, daß er rohe Zwiebeln aß und sie wieder auskotzte. Dann kriegte er auch noch Dünnpfiff und schiß sich immer wieder die Hose voll. Er tat mir leid, und ich bot ihm an, Zwiebelsuppe zu kochen, aber er lehnte ab und kotzte und schiß weiter. Jefferson und ich saßen am anderen Ende des Waggons und beschlossen, nie wieder Alkohol zu trinken. Es war ein schönes Gefühl, jung und stark zu sein, und das reichte uns.

Pollock strauchelte im Waggon umher und murmelte irgendwas von wegen Bier und Zigaretten. Dann schulterte er seinen Rucksack und kippte unter der Last um. Er lag da wie eine Schildkröte. Wir halfen ihm hoch. Er hielt kurz sein Gleichgewicht, ging dann ein paar Schritte und knallte wieder hin.

An diesem Abend ertönte vom vorderen Ende des Zugs her endlich, endlich das Donnern der Kupplungen. Der Zug setzte sich in Bewegung, und fünf Stunden lang träumten wir von Pizzakrusten und überbackenen Käse-Sandwiches und was wir sonst noch alles in der nächsten Stadt essen würden. Pollock zog seinen Kopf in seinen Schildkrötenpanzer zurück, sog die Wangen ein und wurde runzlig wie eine Rosine. Das war das letzte, was wir von ihm sahen. Er verschwand in den Straßen von Evanston, der nächsten Stadt, in der wir hielten, wie ein glückloser Cowboy mit runtergelatschten Absätzen.

Landschaft tanken

Wir blieben lange genug in Evanston, um in einem Obdachlosenheim zwei Mahlzeiten zu uns zu nehmen und ein paar Brote einzustecken. Die Einheimischen dort gingen sehr langsam, und die Kinder waren auch noch nach Einbruch der Dunkelheit draußen. Ich schätze mal, die Leute machten sich keine Sorgen, daß ihre Kinder von hungrigen Tramps gefressen werden könnten. Ich weiß, die Leute sind überall anders, und manchenorts ist das Vieh die Familie und werden die Kinder auch abends noch auf der Weide gelassen. Als ich ein kleiner Junge war, durfte ich so lange auf der Wiese bleiben, wie ich wollte, und mußte auf mich selber aufpassen, und ich würde das gegen nichts eintauschen, nicht mal gegen eine Glucken-Mutti, die leckere Steaks brät. Da esse ich lieber Gras.

Jefferson und ich saßen auf einer Parkbank und kratzten uns den Schlamm aus den Stiefeln. Dann legten wir uns ins Gras. Gegen Mitternacht packten wir zusammen und gingen zurück zum Güterbahnhof. Dort hockten wir in der Dunkelheit und kratzten uns weiter Schlamm aus den Stiefeln. Drei Stunden später erwischten wir einen Union Pacific und fuhren damit durchs restliche Wyoming und nach Utah. Jefferson schlief in einer Ecke des Waggons ein und schlug erst bei Sonnenaufgang die Augen auf. Da war ich schon hellwach und ließ die Füße aus der Tür baumeln. Er erhob sich wie ein Hund und strahlte übers ganze Gesicht.

»Du hast wohl heut nacht was Schönes geträumt«, sagte ich.

»Wieso?«

»Guck dich doch mal an, wie du lächelst.« Ich schaute wieder raus. »So ein breites Lächeln hab ich lange nicht mehr gesehen, und schon gar nicht morgens.«

Er hockte da in der Ecke und guckte sich im Waggon um.

»Na ja, es ist alles in Ordnung, nicht wahr? Warum sollte ich da nicht lächeln?«

»Keine Ahnung. Ich versteh's halt nicht. Ich seh hier keine hübschen Frauen und auch kein leckeres Essen, und bis Weihnachten sind's noch 'n paar Wochen. Es gibt wirklich keinen Grund zu lächeln.«

»Wer sagt denn, daß man dafür 'n Grund braucht? Ich meine, schau dich doch mal um. Hier ist nichts, was uns weh tun könnte. Das ist doch wohl Grund genug zu lächeln, oder?«

»Stimmt schon, aber wenn wir mal anhalten, gibt's 'ne Menge, was uns weh tun könnte.«

»Wer sagt denn, daß wir anhalten? Mann, ich halte nicht an.« Er schüttelte den Kopf. »Nie im Leben.«

Ich dachte kurz darüber nach, stand dann auf und hob die Hände.

»Was redest du da für einen Blödsinn? Dieser Zug muß mindestens alle zwölf Stunden mal anhalten.«

»Dann spring ich ab und geh zu Fuß weiter, aber anhalten werd ich nicht, erst wenn ich da bin, wo ich hinwill.« Er schüttelte den Kopf wie ein alter Mann, und für einen kurzen Moment dachte ich fast, er würde tatsächlich wissen, worüber er da redete.

»Und wo *willst* du hin?« fragte ich.

»Scheiße, keine Ahnung.« Er schüttelte wieder den Kopf. »Aber ich weiß auf jeden Fall, wo ich nich hinwill. Ich will nich dahin zurück, wo ich hergekommen bin. Auf keinen Fall!«

Wir kamen an einer Reihe von Gärten vorbei. Hinter den niedrigen Zäunen zogen Esel Karren voller Erz, und Elfen zeigten auf einen Teich, aus dem der Furz eines Goldfischs als Blase ploppte. Stühle mit Blumenmuster standen um den Tisch herum und debattierten über Gartenpolitik. Die Flamingos standen still, als ein Finkenschwarm zur nächsten Stadt sich in die Lüfte schwang. In den nächsten Gärten rauschten die Zäune und Gartenstühle in grünen, roten und fährbootblauen Streifen vorüber. Dann war die Ortschaft zu Ende, und das vordere Ende des Zugs verschwand in einem Wald. Wir waren am Fuß des Wasatch-Gebirgszugs im Nordosten von Utah. Wir würden durch Echo kommen, in Morgan nach Nordosten abbiegen und schließlich in Ogden landen. Der Zug fuhr langsam, weil es in Serpentinen bergauf ging.

Nach einer Stunde im Gebirge fing Jefferson an, auf

und ab zu gehen. Dann kam er zu meiner Seite des Waggons, setzte sich und zeigte nach draußen.

»Siehst du die Straße da und die Kiefern?«

»Die seh ich jetzt schon seit Wochen.«

»Was glaubst du, was wohl hinter den ganzen Bäumen ist?«

»Noch mehr Bäume, schätz ich mal. Wahrscheinlich ein ganzer Wald.«

Er stand wieder auf und guckte mit einem Mal sehr besorgt.

»Nehmen wir mal an, da ist noch was anderes hinter den Bäumen.«

»Und was?«

»Irgendwas, wo du nie drauf kommen würdest.«

Ich schüttelte den Kopf.

»Da ist weiter nichts als Kiefern ohne Ende, und dahinter dann noch mal das gleiche.«

Er schüttelte den Kopf.

»Nein, da ist ein Indianerdorf, mit Tipis und allem Drum und Dran, und ich wette, die sitzen da im Wald, braten ein Wildschwein, tanzen in Baströcken und gucken uns jetzt in diesem Moment an.«

Ich schüttelte den Kopf. Er schwafelte noch weiter über sein kleines Luau mit dunkelhäutigen Indianerinnen im Bastrock, wo über offenem Feuer ein Wildschwein gebraten wurde. Jefferson litt an seinen Tagträumen vom Meer. Er und ich hatten eins gemein: Wir beide hatten ein Ziel, und mochte es auch noch so vage sein wie eine Indianerin im Bastrock. Es war wenigstens etwas, wovon man träumen konnte. Ich wollte wirklich daran glauben, daß es hinter diesen Bäumen noch etwas anderes gab, aber etwas tief in mir ließ mich nicht.

Güterbahnhöfe

Ein Güterbahnhof kann aus drei Gleisen, einer Hütte und einem einzigen Laternenmast bestehen oder auch aus Hunderten von Gleisen, großen Wachtürmen und genug Licht für zehn Football-Felder.

Du suchst in einer Stadt den Güterbahnhof? Dann guck erst mal auf einen Stadtplan. Wenn du dir keinen leisten kannst, geh in eine Tankstelle und klapp vorsichtig einen neuen auseinander, oder frag den Mann oder die Frau an der Kasse, ob sie einen haben, in den du mal einen Blick werfen darfst. Man kann einen Güterbahnhof auch finden, indem man das Terrain einer Stadt abschätzt. In einer Stadt im Flachland, durch die kein Fluß fließt, ist jede Brücke auf dem Stadtplan höchstwahrscheinlich eine Unterführung in der Nähe des Güterbahnhofs. In kleinen Städten verlaufen die Gleise bis zum Ortseingang neben der Straße, die dann zur Hauptstraße wird, und zweigen dahinter davon ab. Das einzige Gut, das ein Tramp hat, ist Zeit. Wenn alles andere nichts bringt, setz dich für zwanzig Minuten auf eine Parkbank und lausche, ob du eine Lok pfeifen hörst.

Wenn die Stadt auf Hügeln liegt, befindet sich der Güterbahnhof wahrscheinlich in einem Tal oder einer Senke. In Bergarbeiterstädten und Dörfern auf dem Lande ist der Güterbahnhof in der Nähe des Bergwerks, der Mühle oder des Getreidehebers. In ehemaligen Goldgräberstädten wie Denver findet sich der Güterbahnhof im Stadtzentrum, in Industriestädten in der Nähe der Fabriken. In Städten am Fluß und Hafenstädten ist der Güterbahnhof irgendwo am Wasser.

Ein Güterzug darf legal nur zwölf Stunden lang fahren. Dann muß die Besatzung wechseln und muß nachgetankt werden. Viele dieser Besatzungswechsel oder *Divisions* finden in kleinen Ortschaften statt, in denen man das Laub fallen und die Vögel zwitschern hören kann. Andere finden mitten auf riesigen Güterbahnhöfen statt. Wenn du das mit den Besatzungswechseln erst mal draufhast, hast du's geschafft. Wenn du die beiden Kerle mit den Seesäcken auf dem Rücken siehst, wie sie eine Lok besteigen, bedeutet das, daß du an einer *Division* bist. Der Zug, in den sie einsteigen, dürfte recht bald abfahren. Wenn du neu auf einem Güterbahnhof bist, frag einen Gleisarbeiter, wo die nächste *Division* ist.

Am häufigsten werde ich gefragt: »Woher weißt du denn, wohin ein Zug fährt?« Da hilft ein Streckenplan. Den kriegt man in fast jeder Stadtbücherei. Auch ein Kompaß ist nützlich. Doch am besten fragt man einen Bremser oder einen anderen Tramp. Bremser wissen nur selten, wann Züge abfahren, wissen aber auf jeden Fall, wohin sie fahren. Und es ist ihre freie Entscheidung, ob sie einem die Wahrheit sagen oder nicht. Aus einer Reise nach Las Vegas kann ganz schnell eine Reise nach Reno werden, wenn man falsche Informationen hat. Je nach Laune tendieren Bremser zum einen oder anderen Extrem. Manchmal sind sie eine große Hilfe, und manchmal helfen sie gar nicht. Verlassen kannst du dich nur auf dich selbst und deine Erfahrung. Mit der Zeit wirst du wissen, welche Bahngesellschaften welche Strecken befahren und wohin diese Strecken führen. Du wirst wissen, daß der Southern Pacific Ogden, Utah, in westlicher Richtung verläßt und schließlich in Reno ankommen wird, und daß der Union Pacific von dort aus nach Süden fährt, in Salt Lake City hält und schließlich in Las Vegas oder Grand Junction ankommt.

Wenn du erst mal von einem Güterbahnhof in alle verfügbaren Richtungen abgefahren bist, weißt du auch, wo du auf einen Zug aufspringen kannst, und erkennst schon an der Landschaft, wohin dieser Zug fährt. Da steht dann wahrscheinlich ein altes Haus mit einer Veranda voller kaputter La-Z-Boy-Sessel und einem Hof, der in Getriebeöl und unter Bergen von Hundekacke versinkt. Meistens wird es aber eher irgendeine Brücke sein oder ein schöner, schattenspendender Baum oder ein Stacheldrahtzaun mit einer Wiese dahinter. So eine Wiese gibt es in Cheyenne, Wyoming, hinter Eagle Liquors. Da stehen zwei Bäume in einer Senke unterhalb der Bahnstrecke. Im Spätsommer und Herbst steht das Büffelgras grade hoch genug, daß man sich dahinter vor dem Scheinwerferlicht verstecken kann. Union Pacific wechselt dort auf der Weststrecke die Besatzung.

An den Hauptstrecken und auf den Güterbahnhöfen gibt es keine Verkehrszeichen. Der Spirituosenladen, die Hundekacke und die Frau ohne Schneidezähne, die eine Flasche Miller hält und sich Hühnerknorpel in die Hand spuckt – das sind deine Verkehrszeichen. Ein Güterbahnhof ist wie eine Tätowierung, die du verpaßt bekommst, wenn du besoffen bist – auch wenn du gar nicht willst. Und außerdem ist es, wenn der Burlington Northern auf der Südstrecke mit achtzig Sachen durch die Landschaft braust, auch ganz egal, wohin du fährst. Dann ist diese Landschaft das einzige, was dich interessiert – vertrau mir. Das ist wie wahre Liebe: Wenn du die Lady Landschaft in den Armen hältst, ist dir so ziemlich alles andere egal. Und wer sieht's denn schon, wenn du auf den falschen Zug aufgesprungen bist? Im Grunde niemand – nur die Indianer da im Wald und die Huck-Finn-Jungs mit den vernarbten Knien.

Truckee River

UTAH

Ogden ★ Evanston
● Salt Lake City

9
Ogden, Utah

7. November 1991, nachmittags

»Wie sich die Vögel des Nachmittags auf den Bäumen
sammeln und bei Einbruch der Dunkelheit dann ent-
schwinden, also verlaufen alle Trennungen auf der Welt.«

Ashvaghosa

Einige Stunden vergingen, und der Sonnenschein wurde
matter. Jefferson und ich tuckerten im Gebirge einen Hügel rauf – hinein in dichten Nadelwald und das Gold der
Espen. Jefferson ließ die Füße aus der Waggontür baumeln
und hielt im Wald Ausschau nach Indianern. Zehn Meter
tiefer floß am felsigen Bahndamm ein Fluß. Die Ausläu-
fer einer aufgegebenen Goldmine waren am anderen Ufer
als rostroter Hügel zu erkennen. Ich spürte den warmen
Chinookwind durchs Tal wehen – ein Kuß des Frühlings.
Der nahende Winter war hier längst nicht mehr so
beißend kalt, und die eiskalte Nacht, in der Alabama und
ich zwei Wochen zuvor die Rocky Mountains überquert
hatten, war nur noch eine schwache Erinnerung – ein
ganzes Leben war seither vergangen.

Ich war hungrig. Wir waren seit zehn Stunden in diesem Waggon und hatten viele Meilen zurückgelegt. Aber dem Loch in meinem Magen half das nichts. Jeffersons Melone sah wie ein Steak aus. Ich reise eigentlich lieber hungrig. Aber nach zehn Stunden kann sich manches ändern. Und so kam es dann auch.

»Schneidest du jetzt die Melone auf oder was?« fragte ich.

»Nein.«

»Was soll das heißen – nein?«

»Die esse ich erst, wenn ich am Strand bin.«

Ich lachte. Bei dem Tempo, das der Zug vorlegte, würde es die Melone nicht bis an den Strand schaffen. Ich zeigte aus der Tür nach Westen.

»Das Meer ist noch 'ne Woche weg, und bis dahin ist die Melone 'ne Rosine, und dann hat keiner was davon.«

Ich streckte die Hände aus. »Also gib sie her.«

»Ich schneide die Melone nicht auf. Das hab ich dir doch schon gesagt.«

»Schau mal, Kleiner. Wenn du sie mir nicht gibst, muß ich sie dir mit Gewalt wegnehmen.« Ich fuchtelte mit der Faust vor seinem Gesicht herum und schenkte ihm einen finsteren Blick.

»Du würdest mich doch nicht wegen 'ner blöden Melone schlagen.«

Ich rückte ihm noch ein bißchen näher auf den Pelz, bis ich ihn in einer Ecke in die Enge getrieben hatte.

»Willst du wetten?«

Er legte die Melone zwischen uns auf den Boden und wich zurück.

»Also gut, Eddy, ich werd diese Melone mit dir essen, aber nicht hier drin, nicht im Schatten. Wenn ich sie schon nicht am Strand essen kann, will ich sie wenigstens in der Sonne essen.«

Er tanzte um die Melone herum. Ein kleiner Engel saß auf seinem Kopf.

»So niedlich bist du nicht.« Ich fuchtelte wieder mit der Faust. »Paß auf, ich knall dir gleich eine.«

Ich scheuchte ihn aus der Ecke raus und schnappte mir die Melone. Er lief zur Tür und blieb nicht stehen – flog einfach so raus. Er landete auf den Füßen, fiel auf den Bauch, kullerte die Böschung runter und platschte unten in den Fluß. Ich ging zur Tür und sah zur Sonne hoch. Das Tal war strahlend schön. Der Fluß schlängelte sich um die Bäume und kühlte ihre Wurzeln. Ein leichter Regen speiste ihn. Er fiel aus der gleichen Richtung ins Tal, aus der auch der Zug kam. Ich warf mir meine Deckenrolle über die Schulter und sprang ab. Der Zug fuhr gerade langsam bergauf. Ich landete auf den Füßen. Jefferson war gut sieben Meter unter mir und zog sich an einem Ast hoch.

»Komm, Jeff, raus aus dem Fluß, wir müssen den Zug erwischen. Ich bring dich an deinen verdammten Strand und auch zu den verdammten Indianern mit ihrem verdammten Wildschweinbraten.«

Er sprang aus dem Wasser. Wo seine Jeans aufgerissen war, hatte er sich die Beine aufgeschürft, aber sonst war er okay. In ein paar Tagen würde es ihm wieder gutgehen. Er lief hinter mir her den Bahndamm hoch und dann am Gleis entlang. Er trabte dahin wie ein langbeiniger Vogel, mit der Nase zuckend und mit dem Kopf auf und ab wippend, auf der Suche nach neuen Abenteuern.

Ich hatte Jefferson die Melone abnehmen müssen, ehe er sich zu sehr daran klammerte. Verrückte Träume können einem ganze Obstgärten versperren. Wenn so eine Frucht zu lang am Baum hängt, läßt die Sonne auch noch die letzte Süße darin verdörren – die Süße, die man die ganze Zeit direkt vor der Nase hatte. Die Wahrheit ist doch, daß man nicht auf das Scheiß-Paradies warten kann – denn dann endet man auf jeden Fall so wie Jefferson und träumt von diesem verdammten Gefühl, das man als Kind auf der Rückbank von Dads Auto hatte – den Wind im Haar und die Augen geschlossen. Irgendwann muß man erwachsen werden und sich klarmachen, daß das Leben halt nicht so süß ist. Es ist eher sauer als süß; so ist das nun mal.

Wir liefen ein paar hundert Meter, bis der Zug wieder schneller wurde. Ich zeigte zu einem Kornwagen hoch.

»Schau mal da oben, Jefferson, der Kornwagen da hat kein Dach.« Ich legte ihm eine Hand auf die Schulter. »Kletter da hoch und sag mir, was da drin ist.«

Er stieg die Leiter hoch.

»Schnell, Junge, sag mir, was drin ist.«

Er kam oben an und guckte zu mir runter.

»Der ist voller Sägespäne, und da drauf ist jede Menge Korn, keine Ahnung, Hafer oder so, oder vielleicht ist das auch Saatgut, jedenfalls fängt's grade an zu keimen. Es ist so grün wie ein Rasen hier oben.«

Es war gar kein Kornwagen, sondern ein offener Schüttgutwagen.

»Also gut, dann komm wieder runter und nimm die hier.«

Ich hielt mir die Melone über den Kopf, und er nahm sie und warf sie in den Waggon. Dem Geräusch nach landete sie weich. Der Zug fuhr wieder schneller. Als ich nach der Leiter griff, rutschte mir meine Deckenrolle von der Schulter. Ich versuchte sie festzuhalten, aber sie fiel runter und kullerte den Hügel hinab. Nur eine Handbreit vor dem Fluß blieb sie liegen. Ich gab sie verloren, packte die Leiter und schwang mich in die Luft. Die Bremsen quietschten, der Zug wurde langsamer und beschleunigte dann wieder. Ich saß auf der Plattform und schnappte nach Luft. Zwei dünne Beine flogen von der Leiter runter und mir über den Kopf. Jefferson prallte mit seinen Willy-Walter-Stiefeln auf dem Boden auf und lief zurück zum Ufer. Unten an der Böschung stürzte er und platschte schon wieder in den Fluß. Er stand auf und schrie: »Ich hab sie, Eddy! Ich hab sie!«

Schnell wie ein Blitz sprang er wieder raus aus dem Fluß. Er schüttelte den Kopf, schnappte sich meine Deckenrolle und rannte die Böschung hoch. Als er beim Gleis ankam, zeigte ihm der Zug den blanken Arsch. Er gab alles und rannte hinter dem letzten Wagen her, und unter seinen Stiefeln stob der Schotter. Das war das letzte, was ich von ihm sah: wie er da rannte, meine Deckenrolle in der rechten Hand und mit der linken verzweifelt winkend. Als der Zug um eine Kurve bog, konnte ich hinter mir nur noch drei Wagen weit sehen. Es gab nichts, was ich hätte tun können: Die Lok fuhr mit Vollgas, ich konnte unmöglich abspringen.

Ich stieg die Leiter hoch und spähte über die Waggonwand, und da sah ich tatsächlich einen dichten grünen Rasen und eine Wassermelone. Ich setzte mich daneben. Ich konnte bloß hoffen, daß Jeff den letzten Wagen noch erwischt hatte, aber dazu fuhr der Zug zu schnell, und ich hatte auch nicht gesehen, daß er ihn eingeholt hatte.

Mir kamen die Tränen. Eine hing für einen Moment in meinem Augenwinkel, lief mir dann die Wange runter und landete auf meinem Stiefel. Sie sickerte ins Leder ein und war noch viele Monate lang zu sehen. Ich vergrub das Gesicht in meinen Händen und schüttelte den Kopf.

»Ich will nicht mehr«, dachte ich.

Ich hob den Kopf und sah hoch. Der Himmel war wolkenlos. Ich war Mexiko dreißig Minuten näher gekommen und hatte eine Wassermelone zum Frühstück. Ich legte mich auf das Gras und redete mir ein, daß alles schon nicht so schlimm wär.

Das Astwerk der Bäume stand still, und der Zug pflügte durch den Wald. Ich sah mir jeden einzelnen Baumwipfel an, und zwischen den Nadeln und Zweigen konnte ich singende Vögel erkennen. Fast hörte ich ihr Zwitschern. Der Zug schnaufte bergauf. Eine Rolle stinkender, zerrissener Decken flog mir über den Kopf und landete vor mir auf dem Gras. Es war meine Deckenrolle.

»Der Grünschnabel«, dachte ich und drehte mich um. Und da war er: der kleine Tramp mit der großen Schnauze und dem Klugscheißergrinsen. Jefferson sprang Sonnenblumenkerne mampfend von der Waggonwand. Er hatte rote Spinnweben in den Augen, und sein komisches Gesicht strahlte wonnig von einer Bekanntschaft her, die er am Ende des Zugs gemacht hatte. Er war bekifft.

»Ich glaub's nicht!« rief ich.

Er stand vor mir, die Arme hoch vor der Brust verschränkt.

»Hey, Junge«, sagte er. »Wie lange bist du schon hier draußen?«

»'ne Woche etwa.«

»Du bist seit einer Woche von zu Hause weg, und das einzige, was du vorzuweisen hast, ist ...«

»Du Klugscheißer!«

Ich sprang auf und lächelte und klopfte ihm auf den Rücken. Wir lachten und setzten uns, und in diesem Moment brach die Sonne durch die Wolken. Die Baumwipfel zogen vorüber, und wir veranstalteten ein kleines Wassermelonenpicknick oben auf dem Zug.

»Ich hab dir deine Rolle geholt, nicht wahr? Und schau dir mal das an.« Er zog eine zusammengerollte Papiertüte aus seiner Hosentasche.

»Ein Joint«, sagte er. »Eine schöne Tüte Acapulco Gold, und dann auch noch ordentlich verpackt.«

»Wo hast du den denn her?«

»Schau mal da hinten. Siehst du den vierten Contai-
ner? Da hocken vier Mexikaner auf der Plattform, die haben einen ganzen Beutel voller Gras. Ein großer Beutel
voller Gras und vier breit grinsende Mexikaner.«

Ich legte die Hände zusammen und tat, als würde ich
mit einer Pistole in den Wald schießen.

»High wie 'ne Piñata und weit weg von daheim. Besser
geht's nich.«

Die Sonne schien. Der warme Chinookwind rauschte
in unseren Ohren, und wir saßen da in dem Saatgutwagen
mit einem Haufen Federn, einem gußeisernen Sofa und
einem Rasen, groß genug für zwei, der uns wie ein flie-
gender Teppich über ganz Amerika hinwegtrug. Der Strand
bietet Sonnenschein und Brandung und genug Friedlich-
keit, um einen einfachen Jungen glücklich zu machen. Er
wird ein einfacher Mann werden, und dann sitzt er neben
sich selbst und reist durchs ganze Land.

Heiße Quellen

An diesem Abend kamen wir vor Sonnenuntergang durch
ein Thermalbad. Das Hauptgebäude und Hotel war im
Blockhausstil erbaut und hatte nach vorne raus eine
große Veranda. Drinnen lagen auf einem Pult stapelweise
Handtücher. Eine Frau in einem Frotteebademantel saß
auf einer Holzbank und las eine Zeitschrift. Von der Veranda führte eine Steintreppe den Hügel hoch zu drei Ter-
rassen, auf denen sich unterschiedlich große Schwimm-
becken befanden. Vor dem Hauptgebäude gab es noch
einen großen Swimmingpool. Er sah aus wie ein riesi-
ger Topf, in dem auf kleiner Flamme Suppe kochte. Zwei
aufgepumpte Gummikrokodile und ein dicker Junge mit
Taucherbrille und Schnorchel plantschten im Wasser rum.

Dann stand da auch eine Imbißbude, an die seitlich Kartoffelchipstüten genagelt waren und die mit Metallschildern für Eistörtchen warb. Zwei kleine Mädchen hüpften bibbernd und lachend mit Dollarscheinen in der Hand vor dem Verkaufstresen auf und ab. Für die heißen Quellen warb man mit dem Spruch »Heute schon ein bißchen Zukunft«. Diese Worte leuchteten herab auf die Fahrbahn, die sich zwischen den bewaldeten Hügeln hindurchschlängelte. Wo sich der Wald lichtete, kreuzte das Gleis die Straße.

Ich sah einen alten Mann, der grinsend am Steuer seines Cadillac saß. Er träumte von dem Tag, an dem sich der Regen in Gin verwandeln würde. Er hatte im Kasino einen über den Durst getrunken, und jetzt war es Zeit, abzuhauen und groß abzukassieren – Zeit, nach Reno zu fahren und mit seinem Rentenscheck Jetons zu kaufen.

In dem Thermalbad rutschten sexy Teenagermädchen Wasserrutschen runter, und ihre Mütter belegten Roggenbrotscheiben mit orangenem Käse. Jefferson und ich sprangen auf und winkten. Es war das erste Mal seit Monaten, daß ich ein Mädchen im Badeanzug sah. Eins der Mädchen hatte schon Brüste, und sie ragten wie Raketen unter ihrem feuchten T-Shirt hervor. Ich konnte die dunklen Höfe ihrer Brustwarzen erkennen, und ich sah die Schamhaare, die sich aus ihrem Höschen schlängelten. Sie bückte sich wie eine Hausfrau, und seitlich rutschte alles raus, und beim Anblick ihres jungen Fleischs wäre ich fast in Ohnmacht gefallen.

»Autsch!« schrie ich.

Jefferson glotzte so ergriffen, daß er über meine Füße stolperte und fast aus dem Zug gefallen wäre. Ich hielt ihn fest, und da fing er wieder an zu atmen, ging dann zurück in seine Ecke und setzte sich.

Dieser kleine See im Paradies muß eine Fata Morgana gewesen sein, denn als die Sonne unterging, waren da statt der Frauen dicke Männer in Gummihosen, die an den ruhigen Stellen des Flusses Forellen angelten.

Dieser Strand war zwar aufgetaucht und verschwunden wie ein feuchter Traum, aber ich war sehr froh, daß er überhaupt aufgetaucht war. Es war ein schöner Tag, und die Nacht wurde dann recht still und dunkel und nach einer Weile sehr, sehr kalt. Ich sah hoch zu den Sternen und träumte davon, neben einer dieser Badenixen zu sitzen.

Es gibt da draußen viele Orte, an denen man wirklich allein sein kann. Nicht nur Orte, an denen Mönche leben könnten oder wo man hingehen könnte, um schön einen Joint durchzuziehen; nein, ich meine das weite Land unter einem weiten Himmel. Da ertappt man sich dann dabei, daß man nach einem Gebäude Ausschau hält oder nach Licht aus irgendeinem Haus – nach irgendwas da draußen in der Nacht. Ich hatte so das Gefühl, daß der Zug bald halten würde, und darum wollte ich nicht schlafen. Ich hielt meine Deckenrolle griffbereit, klappte mir den Kragen hoch und starrte hinaus in die Finsternis. Jefferson legte sich auf den Boden, zog sich die Knie vor die Brust und schlief ein.

Ein Abend auf dem Rummelplatz

Noch vor Sonnenaufgang kamen wir nach Ogden, Utah. Bei der Heilsarmee aßen wir mit ein paar Vietnamveteranen heiße Suppe. Ehe wir wieder gingen, gaben die Leute von der Kirchengemeinde jedem von uns noch einen Laib Brot und einen Müllbeutel voller Butterbrötchen. Diesen Beutel trug ich dann eine Woche lang mit mir rum. Ich ging dort nicht aufs Klo – bei dem Anblick kriegte ich Verstopfung. Wir schulterten die Brötchenbeutel und gingen zurück zur Bahnstrecke. Hinter dem Gebäude der Union Pacific bogen wir nach Westen ab und fanden dann unter einem Viadukt eine Stelle, an der wir warten konnten. Wir kehrten die Spritzen und Windeln weg und setzten uns.

Zwei Tramps drängten sich um ein großes Faß, in dem sie Heuballen aus einer Eselreitbahn verbrannten. In der Nähe war ein Rummelplatz. Die Fahrgeschäfte wirbelten umher wie Lampions im Wind. Auf den Eseln saßen Kinder und im Riesenrad Liebespärchen. Ein Lude verkaufte Zuckerwatte, und ein dicker Junge schoß auf Ballons. Als sein Preis zu klein ausfiel, weinte er, und seine Mom knallte ihm eine links und rechts. Die beiden Tramps fanden das klasse und lachten den armen Jungen aus. Zur Feier des Tages klauten sie noch einen Heuballen und auch einen Holzindianer. Der brannte recht gut und hielt uns ein paar Stunden lang warm.

Jefferson klopfte mir lächelnd auf den Rücken.

»Ich mag dich, Eddy.«

»Du bist auch nicht schlecht, Jefferson.«

»Danke«, sagte er.

Wir saßen vor dem Faß, und ich versuchte wiedergutzumachen, was ich ihm mit der Wassermelone angetan hatte. Ich erzählte ihm, was ich übers Erwachsenwerden wußte. Die glücklichen Tage und die schweren und natürlich auch die traurigen.

Alabama hatte mir ein wenig beigebracht, wie man sich durchschlug, und auf meine dumme Art versuchte ich das nun auch mit Jefferson. Wir hatten einander Schwachsinn erzählt, hatten zusammen gesoffen und nackte Mädchen beglotzt und waren miteinander gereist. Wenn man so nicht Freundschaftsbande knüpft, wüßte ich nicht, wie das gehen soll.

Ich respektierte den kleinen Scheißer schon allein, weil er Optimist war, und ich kann euch gleich an dieser Stelle sagen, daß Optimismus eine Sportart für junge Männer ist. Ich blieb noch etwas länger optimistisch, weil ich Jefferson begegnet war, und vielleicht werde ich deshalb mein ganzes Leben lang Optimist bleiben.

Salzwüste

Zwei Stunden vor Sonnenaufgang sprangen wir auf den falschen Zug auf. Was ich für einen Union Pacific gehalten hatte, der in Richtung Süden fuhr, entpuppte sich als Southern Pacific, der nach Westen unterwegs war. Statt nach Salt Lake City fuhren wir nun über den großen Salzsee Richtung Nevada.

Bei Sonnenaufgang waren wir mitten in der heißen Salzwüste. Die Stromleitungen verschwanden immer wieder hinter der Sahara-Skyline. Ich kam mir wie ein Kamel vor – als hätte ich seit einer Woche nichts mehr gesehen außer Sand und Wind. Ein Hügel in der Ferne verlieh der Landschaft Perspektive. Er war eine Insel in der weißen See. Jefferson baute seine Palme zusammen und hielt sie sich vors Gesicht.

»Sieht paradiesisch aus«, sagte er.

»Für einen Schiffbrüchigen vielleicht.«

»Ich mag weites Land«, sagte er.

»Ja? Also, ich mag kaltes Bier und nette Frauen.«

Die Sonne ging unter, und es war stockfinster. Das erste Licht dieser Nacht kam von einem beleuchteten Springbrunnen. Eine Spielkasinostadt am Highway. Ein Spielerparadies mitten in der Wüste von Nevada. Dann mußte der Interstate Highway ganz in der Nähe sein, und das bedeutete auch viel Verkehr. Ich sehnte mich nach einer Tasse Kaffee auf einem Papieruntersetzer in einem Restaurant und wollte klimatisierte Luft atmen. Ich war seit zwei Wochen auf Güterzügen unterwegs, und ich war müde und fuhr in die falsche Richtung. Ich mußte abspringen.

Jefferson zitterte im Schlaf und murmelte träumend vor sich hin. Ich löste die Schnur um meine Decken, schüttelte sie auf und deckte ihn damit zu. Ich nahm den kleinen Handfeger und legte ihn dazu. Dann setzte ich mir die Chihuahua-Mütze auf, stopfte mir Yukons Muscheln in eine Jackentasche und sprang von dem Zug ab. Ich kullerte die Böschung runter und landete in einem Graben. Durchs Gestrüpp sah ich Winnemucca, Nevada. Ein rund um die Uhr geöffnetes Paradies. Es bot meinem Leben neue Möglichkeiten. Es war der Anfang einer Liebesaffäre, die böse enden sollte.

Jefferson

Jefferson wurde schließlich mehr als ein Kumpel für mich. Er war ein Spiegelbild meiner selbst. Mit ihm zu reisen war sehr lehrreich, auch was mich anging. Er wollte reisen, und es war ihm egal, wohin er fuhr, solange er sich allein dadurch etwas beweisen konnte, daß er dort ankam. Ein Junge wie er ist tatsächlich der Stolz jeder Geschichte.

Durch ihn verstand ich den Sinn meiner eigenen Reisen. Palmen, billiges Bier und bronzene Señoritas hatten nichts damit zu tun. Ich mußte mir beweisen, daß ich alleine Feuer machen, allein auf Güterzügen fahren und mein ganzes Leben auf einen Traum von Mexiko ausrichten konnte. An diesem Punkt wurde mir klar, daß ich noch jung genug war, um Optimist zu sein, und daß meine

Hobo-Ausbildung abgeschlossen war. Fast würde ich sagen, daß ich mich erwachsen fühlte.

Manche Leute glauben, daß ein Mann, damit er eine Identität hat, ein Zuhause braucht, eine Karriere und Schulden. Ich hatte meine Identität auf die harte Tour gefunden. Da gab es keinen Eisenbahnheiligen, der mir auf die Schulter klopfte, als ich zum Hobo gekrönt wurde. Dazu mußte ich mir selber gratulieren.

Ich mußte erst sehen, wie andere Menschen lebten, ehe ich über mein eigenes Leben entscheiden konnte. Alabama, Jefferson, der alte Knacker, Schweinchen Dick und Bobby Blue hatten alle ihren eigenen Platz im Leben. Und sie ähnelten einander nicht sonderlich. Ich weiß nicht, ob das stimmte oder nicht, aber ich glaubte, daß ich durch das Trampleben vielleicht lernen würde, ein besserer Mensch zu sein. Wenn ich zu Hause geblieben wäre, wäre ich vielleicht nie erwachsen geworden. Ich dachte mir, daß ich nach fünf Jahren auf Güterzügen eine neue, heiterere Persönlichkeit entwickelt haben würde, und wenn das so weitergehen würde, hätte ich bis zum Zeitpunkt meines Todes genug Charme und Mumm, um einen Gig in Las Vegas zu kriegen. Mann, Frank Sinatra, Sammy Davis jr., Dean Martin, Peter Lawford und Joey Bishop wurden das »Rat Pack«, und keiner von denen hat die Schule fertiggemacht. Mann ey, Dean Martin hat in seiner Jugend sogar schwarzgebrannten Schnaps ausgefahren. Wenn er's geschafft hat, kann ich es auch schaffen. Meine Identität war die, die ich mir ausdachte, und für mich war das die einzige erstrebenswerte Identität.

Ein Buckelbahnhof befindet sich auf einem Hügel. Oben auf diesem Hügel beginnt eine Gleisstrecke, die sich dann unten in der Senke in zwei oder mehr Strecken verzweigt. Eine Rangierlok schiebt die Güterwagen auf der einen Seite den Hügel rauf und läßt sie auf der anderen Seite in die Senke runterrollen. Die Waggons werden ziemlich schnell und knallen unten an den Zug. Wenn man zufällig in so einem Waggon schläft, tja, dann hat man Pech gehabt. Die Wucht des Aufpralls hat Tramps schon quer durch einen Güterwagen geschleudert. Ein echter Schokker. Das geht einem durch Mark und Bein. Ich glaube, manche Leute brauchen das. Ich glaube, manche Leute sind einfach zu leichtsinnig. Man kann sich gegen so was wappnen, indem man – wenn möglich – mit den Füßen an der Vorderwand des Waggons schläft. Das sollte man bei Fahrten auf Güterzügen sowieso tun. Züge entgleisen schon mal, und in einem solchen Fall kann einem das möglicherweise das Leben retten.

Wo es Züge und Berge gibt, gibt es auch Tunnel. Ich bin mal eines Nachmittags mitten im Winter mit einem Rio Grande in Richtung Westen aus Denver abgefahren. Das ist ein lahmer Zug, der über die Rocky Mountains kriecht – durch viele kleine Ortschaften und viele Tunnel. Ich hab mir nichts dabei gedacht – war vielleicht zu hingerissen von den hübschen Schneeflocken und dem winterlichen Nadelwald. Die ersten zehn Tunnel waren noch kurz. Es wurde dunkel und nach ein paar Minuten wieder hell. Als ich dann in den nächsten einfuhr, erwartete ich genau das gleiche, aber als es diesmal dunkel wurde, blieb es dunkel. Ich war im Moffat – einem zehn Kilometer langen Tunnel, der bergauf führt. Nach fünf

Minuten kriegte ich Atemnot. Der Tunnel füllte sich mit Dieselabgasen. Ich befeuchtete mein Halstuch und band es mir vor den Mund. Nach zehn Minuten grübelte ich darüber, warum mich so was immer wieder kalt erwischt. Nach fünfzehn Minuten dachte ich an frische Luft und wie schön es ist, wenn ich welche habe, und wie blöd ich mich fühle, wenn nicht. Und wo stecke ich dann? In einem gottverdammten Loch.

Mein Problem ist, daß ich manchmal einfach nicht damit rechne, daß so ein Tunnel kommt. Die erwischen mich eiskalt, wenn's mir grade gutgeht – die grünen, grünen Nadelwälder, ein angenehmer Fahrtwind im Gesicht –, und dann ist das alles futsch, und ich trauere dem nur noch nach. Ich treffe also eine falsche Entscheidung, ohne überhaupt zu wissen, daß ich eine Entscheidung treffe.

Fünf Minuten später nahmen die Wände des Tunnels wieder Gestalt an, weil das Tageslicht vom anderen Ende her sie erreichte. Ich kriegte wieder Luft, und da hatte ich wieder alles, was im Leben wertvoll ist und sich nicht in Gold und Silber aufwiegen läßt. Es war dort in den Nadelbäumen, aber nun waren sie grüner und größer, und die Luft war lieblicher und der Wind wärmer. Ich hatte den Moffat hinter mir und war dankbar, am Leben zu sein. Alte Hobos haben mir gesagt, ich hätte mir keine Sorgen machen müssen, aber nach diesem Erlebnis bin ich da anderer Meinung.

Es gibt in Nordamerika drei beachtenswerte Tunnel: In Washington den Cascade-Tunnel der Burlington Northern, der fast dreizehn Kilometer lang ist und sich hundertfünfzig Kilometer östlich von Seattle und achtzig Kilometer westlich von Wenatchee befindet. In Montana gibt es den Libby-Dam-Tunnel der Burlington Northern, der dreizehn Kilometer lang ist und sich westlich von Whitefish und gut achtzig Kilometer östlich von Libby befindet. Und der Moffat der Rio Grande, der eben erwähnte Tunnel, befindet sich in Colorado, gut hundert Kilometer westlich von Denver.

Viele Bahngesellschaften statten Lokführer, die auf diesen Strecken fahren, mit Gasmasken aus. Als hier noch Dampfloks fuhren, sind viele Hobos in den Tunnels erstickt. Die Southern Pacific hatte damals eigens für diese Strecken Loks mit dem Führerstand vorne und den Schornsteinen hinten. Heutzutage werden die Tunnel belüftet. Die Bahngesellschaften haben oben und an den Seiten Schächte gebohrt und große Ventilatoren eingebaut. Das hilft ein bißchen, aber trotzdem atmet man als Tramp dort eine Menge Dieselabgase ein. Das ist ein weiterer Grund, warum man besser auf das hintere Ende eines Zugs aufspringt. Wenn die Abgase hinten ankommen, sind sie schon so weit verdünnt, daß man es grade noch so ertragen kann.

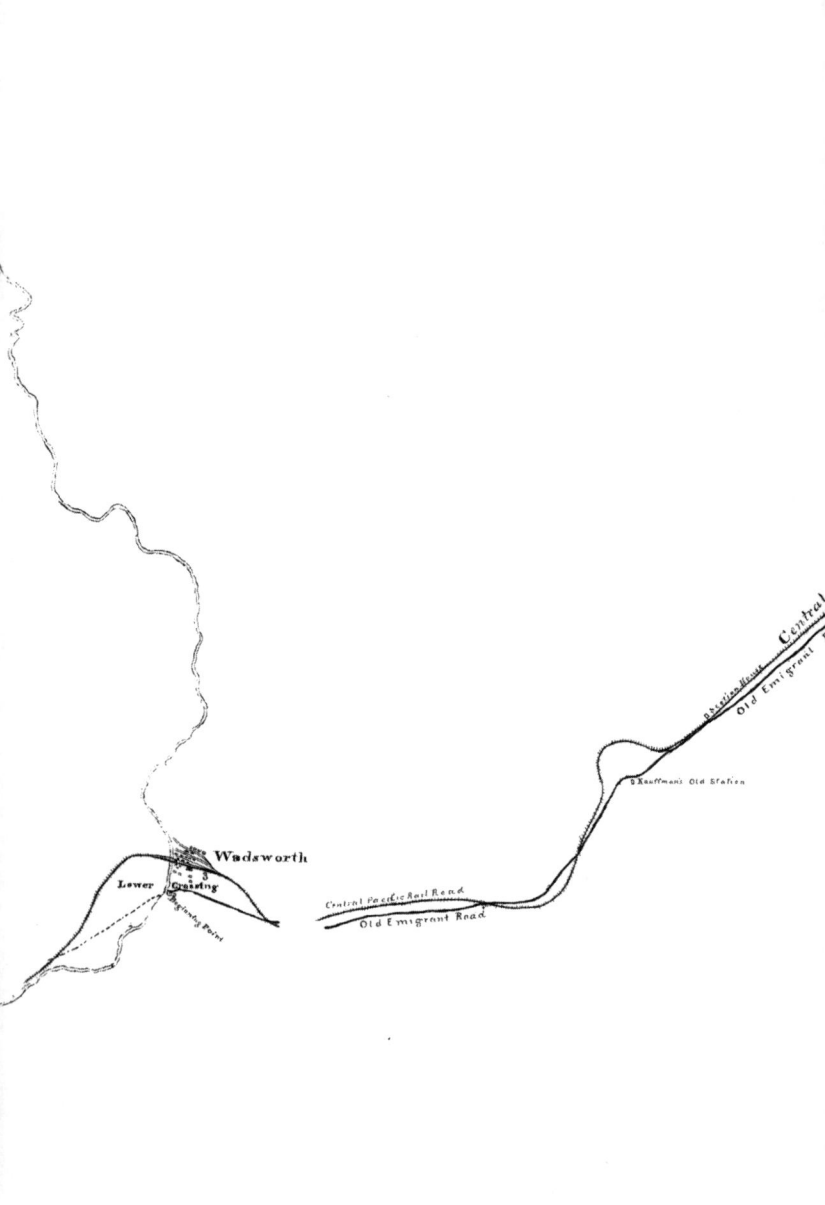

Central

Old Emigrant

Robertson's House

O.Kauffman's Old Station

Wadsworth

Lower   Crossing

Shady Point

Central Pacific Rail Road

Old Emigrant Road

Hot Spring Station ....

°₀° Hot Springs

• Old Overland Station

Central Pacific Rail Road

Old Emigrant Road

...ina Camp

Teil Zwei

Starlet Las Vegas – Die Wüsten-Diva

»Portland Oregon to the Mexican line
Boy let me tell you the women are fine
If you don't hang around there very long
They'll never even know you're gone.«

J. J. Cale

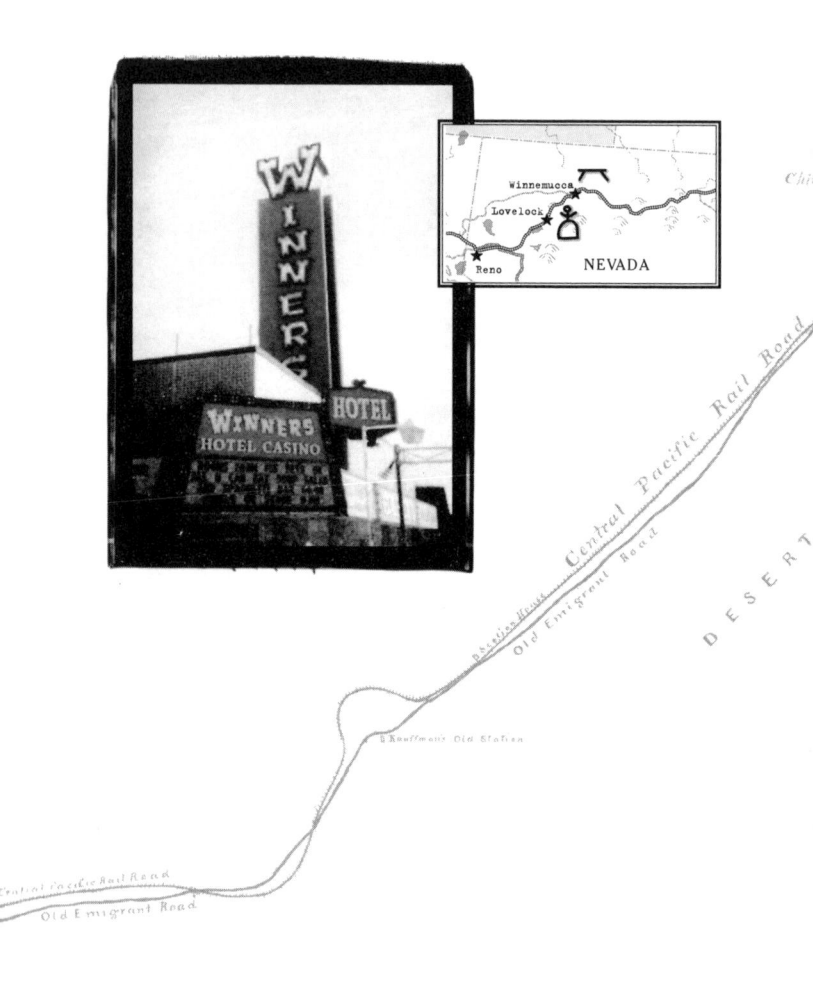

WINNERS
HOTEL
WINNERS
HOTEL CASINO

Chi...

Winnemucca
Lovelock
Reno
NEVADA

Central Pacific Rail Road

Old Emigrant Road

D. Section House

DESERT

E. Kauffman's Old Station

Central Pacific Rail Road
Old Emigrant Road

10
Winnemucca, Nevada

9. November 1991, Morgendämmerung

Im Winner's Casino: Winnemucca, Nevada

Das Beste an Nevada ist das Neonlicht mitten im Nirgendwo. Dieses Licht signalisiert, daß es dort rund um
die Uhr Kaffee gibt – an einem Ort, an dem niemand
schläft. Niemand bis auf die Touristen, die dachten, sie
würden bis zum Sonnenaufgang durchmachen, und die
dann um drei Uhr nachts umgekippt sind. Sie konnten es
nicht mit dem Schreihals aufnehmen, der aus voller Kehle
»BINGO!« brüllte. Er hat schon wieder einen Plüschpu-
del für seine Frau gewonnen. Über den ersten hat sie sich
sehr gefreut, aber beim fünften ist der Reiz verflogen.

In dem rund um die Uhr geöffneten Café stand der alte
Wachmann hinter meiner Sitznische und bewachte die
Morgen-Donuts. Seine Pistole hing wie eine schläfrige
Banane in ihrem Holster. Es war ein Scherz. Der ganze
Laden war ein einziger grausamer Scherz.

Dann war da der Hausmeister, der laut mit seinem
Schlüsselbund klimperte – als hätte Schlaf irgendwas mit

197

dem Sonnenaufgang zu tun und nicht eher mit dem Sonnenuntergang. Diese verdammten Heuchler dachten, ich würde unterm Tisch nach Münzen suchen. Aber nein, ich wollte nur ein Nickerchen machen. Das kühle Vinyl fühlte sich gut an meiner Wange an.

In der Nacht zuvor hatte Winnemucca in der Dunkelheit gefunkelt wie eine elektrische Palme. Von der holprigen Bahnstrecke zitterten mir alle Knochen, und ich hatte Kaffeedurst. Zum ersten Mal im Leben sehnte ich mich nach Kaffee. Ich mußte wieder an die hübsche Kellnerin damals in der Raststätte in Wyoming denken. Sie hatte einen hinreißend süßen Leberfleck über dem Mund gehabt, und wenn sie sprach, neigte sie die Hüften zur Seite und legte sich ihren Bleistift an die Lippen.

»Gewöhn dich besser dran«, hatte sie gesagt.

»Diese Männer hier lieben ihren Kaffee mehr als ihre Frauen.«

Sie hatte recht. Eine schöne Kaffeetasse hat Rundungen, strahlt Wärme aus und gibt einem Halt, wenn man Angst vor den Frauen hat. Leg fünf Cent daneben und steck ihr einen Löffel in den Mund, dann wird sie deine Einsamkeit befeuchten. Wenn du Glück hast, weckt sie deine Lebensgeister, und du wirst überfürsorglich und eifersüchtig und high von Kaffee und reißt in dem Restaurant eine Kellnerin nach der anderen auf. Und die schönste von ihnen wird dich lieben, wird ihre Schürze verbrennen und ihren Job hinschmeißen und dann wie eine Mayagöttin auf einer üppigen Matratze ruhen.

Ich hatte wieder festen Boden unter der Füßen – einen Paisley-Teppichboden mit Pyramidenmuster, an dessen Flecken man erkannte, welches Spezialmenü hier drei Jahre zuvor gut angekommen war. Aber das war mir egal. Ja, ich hatte mich schon in dem Moment in Winnemucca verliebt, in dem ich vom Zug abgesprungen war. Es hatte so einen gewissen Geruch an sich – wie ein seit dreißig Jahren nicht mehr geöffneter Schrank. Vielleicht kam der Geruch aber auch von dem ganzen Schmadder unterm Tisch. Oder vielleicht war ich das. Wie dem auch sei, es war ein wohliger Geruch.

Ich schlief sehr gut, bis dann die Kellnerin kam.

»Komm, Junge, steh auf.«

Sie stupste mich mit ihrem Bleistift und zückte dann ihren Bestellblock. Ich wühlte in meinen Taschen rum und fand einen Dollarschein und ein bißchen Kleingeld.

»Was kriege ich dafür?«

»Dafür kannst du auf dem Campingplatz duschen und bekommst hier einen Kaffee.«

Sie war wirklich süß, wie sie das so sagte. Ich merkte, daß ich ihr sympathisch war.

»Duschen, ja? Und rasieren? Kann ich mich da auch rasieren?«

Sie schob das Buttermesser von meiner Serviette.

»Hier, rasier dich damit. Und wenn du fertig bist, such dir einen Job. Dann kriegst du hier was Richtiges zu essen.«

Sie klappte ihren Block zu, ging weg und ließ mich in einer netten Wolke Lilac Bermuda oder Caribbean Bile zurück – irgendein billiges Parfum. Aus der Fahrstuhlmusik ertönte eine Ankündigung.

»Man sagt: Lachen ist die beste Medizin. Wir verabreichen Ihnen jeden Mittwochabend um sieben Uhr eine Dosis – rezeptfrei in der Winner's Lounge.«

Hätte ich hübsche Bermudashorts getragen und eine Kappe mit 'nem Sternenbanner drauf, dann wäre man mir bestimmt anders begegnet. Ich schlug mit der Faust auf den Tisch und stand auf.

»Verdammt noch mal, ich verlange ein bißchen Respekt.«

Niemand hatte mich gehört, also setzte ich mich wieder. Eigentlich war's mir auch egal, und ehrlich gesagt, ist Respekt in Nevada ein müder alter Hund, der die Jahre der Gleichheit und Gerechtigkeit längst hinter sich hat. Jetzt liegt er meist auf der Verandaschaukel der Ehrlichkeit und Bescheidenheit. Seine wilden Jahre sind vorbei. Wenn ich reich gewesen wäre, hätte man mich vielleicht höflicher bedient, aber schlechter Service ist immer noch besser als gar keiner, und so mußte ich wenigstens kein Trinkgeld geben.

Plastik-Sonnenuntergang

Ich blieb in der Sitznische und sah zu, wie Busfahrer Pommes frites bestellten und Bauarbeiter Bacon und Brötchen aßen. Die Bauarbeiter in Nevada sind mobile Leute, die den Stürmen durchs ganze Land folgen – in der Hoffnung, das wieder aufbauen zu dürfen, was die Stürme zerstört haben. Ihre Arbeitsbeschaffer sind Naturkatastrophen wie Tornados, Orkane, Erdbeben oder in diesem Fall der Onkel von irgendwem, der beschlossen hatte, in »Amerikas neuer Hauptstadt der Liebe« eine Drive-through-Kapelle zu errichten. Ja, Winnemucca, Nevada. Ein Ort, an dem man sein Hochzeitsbuffet mit einem Hobo aus LA und einem Gossenpunk aus New Orleans teilen kann.

Die Kellnerin kriegte doch noch Mitleid mit mir und brachte mir eine Tasse Kaffee. Er war zu heiß zum Trinken. Also nahm ich meine Chihuahua-Mütze vom Tisch, setzte sie auf, erhob mich, ging raus aus dem Diner und durch das Kasino auf die Straße. Das Licht der Sonne beschien nun nicht mehr die Mondoberfläche, sondern mein lächelndes Gesicht. Die ganze Landschaft war mit einer

Staubschicht überzogen. Angesichts der violetten Tundra und der mit Bananen bewaffneten Cowboy-Wachmänner kam ich mir wie am Set eines Spaghettiwesterns vor.

Irgendwas an Nevada kommt einem fremd vor, dachte ich, irgendwie tot oder eher hohl, mit einer gewissen Unverwüstlichkeit, die das kaschiert.

Wenn ein Plastikpferd zu lange stillsteht, wird es alt, und die Leute, die versuchen drauf zu reiten, werden schließlich einsehen, daß es nirgendwohin läuft – ja, ich würde sagen, so kommt einem Nevada vor. Es ist genau der richtige Ort, um dort seinen Kopf unter Wasser zu stecken, bis man blau im Gesicht wird, sich dann einen Toyota und ein kleines Haus zu kaufen, einen Garten anzulegen, eine Gartenbank zu zimmern und so zu tun, als wäre alles in Ordnung. Wenn man Kinder kriegt, sollte man zusehen, daß in ihrer Geburtsurkunde nicht »Nevada« steht, denn sonst betrügen diese Kinder unweigerlich ihre Kumpels, hocken die ganze Nacht lang brüllend vor dem Fernseher, trinken bei Sonnenuntergang Kaffee, ziehen sich ein Stierkämpferkostüm aus Polyester an, vermöbeln wiederum ihre Kinder und gehen dann ins Kasino zur Arbeit. Das ist der Stolz von Nevada; das haben die Leute da einfach im Blut.

Ich liebe Nevada. Wenn ich da bin, sage ich vielleicht tausendmal: »Ich will raus aus diesem Bundesstaat«, aber damit belüge ich mich nur selbst. Ich spüre diesen Staat in meinen Knochen. Ich spüre, wie das Neonlicht in meine Adern strömt und wie mich der Plastik-Sonnenuntergang aufmuntert. Vor diesem Kasino wurde mir klar, daß nur ein Sonnenaufgang in Nevada noch belebender ist als ein Sonnenuntergang dort. Das ist ein Bonbon für die Seele.

Ich kramte in meinen Taschen und ließ Pennys, Schnüre und Muscheln auf den Gehsteig fallen. Ich hatte meine Taschen seit Wochen nicht mehr ausgeleert, und weil es hier einen Mülleimer gab, dachte ich, es wär eine gute Gelegenheit. Ich hatte immer noch ein paar von den Muscheln, die Yukon-Sam mir in Missoula geschenkt hatte, und plattgefahrene Pennys aus Wyoming und ein paar zusammengeknüllte Zettel, die bis an die Ränder vollgekritzelt waren. Ich hatte ganz vergessen, daß Alabama mir diese Notizen gegeben hatte. Es standen vor allem Informationen über entlegene Orte und Güterbahnhöfe im Westen drauf – an der »Western Frontier«, der Siedlungsgrenze, wie Alabama immer sagte. Er glaubte, daß es dort immer noch unerschlossenes Land gab, das noch nie jemand betreten hatte.

Ich faltete einen dieser Zettel auseinander, und das hier stand drauf:

PORTOLLA, KALIFORNIEN. Ein guter Umsteigebahnhof. Mehrmals täglich Besatzungswechsel in beiden Richtungen. Ein schöner Fluß zum Baden und ein billiger Diner namens »Good and Plenty« zwei Ecken vom Güterbahnhof entfernt (hat rund um die Uhr geöffnet). Bestell das Swiss-King-Sandwich, iß eine Hälfte da und nimm die andere fürs Frühstück mit, aber nimm den Bacon raus, bevor du es kalt ißt, sonst fluchst du die ganze Strecke über die Sierras. Es gibt da eine Kneipe, und die lassen normalerweise die Hintertür offen, so daß du den Güterbahnhof sehen kannst, wenn du dich am Tresen zurücklehnst. Die Einheimischen halten sich alle für Billardasse, aber das bloß, weil sie seit dreißig Jahren nicht mehr aus der Stadt rausgekommen sind. Sei geduldig und spiel mit. Die UP-Besatzung ist sehr gastfreundlich und schickt einen immer in die richtige Richtung. Es ist ein guter Ort, um abzusteigen und sich zu waschen. Wenn du an den Gleisen entlang drei oder vier Meilen nach Westen gehst, kommst du an einen schönen Bergbach (derselbe wie in der Stadt) und zu einer guten Stelle zum Schwimmen. Portolla ist was für den Sommer.

SALT LAKE CITY, UTAH. Ein Drecksloch. An jeder Ecke durchgeknallte Obdachlose und alte Tramps, die faul geworden sind. Das Essen da ist scheiße. Die ganze Stadt hat ein ernsthaftes geistiges Problem, und man sollte sie um jeden Preis meiden. Nach Westen kommt man von da aus am besten mit dem Bus nach Ogden. Das kostet etwa 75 Cent, und die Fahrt dauert eine Dreiviertelstunde. Hinter dem Amtrak-Bahnhof nach Westen abbiegen. Da hält die Southern Pacific, und die bringt dich nach Reno, mit nur einem Besatzungswechsel dazwischen. In Reno gibt es ein Becken, das schwarz getüncht ist und wie ein Sumpf aussieht. Da drin müßte es immer noch Welse geben, und mit ein bißchen Geduld kann man meistens einen fangen, aber geh erst im Dunkeln hin. Von Salt Lake City kannst du auch mit der Union Pacific nach Westen fahren. Hinter dem großen UC-Gebäude machen die Gleise eine Kurve, die zu drei oder vier hohen Schornsteinen führt. Da kannst du auf einen Flachwagen aufspringen, und dann bist du entweder unterwegs nach Las Vegas oder nach Reno. Ich weiß noch nicht, was besser ist. Vegas boomt und ist sauber. Reno gibt sich auch Mühe, ist aber eher was für einen dreckigen Kerl wie dich.

T-Tops

Ich brauchte diese Zettel noch, also stopfte ich sie mir wieder in die Tasche und ging zurück ins Kasino. Meine Sitznische war noch frei, und meine Tasse Kaffee stand noch da, also setzte ich mich, trank den Kaffee aus und wartete darauf, daß mir die Kellnerin nachschenkte. Die Bauarbeiter machten sich für einen heißen Tag bereit. Die Kellnerin hatte zwei Dollar Trinkgeld bekommen und puderte sich das Gesicht. Sie war unglücklich, freute sich aber auf die Ledersitze ihres Tornado Baujahr '85 – dann hatten ihre Füße endlich mal Pause –, für 2500 Dollar ein verdammt gutes Geschäft. Die T-Tops machten ihre Heimfahrt zu etwas Besonderem.

Wind wehte zur Tür herein und strich ihr durchs Haar.

Ich dachte, wie schön es wäre, ihr unter die Bluse zu greifen. Ihre Brustwarzen waren steif, und ihre Titten hatten die rauhe Beschaffenheit ihres Sears-BHs angenommen. Ihr BH war gerade so lose, daß man ihn mit einer Hand abstreifen konnte, und ihre Brüste waren gerade so mit Schweiß bedeckt, daß sie schön über meine Brust gleiten würden. Ich steh auf verschwitzte Brüste und eine Speckmuschi nach einem langen Arbeitstag. Sie war wahrscheinlich mit beidem gesegnet, und wenn es nach mir gegangen wäre, hätte sie sich jetzt schön über diesen Tisch hier gebeugt.

Ich konnte von Glück sagen, wenn ich Kaffee nachgeschenkt bekam. Von einer Fahrt in ihrem neuen Auto brauchte ich nicht mal zu träumen.

Hinter den Augen dieser Kellnerin waren zu viele fliegende Untertassen, beidseitig leicht gebratene Spiegeleier und halbleere Ketchupflaschen, viel zu viele Erinnerungen an Typen wie mich, die sich einzureden versuchten, sie hätten einer so feinen Dame irgendwas zu bieten.

Ich schloß die Augen und legte mich auf die Sitzbank. Ich war ein wenig überreizt. Allein schon die Form ihres billigen BHs und mein Tagtraum über seinen Inhalt brachten mich fast dazu, in dem Laden rumzualbern wie ein Schimpanse. Es waren die Züge, die das mit mir machten. Ich hatte wochenlang nur Hinterhöfe und Autowracks gesehen. Wenn ein Tramp auf einer Hauptstrecke abspringt, ist er ganz schön wirr im Kopf. Als ich so in dieser Nische saß, empfand ich ein ganz besonderes und ziemlich fieses Hochgefühl. Der Boden bewegte sich nicht, keine Waggonbremsen kreischten und, was am schlimmsten war: die Kasino-Kellnerin war mit ihrem teuflisch kurzen Minirock höllisch geil anzusehen. Ich begriff, was das war. Es war »Angst vor den Frauen«, und mir wurde schlecht davon. Ich verlor die Kontrolle – *rapide*. »Tja, was kann ich tun?« dachte ich. »Das ist eigentlich ziemlich einfach.« Ich zählte es in Gedanken auf. »Sauber bleiben, heiraten, zu Hause bleiben, sich fortpflanzen, ins Kino gehen, ein Barbecue veranstalten, aufstehen, zur Arbeit gehen, nach Hause kommen, fernsehen. Ich könnte das tun! Ja, ich könnte das wirklich tun!« Ich sprang wieder aus meiner Nische auf und riß die Arme hoch. Meine Stiefel ließen den Boden erbeben, und alle im Diner sahen mich an.

»Ich mache es!« rief ich.

»Ich finde für *jeden* von euch die große Liebe! Und wir fangen gleich hier in diesem Kasino damit an!« Ich schlug mit der Faust auf den Tisch und erhob meine Stimme. »Wir bleiben einfach alle *hier*! Hier in der Wüstenoase! Und dann sind wir eine große, glückliche, normale Familie.«

Die Bauarbeiter wollten mich verprügeln. Glücklicher-

weise war der Wachmann machomäßig drauf und be-
schwichtigte sie. Die Touristen vergossen Kaffee und
drängelten sich zurück zu den Spielautomaten. Ein kleiner Junge mit einem Lätzchen um zeigte auf mich, lachte
und gluckste. Ich lächelte ihm zu und kroch zurück in
meine Nische.

Die beiden Gossenpunks in der Nische hinter mir waren ganz begeistert und feuerten mich an. Das ging so
weit, daß sie Pfannkuchen wie Frisbees quer durch den
Raum schleuderten. Darauf stiegen die Bauarbeiter wie
läufige Hunde ein, knallten ihre Schutzhelme auf den
Tisch und stapften rüber zur Nische der Punks. Ein Punk
fuhr hoch, schnappte sich eine Gardinenstange und baute
sich damit wie ein Ninja auf. Der andere nahm sich von
der Salatbar einen Plastikbrotlaib und fuchtelte damit
über seinem Kopf herum. Der Wachmann stand dazwischen. Die Punks hatten keine Chance. Aber das war
auch egal, denn sie wollten gar nicht kämpfen. Sie amüsierten sich nur. Ich würde sagen, die Bauarbeiter hätten
ihrer schieren Kraft wegen gewonnen, aber die Gossenpunks hätten, weil sie ihre Umgebung geschickt nutzten,
zuletzt gelacht. Sie fuchtelten über den Kopf und die
Arme des Wachmanns hinweg herum. Seine Banane war
nicht geladen. Ich sah fünf Minuten lang zu, dann wurde
es mir langweilig, und ich ging zurück ins Kasino.

Piña Colada

Ich setzte mich an die Pokerbar und schüttete den Inhalt
meiner Jackentaschen auf den Tresen. Ich hatte einen
schönen Haufen Steine beisammen. Seit Green River
hatte ich sie mir in die Taschen gestopft, und ich hatte
eine ziemliche Sammlung Millionen Jahre alter Fossi-

lien. Mein verdrehtes kleines Hirn dachte, sie wären Millionen Dollar wert. Der Barkeeper verstand das nicht, für ihn waren das bloß Steine. Ich bestellte ein Bier, aber er rührte sich nicht.

»Kannst du das überhaupt bezahlen?«

»Was soll das heißen, ob ich das bezahlen kann?« Ich zeigte auf die Fossilien. »Was glauben Sie, was das ist?«

Er zuckte mit den Achseln.

»Steine?«

Ich konnte es nicht fassen. Ich schüttelte den Kopf und lachte.

»Also bitte! Das hier sind die Zähne von 'nem Säbelzahntiger. Das sind richtige Museumsstücke, und ich will doch bloß ein kaltes Bier dafür.«

Er schüttelte den Kopf und wurde stinkig. Aus dem Augenwinkel guckte er zu dem zweiten Wachmann rüber. Aber darum machte ich mir keine Sorgen, nein, ich machte mir Sorgen um Nevada. Ich spürte es in den Knochen, daß dieser ganze Bundesstaat austrocknen würde, einfach so, wie eine Rosine, und ehe das geschah, brauchte ich noch ein frisch gezapftes Bier.

»Schaun Sie«, sagte ich, »dieser ganze Staat wird sich ändern, und ich rede da nicht übers Wetter oder die Regierung. Ich rede über …«

Er wollte es nicht hören. Er wandte sich ab und ging weg. Ich beugte mich wieder über den Tresen und rief:

»Mann, ey!«

Ich langte in meine Tasche und zog die zusammengeknüllten Zettel hervor.

»Hier, nehmen Sie die. Ich gebe Ihnen einen guten Rat. Ich habe jede Menge gute Ratschläge in diesen Taschen. Ich habe Ratschläge von Männern, die schon mehr von dieser Welt gesehen haben, als Sie es je werden. Mann! Ich hab ein ganzes Lexikon hier in diesen Taschen.«

Dann zeigte ich auf meinen Kopf und flüsterte vor mich hin:

»O Mann! Und das ist noch gar nichts verglichen mit dem, was ich hier oben habe.«

Ich wußte, daß er mich hören konnte, aber das war egal; er hatte die Nase voll, und ich war sauer. Es dauerte fünf Minuten, bis er wieder in meine Richtung kam. Diesmal war er noch nervöser. Er blieb stehen, sah sich um, ging noch einen Schritt weiter und wiederholte dieses Ritual dann. Er brauchte drei Minuten, bis er an meinem Ende des Tresens war.

»Schau mal«, sagte er. »An dieser Bar haben schon Hunderte Penner gesessen, die genauso waren wie du. Die springen von den Zügen ab, kommen hier rein, erzählen mir genau das gleiche wie du und betteln alle um ein Glas Budweiser, und weißt du, was ich denen sage?«

Er hielt inne und sah sich im Raum um.

»Ein ganzer Kopf voller guter Ratschläge ist nichts wert, wenn man niemanden hat, der einem das abkauft. Also mach's dir bequem, aber bleib nicht zu lange.«

»Wie wär's dann mit Geld? Was wäre, wenn diese Taschen voller Geld wären?«

»Dann würdest du was Schönes essen gehen, dann heiß duschen und dir anschließend wahrscheinlich ein Budweiser genehmigen, nicht wahr?«

»Ja, vielleicht würde ich das, aber nach dem Budweiser« – ich zeigte nach draußen – »würde ich trotzdem da draußen landen. Dann wäre ich vielleicht satt, sauber und besoffen, aber ich wäre wieder genau da, wo ich herkomme.«

»Na und?« sagte er. »Du hast dich doch selber in diese Lage gebracht. Ich wüßte nicht, warum du dir Sorgen machen solltest, daß du dich wieder in diese Lage bringst.«

»Ich mach mir auch keine Sorgen!« sagte ich.

Ich verschränkte die Arme auf dem Tresen und ließ den Kopf sinken.

»Ich bin eher müde.«

Er holte ein Glas aus dem Kühlschrank und hielt es hoch.

»Siehst du? Ich wette, so was kriegt man da draußen in der Wüste nicht zu sehen.«

Ich sah hoch.

»Was? Ein Glas?«

»Nicht irgendein Glas. Ein *kaltes* Glas. So eins, wie wir es für unsere Piña Coladas nehmen.«

Er stellte es auf den Tresen.

»Wohin fährst du, Junge?«

»Nach Mexiko.«

»In den Urlaub?«

»Urlaub? Nee, ich fahr da bloß hin, weil's da warm ist.«

Ich langte in meine Arschtasche.

»Und darum.«

Ich legte die Ansichtskarte auf den Tresen und schob sie ihm hin.

»Soll ja noch schöner da sein als auf der Karte hier.«

Er sah sie sich an.

»Ja, es ist noch schöner da, und ich werd dir noch was verraten.« Er beugte sich über den Tresen und flüsterte. »Es ist genau wie in den Fünfzigern da unten. Ich war schon mal da. Die streichen die Stämme der Palmen weiß an, und da gibt's Badeorte mit Bambusbars, und die Barkeeper haben alle einen schmalen Schnurrbart, und die Häuser sind alle bunt angemalt. Wenn du da unten zur Kirche gehst, trommelt der Prediger auf roten Congas, und die Frauen tragen rosa Taftkleider. An Wochentagen gehen die Mexikaner einfach so auf den Rummelplatz, und wenn ihnen danach ist, machen sie Siesta und tun überhaupt nichts mehr.«

»Echt nichts? Und das ist okay? Die denken dann nicht, daß du faul bist, oder sagen dir, daß du weiterarbeiten sollst?« fragte ich.

»Es ist anders da unten, Junge. Da gibt's viel mehr Typen wie dich, ja, da gibt's ganze Strände nur für euch Reisetypen.«

»Reisetypen? Was soll'n das heißen? Das hört sich ja romantisch an. Das klingt fast, als würd's Spaß machen, und seit ich von zu Hause weg bin, war das alles nur harte Arbeit. Ich würde aber gern mal reisen. Ja, das wäre schön.«

Ich lehnte mich auf meinem Sitz zurück und schloß die Augen. »Ja, ich würde gerne mal in Urlaub fahren – mit einem Hotelzimmer und so einer Bambusbar und einer Piña Colada, und wissen Sie was? Wenn ich mich mal waschen würde und mir 'n neues Paar Schuhe besorgen würde, würde ich bestimmt auch 'ne Frau abkriegen. Wetten?«

Er zuckte mit den Achseln und sagte: »Auf jeden Fall.«

Dann kippte er Schnaps in den Mixer und stellte ihn an.

Er schenkte den Drink in ein Glas, spießte eine Kirsche und eine Limettenscheibe auf einen Schirmchenstiel und steckte das obendrauf. Es sah sehr lecker aus. Er schob mir das Glas hin, wünschte mir noch einen schönen Tag und ging weg. So was hatte ich noch nie getrunken. Es war frisch und kalt, und als ich den ersten Schluck trank, fühlte es sich an, als wäre das Paradies in meine Kehle gekrochen.

Misty ...

Zehn Minuten später legte eine Frau mit lockigem blondem Haar eine Hand auf den Tresen und hob zwei Finger.

»Zwei Schachteln Misty Ultra Light Hunderter und Streichhölzer, bitte.«

Sie trug ein Jazzercise-Stirnband, und ihre Wimpern sahen aus wie in Butter getaucht. Nichts an ihr wirkte echt. Ich sah vom Tresen hoch und lächelte, und sie zwinkerte mir zu, ließ eine Kaugummiblase platzen und strich mit ihrem bronzenen Arm über meinen. Als sie die Streichhölzer nahm, fuhr sie mit dem Po über mein Bein. Er war knackig und delial.

»Und? Wo willst du hin?« fragte sie.

»Wie kommst du drauf, daß ich irgendwo hinwill?«

»Tja, Süßer, ehrlich gesagt siehst du eher so aus, als wärst du da schon gewesen.«

»Da hast du verdammt recht, aber warum fragst du dann?«

»Ich fahr jedenfalls nach Reno.« Sie zuckte mit den Achseln und drehte sich zur Tür um. »Keine Ahnung. Ich dachte, du willst vielleicht mitgenommen werden oder so.«

Sie nahm ihr Wechselgeld vom Tresen und ging. Ich drehte mich auf meinem Hocker, und gerade als sie an der Tür angekommen war, rief ich, so daß alle es hören konnten:

»Wie wär's mit Vegas?«

Sie sah sich um und schüttelte den Kopf. Ihr Haar verdeckte die auf die Glastür gemalte Büffelherde.

»Ich fahr nach Reno, Kleiner. Bis dahin nehme ich dich gerne mit, aber nach Vegas fahre ich nicht.«

Ich drehte mich wieder zu dem Barkeeper um, der in ihre Richtung mit den Augenbrauen zuckte.

»Na, komm, Junge, so eine Einladung kriegst du nicht alle Tage.«

Die Tür schloß sich hinter ihr. Der Luftzug, der hereinkam, trug den Geruch ihres Kaugummis mit sich. Die Kellnerin am anderen Ende schwitzte immer noch von dem heißen Grill. Ich dachte mir, wenn ich die Augen wieder schloß, würde ich der Versuchung widerstehen können, nach Reno zu fahren, und wenn es dann Abend würde und ich wieder ganz alleine war, würde ich es bereuen. Also warf ich meine letzten beiden Fossilien auf den Tresen, strich mir vorm Spiegel das Haar nach hinten und lief hinüber zu der grasenden Büffelherde.

Ich habe gelernt, meine Absichten durch ihr Gegenteil zu bemänteln, einfach , weil es sicherer ist. Wenn ich ein Camp in südliche Richtung verlasse, bedeutet das noch lange nicht, daß ich auch nach Süden gehe. Es bedeutet bloß, daß keiner wissen soll, wohin ich gehe. Je länger ein Junge seine Geheimnisse für sich behält, desto länger bleibt er auch allein, und ich hatte massenhaft Geheimnisse, aber sie waren nichts wert, solange ich niemanden hatte, dem ich sie anvertrauen konnte. In dem Kasino wußten alle, wohin ich ging, und ich ging voller Stolz hinaus. Ich konnte so einen ganzen Laden aufmischen, wenn ich nur wollte, und dann auch noch mit einer schönen Frau die Biege machen. An diesem Tag im Winner's Casino hatte ich das Zeug zu einem vorbildlichen Mann, zu einem Helden, wie er diesem Land lange gefehlt hat. Ich war unterwegs nach Reno.

Hobo-Urlaub

Ein Hobo-Urlaub ist, wenn ein Tramp die Güterbahnhöfe hinter sich läßt und versucht, sich in der Außenwelt durchzuschlagen. Das geht natürlich schief, aber dennoch versuchen es die meisten Tramps mindestens einmal pro Jahr. Jeder Tramp hat seine eigenen Gründe für diese Begegnung mit der großen Spießerwelt. Manche wollen ihre Familie besuchen oder ihre Kinder. Manche müssen zurück in ihre Heimatstadt, einen Scheck von der Wohlfahrt abholen. Aber in den meisten Fällen ist die Einsamkeit der einzige Grund für einen Hobo-Urlaub.

Wenn man auf einem Güterzug fährt und an einer Lok vorbeikommt, die auf einem Nebengleis steht, sagt man, sie ist »abgetaucht.« Diese Lok wartet auf ein Signal. Die Bahngesellschaften lassen ihre Dieselloks 365 Tage im Jahr fahren, und soweit ich weiß, stehen sie nur still, wenn sie repariert werden müssen. So ähnlich ist es auch mit einem Hobo-Urlaub. Wenn es einem Hobo dreckig geht, springt er ab und sucht sich eine nette Stelle zum Abtauchen. Einen Ort, an dem er abwarten kann, bis er sich wieder besser fühlt. Vielleicht wagt er sich dazu in ein Gebirgstal vor – hackt ein bißchen Holz und macht ein Feuer – richtet sich ein nettes Camp ein und holt sich alle paar Tage aus der nächsten Ortschaft Proviant. So kann er monatelang entspannt leben.

Vielleicht hat dieser Hobo geträumt, daß ihn ein Zug überfährt – vielleicht hat er im Traum etwas gesehen, das ihn warnte. Manche Träume sind Vorahnungen, und Vorahnungen sollte man ernst nehmen. Ich hatte schon viele Vorahnungen, und sie haben jedesmal dafür gesorgt, daß ich meine Reiseroute änderte. Das erste Mal hatte ich so was auf dem Güterbahnhof in Stockton, Kalifornien. Ich träumte, daß ich ganz fest in meinen Schlafsack eingewickelt war und nicht mehr rauskam. Ich lag da und sah in der Dunkelheit drei weiße Gestalten auf mich zukriechen. Ich versuchte mit aller Kraft, mich aus dem Schlafsack zu befreien, aber es ging nicht. Die drei Gespenster umstellten mich und schlugen mit Metallrohren auf mich ein. Die Schläge prasselten auf mich herab, und unter jedem brachen meine armen Knochen. Ich wachte auf und verpißte mich sofort aus Stockton. Am nächsten Tag stand ich bei der Heilsarmee für Suppe an, und eine Indianerin, die in der Schlange neben mir stand, unterhielt sich mit mir. Sie erzählte, in den letzten Tagen wären in dieser Gegend mehrere Männer übel zusammengeschlagen worden, während sie in Schlafsäcken feststeckten, und sagte, ich sollte mich vom Güterbahnhof Stockton fernhalten. Sie sah mir ganz unverblümt ins Gesicht und sagte: »Wenn du so ein grades und hübsches Gesicht behalten willst, hältst du dich besser von diesem Bahnhof fern.«

Mein Traum und dann auch noch ihr Ratschlag jagten mich in die entgegengesetzte Richtung. Ich machte erst mal schön Hobo-Urlaub. Ich arbeitete in Denver auf dem Bau und tauchte für ein paar Monate ab.

Der häufigste Grund für einen Hobo-Urlaub ist das Bedürfnis, »sich dem schönen Geschlecht zu widmen.« Irgendwann hast du das tolle Abenteuerleben auf Achse satt – du frierst, bist hungrig, dir klingen die Ohren, Schlamm sickert durch das Loch in deiner Schuhsohle, deine Fingernägel sind fünf Zentimeter lang, und ganz unten in deiner Hosentasche hast du nur noch einen Dollar und etwas kanadisches Kleingeld. Und dann fragst du dich:

»Wo zum Teufel bleibt mein Vergnügen – mein Gin, mein Hasch?«

Und die einfachste Antwort auf diese Frage findet sich

hinter den Neonlichtern einer Stadt, in der man so richtig die Sau rauslassen kann – in meinem Fall Winnemucca, Nevada. Essen, lachen und schlafen sollte man am besten in der Gesellschaft einer schönen Frau. Du weißt, daß dein Leben einfach Zucker ist, wenn du einen Kuß bekommst, wenn die zarten Lippen einer Frau dein Gesicht berühren, ohne daß du irgendwas dafür tun mußtest. Eine Frau kann Träume wahr machen. Mit ihr kann man Sonnenuntergänge teilen. Sie kann einen warm halten. Wenn es etwas Mächtigeres als die Liebe gibt, bin ich ein unwissender Mensch. Ich stehe an der Straße und sehe meilenweit kein einziges Auto und nicht mal einen Kaktus am Straßenrand – nur Gestrüpp und Stromleitungen. Und dann gehe ich auf dieser Straße zweihundert Meter weiter, und da erscheint eine Frau. Sie knallt ihre Zigarettenschachtel auf den Tresen. Im Auto zieht sie ihr Hemd aus. Sie weint, wenn sie glücklich ist, und wenn sie traurig ist, rollt sie sich am Fußende des Betts wie ein Kätzchen zusammen. Es war kein Zufall, daß ich in Winnemucca von dem Zug abgesprungen bin. Zwei Wochen lang sah ich keinen Güterbahnhof mehr.

Winnemucca
Lovelock
Portola
Reno
NEVADA

Wadsworth
Lower Crossing
Beginning Point
Central Pacific Rail Road
Old Emigrant Road

11
Winnemucca, Lovelock, Reno

9. November 1991, gegen Mittag

Als ich das Winner's Casino verließ, dachte ich daran, mir einen Hut zu kaufen. In großen, goldenen Lettern sollte LAS VEGAS draufstehen. Und so einen Hut kaufte ich mir dann auch.

Mistys Minislip spaltete ihren Po pflaumenförmig. Mit dem Scheibenwischer ihres Autos stimmte irgendwas nicht, und sie beugte sich über die Motorhaube und rüttelte daran. Ihr Minirock rutschte bis zur Taille hoch. Kakaobraune Schenkel. Sie fuhr einen goldfarbenen Trans Am Baujahr '79, genau wie der, den Burt Reynolds in »Ein ausgekochtes Schlitzohr« gefahren hatte. Der Himmel über Winnemucca war wolkenlos, und auf der anderen Straßenseite saßen ein paar alte Männer auf einer Bank. Sie hatten das Dach ihres Hauses an eine Werbefirma vermietet, und auf der Reklametafel dort oben lag eine Rolle Klopapier an einem Strand, umgeben von vier Bikinischönheiten. Das Klopapier war sonnengebräunt und guckte zufrieden. Bei diesem Anblick wollte ich sofort nach Kalifornien.

Die alten Männer sahen die junge Pflaume auf dem Trans Am und leckten sich die Lippen. Wir stiegen ein, und Kies stob unter den Reifen hervor. Die alten Männer winkten, und wir winkten zurück. Mistys Haar wehte auf den Goldlack. Aus dem Radio rauschte eine Mittagspredigt, und wir düsten davon wie zwei Glühwürmchen.

Highway-Fingern

Misty ließ die T-Tops fast die ganze Fahrt über offen. Alle paar Minuten legte sie den Kopf in den Nacken und spuckte in die Luft. Ihre Spucke war kaugummifarben. Sie platschte auf die Windschutzscheibe der Autos hinter uns. Die Rentnerpaare hatten die größten Windschutzscheiben, also kriegten sie am meisten ab. Dann fuhren sie neben uns her und brüllten Beschimpfungen aus dem Seitenfenster ihres Caravans. Misty gefiel das. Lächelnd zeigte sie ihnen den Mittelfinger, und wenn es ein alter Mann war, legte sie meine Hand aufs Lenkrad und lüpfte ihr Hemd. Ihre Brüste waren wie aus Bronze gegossen. Sie schossen dem Kerl das Rückgrat runter und gleich wieder aus dem Hosenstall seiner Rustler-Jeans. Ich war froh, denn je näher wir Reno kamen, desto näher kam ich ihr. Ich sah zu, wie die Meilen dahinflogen.

Wir hielten in Lovelock, Nevada, bei Texaco, und ich tankte. In die Zapfsäule war ein kleiner Fernseher eingebaut, der Werbeclips zeigte. Im Spiegelbild sah ich Misty zur Toilette gehen. Sie hielt irgendwas in der Hand. Ich tankte voll, schraubte den Tankdeckel zu und folgte ihr. Sie saß auf dem Klo, den Reißverschluß offen. Es roch nach Pisse und Chlor. Meine Hände rochen nach Benzin. In der linken Hand hielt sie eine Limodose, »Diet Vanilla Cream«, und die rechte hatte sie unter ihrem Slip. Die

Aschespitze ihrer Zigarette ragte über die Kante des Fensterbretts. Dann fiel sie ab und landete auf ihren Nylonstrümpfen. Sie schmolzen wie Butter, aber Misty beachtete das nicht.

Sie schleuderte die Limo auf den Boden, nahm die Zigarette und warf sie ins Waschbecken. Dann stand sie auf und zog ihr Hemd aus. Ihre Brüste standen wie 'ne Eins, wie in Kairo, wie in Vegas. Sie ging vor mir auf die Knie, löste meinen Gürtel, zog meine Unterhose runter und drückte ihre Titten um meinen Sack. Auf der Toilette roch es jetzt nur noch nach Kaugummi. Der Spiegel bewegte sich, die Wände bewegten sich. Ich hielt ihre Brüste gepackt, bis sie so hart waren wie Porzellan, und das reichte ihr. Sie fuhr sich wieder mit der Hand unter den Slip, fingerte hastig, sank dann auf die Klobrille und schloß die Augen. Ihre Schenkel spreizten sich, lecker wie Schokopudding, und ihre Möse war naß und rosa und bebte unter ihrem Finger. Sonnenstrahlen schossen aus ihren Augen. Sie stöhnte auf, und im schummrigen Sonnenlicht Nevadas rutschte sie weggetreten von der Klobrille.

Ich stand da mit der Hose um die Knie und knallrosa Lippenstift überall. Ich war selig, hätte Bäume ausreißen können. Ich hob Misty auf und zog ihr das Hemd über. Dann trug ich sie zurück zum Wagen. Ich fuhr hinaus in die Wüste. Der Fahrtwind zauste ihr Haar. Hundert Meilen später, in Sparks, kam sie wieder zu sich.

Reno

Bei Sonnenuntergang kamen wir nach Reno. Es lag ein ganz besonderer Geruch in der Luft – der Gestank von Millionen verrottenden Blumen. Wir hielten an einer roten Ampel, unter einer großen Reklametafel des Sundowner-Kasinos, und sahen einen Festumzug vorbeiziehen. Schneewittchen hing wie ein Sack Kartoffeln auf ihrem Thron, und die sieben Zwerge schliefen. Der Penner in Green River hatte Thanksgiving erwähnt, also mußte das wohl so ein Truthahntagumzug sein. Misty lehnte das Kinn auf die Tür, sah hoch zu dem Sundowner-Schild und fing an zu weinen. Ich legte ihr eine Hand auf die Schulter.

»Vielleicht ist morgen noch mal ein Umzug«, sagte ich.

Sie nickte. »Ja, vielleicht.«

Wir bogen ab und fuhren durch eine Straße, an der es viele Motels gab.

»Wo willst du übernachten?« fragte ich.

»Am liebsten im Horseshoe.«

Sie strahlte vor Freude, als wir auf den Hof fuhren. Die Wolken verzogen sich, ihre Brüste hoben sich keck, und ihre hohen Absätze klackerten. Sie ging zum Empfang und knallte zwei Zwanziger auf den Tresen. Der sommersprossige Junge wollte das Geld nicht annehmen.

»Das reicht nicht«, sagte er.

»Was soll das heißen? Auf dem Schild steht 36 Dollar.«

»Das ist der Wochentagspreis, und heute ist Sonntag.«

Sie langte in ihr Dekolleté, zog noch einen Zwanziger hervor, spuckte drauf und klatschte ihn auf den Tresen.

»Hey, Dad!« rief der Junge ins Hinterzimmer, und ein Fettwanst kämpfte sich aus einem Fernsehsessel hoch. Er wuchtete seine Wampe auf den Tresen und schnaubte. Eine sanfte Brise strich durch Mistys Haar über den Empfangstresen und ins Fernsehzimmer. Alles stoppte. Der sommersprossige kleine Scheißer war zufrieden, und der Dicke war auch zufrieden, und sie saßen einfach nur da, und ihre Hosen wölbten sich, und davor stand ein Drehständer mit Ansichtskarten von Reno. Stell dir diese ganzen Mädchen im Badeanzug vor, wie sie sich da auf dem Ständer drehen. Manche saßen an einem Pool. Manche ritten auf einem Kamel. Von manchen sah man weiter nichts als ihren Po, einen Riesen-Hintern, der aus der Skyline von Reno hervorragt.

Misty drehte sich mit den Händen auf den Hüften zu mir um. Der sommersprossige Junge und der Dicke senkten die Köpfe und kriegten ihren Po zu sehen. Sabber strömte aus ihren Mündern. Ich nahm Misty beim Arm und zog sie aus dem Foyer raus auf die Straße. Die Sonne war untergegangen. Eine Herde Jetsetter schlenderte wie Könige ohne Königreich vorbei und verdrehte die Augen. Mir war klar, daß sie weiter nichts zu bieten hatten als ein Haus im Grünen, einen Putt-Putt-Rasen und ein Dodge-Serienmodell.

Der fette Kerl gab uns das Zimmer zum Wochentagspreis, wahrscheinlich wegen Mistys Po. In dem Zimmer sah es aus wie in einem Buick LeSabre Baujahr '64. Sauber und ordentlich, aber mit ausgeleierten Bettfedern und verseucht von dreißig Jahren PineSol-Reinigungsmittel und Camel-Rauch. Es war himmlisch. Mein erstes Bett seit Wochen, zum ersten Mal wieder Klopapier und eine Dusche ohne Blechbüchse mit einem dreckigen Stück Seife drin. Es war erste Sahne.

Unter der Dusche sang ich ein Lied von Roy Rogers: »Give me land, lots of land under starry skies above ...«, während Misty ihre Klamotten auspackte, unsere Kissen aufschüttelte und dazu ihr Lieblingslied pfiff.

Es ging mir so richtig gut, also dachte ich an die Zukunft und ans Heiraten und an die vielen kleinen Dinge, mit denen man eine Frau davon überzeugen kann, daß man sie wirklich liebt. Das Wasser war heiß. Ich wusch mir die Haare, wusch mir die Achseln, wusch mir den Hintern. Die ganze Zeit über dachte ich an Sex mit Misty. Als ich aus der Dusche kam, sah mein Handtuch vorne aus wie ein Zelt. Ich kam mir sehr einfältig vor.

Ich war ein Cowboy, Misty war ein Cowgirl, und ihr Trans Am war unser treues Roß. Wir legten uns unter dem Neonmond von Reno schlafen. Ich glaube, ich liebte sie.

Fette Jungs

Um zwei Uhr nachts liefen Misty und ich zum Hinterausgang raus. Wir kamen an einem hufeisenförmigen Wandgemälde mit zwei Goldwäschern drauf vorbei und dann an den Nutten und Zuhältern. Wir rauschten die Main Street runter, spürten den mächtigen Luftzug der Kasinoportale. Wir tranken Gratis-Whisky mit Soda und plauderten mit einem Spieler mit Goldzähnen. Dann liefen wir durch eine Gruppe von Konferenzteilnehmern, die Polohemden trugen. Einer von ihnen ließ einen Kegel fallen, der mit Bier gefüllt war, und das Bier ergoß sich über den ganzen Gehsteig. Der Wachmann sah das und ging weg. Auf dem Schild über seinem Kopf stand: »Große Bowling-Konferenz«. Die Typen waren kraß drauf – wenn man so einen Bowler ausgewrungen hätte, hätte man in dem Fett ein Pferd fritieren können.

Die beiden dicksten von ihnen wollten sich mit mir schlagen, und die anderen beiden lachten. Ich lachte auch, aber das kam nicht gut an. Misty stellte sich zwischen uns und machte einen Kung-Fu-Tritt – lüpfte den Rock und riß ein Bein hoch. Dem Typ im Hawaiihemd klappte die Kinnlade runter, als er ihre saftige Möse sah. Sie war immer noch feucht von unserem zweistündigen Schwof auf dem Hufeisenteppich. Misty brach in Gelächter aus. Der alte Kerl fiel vor Entzücken auf den Hintern. Seine Kumpels blubberten wie Champagner.

Misty zog eine Zigarette aus ihrem Strumpf, steckte sie an und lächelte. Wir liefen weiter die Straße runter. Die fetten Jungs sahen uns nach. Sie konnte gar kein Kung-Fu, hatte ihnen aber was gezeigt, was sie ihr Lebtag nicht vergessen würden. Dreißig Jahre alt – und sie trat aus wie ein Maultier. Dreißig Jahre alt – und sie stieß einen über den Teppichboden, als wär man ein Staubsauger. Sechsunddreißig Stunden lang träumte ich Delial-Träume und trank mehr Whisky als Wasser. Und von diesen sechsunddreißig Stunden schlief ich nur vier.

Wir liefen unter einem Schild durch, auf dem stand: »Reno – das größte Spelunkennest der Welt«. Dann blieben wir vor dem Eingang eines Spielkasinos stehen, das O'Shanties hieß oder O'Shenanigan's, O'Flenangian ... O'Sonstwas jedenfalls. Im Eingang stand ein großer Plastik-Kobold, ein Leprechaun. Vielleicht ist »groß« das falsche Wort für einen Kobold, aber er war groß – zu groß für einen Kobold. Der Teppichboden im Kasino war lila mit grünen Kleeblättern drauf, und darauf standen tausend lärmende Spielautomaten. Eine alte Dame, die einen weißen Handschuh trug, bediente gleichzeitig drei einarmige Banditen. Als schließlich einer klingelte und scheppperte, sprang sie wie ein Kastenteufel von ihrem Hocker auf und wackelte mit ihrem Polyesterpo. Der Gewinn reichte für ihre Miete. Weiter drinnen standen ein paar Blackjack-, Roulette- und Würfeltische. Und überall Spiegel. Misty hatte Hunger, also gingen wir wieder auf die Straße, fanden hinten in einem anderen Kasino einen Diner und setzten uns in eine Nische. Ich nahm die Speisekarte, und es waren häßliche Fotos der einzelnen Gerichte drin.

Misty sah mich an, als wir dann mit Käse überbackene Thunfisch-Sandwiches mampften, und sagte irgendwas über eine Aura.

»Kannst du sie sehen? Alles strahlt eine Aura aus. Schau, die Palme da«, sagte sie. »Die erfüllt das ganze Kasino mit Leben.«

»Weil sie hier drin halt das einzig Lebendige ist.«

»Und riechst du den Dunst? Der kommt von der Palme. Das ist reiner Sauerstoff, wie auf dem Gipfel des Mount Everest.«

Sie fing an, komisches Zeug zu reden, und das machte mir angst.

»Auf dem Gipfel des Mount Everest? Da oben gibt's keinen Sauerstoff. Und vielleicht bedeutet das, daß die Bergsteiger da oben nichts zu suchen haben. Und vielleicht hat eine Palme hier mitten in dem ganzen Beton und unter einem Budweiser-Schild auch nichts zu suchen.«

»Ist doch egal. Ich finde sie schön, und ohne sie wäre dieser ganze Laden doch öde.«

»Öde? Hier gibt's doch alles, was ein Mann braucht.«

»Na ja, aber ein Mann braucht auch ein bißchen Natur und viele schöne Dinge und Liebe und Geld.«

»Ach was, ich hab keine Kohle, und mir geht's auch so gut.«

»Jetzt geht's dir gut, aber in Winnemucca hast du nicht besonders glücklich ausgesehen.«

»Ja, stimmt.« Ich rieb mir die Augen. »Ich schätze mal, ich brauchte dringend 'ne Freundin.«

Sie sah mich an und lächelte. Ihre Wangen wurden ganz rund und rosig, wie bei einem richtigen Mädchen aus dem Mittelwesten. Sie langte in ihre Handtasche, zog ihre Visa Gold hervor und schob sie über den Tisch.

»Kauf dir einen Anzug und ein paar Socken und ein Paar schöne Schuhe, und dann treffen wir uns in ein paar Stunden hier wieder.«

Ich sträubte mich nicht groß, nahm die Karte, küßte Misty auf die Wange und ging nach draußen. Die Sonne knallte aus dem »Circus Circus«-Kasino. Der große Clown auf dem Gehsteig hatte Flecken auf dem Latz und Kotze auf den Schuhen. Ich ging weiter, bis ich einen Western-

Laden fand. Da ging ich rein und legte die Visa-Karte auf den Tresen. Der Verkäufer hatte einen schmalen Schnurrbart und trug ein rosa Einstecktuch. Er aß gerade ein Croissant.

»Heißen Sie Misty?« fragte er in bissigem Ton.

»Die gehört meiner Freundin«, sagte ich.

»Wir sind hier in Reno. Hier hat jeder eine Freundin, die Misty heißt.«

Er sagte das ganz sarkastisch und schob mir die Karte hin.

»Wo kommen Sie her?« fragte ich.

»Aus Mexiko.«

»Hey, ich hab gehört, da unten scheißen alle auf die Straße.«

Er wurde knallrot, zeigte zur Tür und fing an zu brüllen.

»Raus aus meinem Laden!«

»Moment mal, ich will doch nur einen Anzug. Ich will so aussehen wie der da.« Ich zeigte auf eine Schaufensterpuppe. »Wie der Typ mit dem Cowboyhut. Die Karte ist okay.«

»Sie stinken nach Kuhscheiße.«

Ich roch an meinem Ärmel. Er hatte recht.

»Die Frauen in Mexiko sind bestimmt schön, aber so, wie Sie aussehen, haben Sie ja wohl keine Ahnung von so was.«

Er packte mich mit seinen knochigen Fingern am Arm und schob mich zur Tür. Mir war das ziemlich egal. Ich stieß ihn weg, und er klappte um wie ein Gerippe. Ich knallte die Tür hinter mir zu und ging weiter. Ich kam zu einem anderen Laden, ging rein und bat um etwas Respekt. Der alte Mann hinterm Verkaufstresen trug eine runde Brille und hatte einen buschigen Schnauzer. Er war so alt, daß er sich mein Gefasel in aller Ruhe anhörte und meine dreckigen Klamotten ignorierte, und er bediente mich wie einen ganz normalen Kunden. Mann, es war Montag morgen um neun; da hätte ich höchstens Zuhälter und gelangweilte Versicherungsvertreter aus dem Laden graulen können.

»Jedesmal wenn die hier reinkommen«, sagte der alte Mann über die Versicherungsvertreter, »wollen sie bloß ein Paar Socken, und dann gehen sie rüber zu Woolworth, setzen sich da auf den Bordstein und ziehen sie an.«

Er maß mit seinem Maßband meine Taille, meine Schulterbreite und meine Beinlänge und sagte die ganze Zeit lang kein Sterbenswörtchen über meine ranzige Hose. Ich war gesellschaftlich aufgestiegen. Ich hatte immer gedacht, ein Anzug würde nichts bedeuten – schon gar nicht so einer im Western-Schnitt mit einer mit Litzen verzierten Hose und dazu Cowboystiefeln mit Hi-ho-Silberbeschlägen.

»Ich nehme *drei* Paar Socken«, sagte ich. »Ach, was soll's, geben Sie mir auch noch so einen Cowboyhut und so eine Ledertasche.«

Ich unterschrieb den Beleg, bedankte mich und ging über die Straße zu Woolworth. Da setzte ich mich auf den Bordstein, zog meine alten Stiefel und Socken aus und meine neuen an. Ich hatte Stiefel mit normalen Absätzen gekauft und hatte den Verkäufer um weitgeschnittene Hosen gebeten, falls ich bald wieder über Zäune springen mußte. Vielleicht war ich da zu vorsichtig, aber so lange ich zurückdenken konnte, hatte ich immer weitgeschnittene Hosen getragen. Das Jackett hatte richtige Taschen mit Reißverschlüssen, und der alte Kerl hatte sogar an einer Stelle, die man von außen nicht sehen konnte, meinen Namen reingestickt. Ich sah aus wie Roy Rogers auf LSD. Verglichen mit mir sah *Saturday Night Fever* aus wie *Saturday Night Suppenküche*.

Ich schlenderte vorbei an dem Kobold und den Souvenirgeschäften und fand Misty an einem Blackjacktisch. Sie sprang von ihrem Hocker auf meinen Schoß. Sie hatte ein As, und ich verdoppelte. Der Kartengeber zog. Kakaofarbene Schenkel, Fischgrat-Hose – Blackjack!!

Ich stand auf und wirbelte mit ihr zur Tanzfläche. In der Lounge spielte eine Big Band, wie damals in den Vierzigern. Ich sah aus wie ein mexikanischer Zuhälter, Misty sah aus wie Xanadu, und gemeinsam fetzten wir übers Parkett und tranken Negro Modelo. Draußen war es Mittag, und auf der Tanzfläche war Mitternacht. Die alten Leute waren zum Tanztee da. Sie tanzten gut. In ihren sauberen Klamotten tanzten sie um uns herum. Sie rochen nach Ruhestand, und genau wie wir kannten sie keine Montage, hatten sie keine Jobs und keine Sorgen. Nur durch Zugucken lernten wir, uns so fließend zu bewegen wie ein Wasserfall – über die künstlichen Felsen von Reno, übers Tanzparkett und um den mondbeschienenen Teich herum. Aus Tag wurde Nacht und aus Swing Latin. Die Conga-Band zog eine Ziege ab, band mir die Haut vors Herz und trommelte mich durch eine weitere schlaflose Nacht. Misty und ich lernten Salsa.

Wir verließen das Kasino um vier Uhr nachts und gingen mitten auf der Virginia Street entlang. An den Bahngleisen blieben wir stehen, setzten uns auf den Kies und sahen zu, wie der Union Pacific durch die Stadt rumpelte. Ein paar Häuser weiter erklang aus einer Jukebox ein Stück von Roy Orbison. Seine Samtstimme mischte sich mit dem Lärm des Güterzugs. Ich nahm Misty in den Arm, und wir sahen die Loks vorüberfahren, fünf insgesamt. Der Lokführer lächelte. Vielleicht tagträumte er von Flitterwochen in Reno. Die Lokomotive pfiff, der Diesel brannte, und der Zug verschwand im Neondunst.

Es war ein nebliger Morgen in einem gerade niederge-
brannten Dorf. Die Einheimischen verbrachten die Nacht
in den Kasinos und investierten ihre ganze Kraft in träge
Gedanken. Karten kamen und gingen, das Geld kam
nicht wieder, aber es war eine schöne Nacht. Das ist eine
Form von Meditation, die nur Amerikaner nachvollzie-
hen können. Man kann in Reno in eine Kathedrale gehen
und für seine Gebete eine Kerze entzünden. Entweder
fliegt sie einem dann um die Ohren, oder sie versetzt einen
in die Euphorie, von der alle immer reden.

Das Dorf mag ja niederbrennen, aber die Leute wollen
trotzdem was zu trinken, verdammt noch mal! In Reno
nimmt einen keiner mit. Solange die Lichter brennen,
verläßt keiner die Stadt. Und die Lichter brennen immer.
Also setz deinen Lieblingshut auf, zieh dein feuerfestes
Hemd an und setz dich ans Lagerfeuer. Da singt ein
Cowboy den Blues, und ein Indianer dreht sich im Grabe
um. Denn hier stehn wir auf harte Welle. Hier lassen wir
gern wie alte Weiber die Euter baumeln und sauen wie
Flitterwöchner den Teppich voll. Letztlich enden wir sowieso alle auf der Straße. Wir sind ja vielleicht runterge-
kommen, aber wenigstens sitzt der Anzug.

Sonnenaufgang

Die Morgensonne brannte herab, und wir standen auf
und gingen zurück zum Horseshoe Motel. Der Dicke am
Tresen schenkte uns einen fiesen Blick, also packten wir
alles ins Auto, parkten an der Straße und gingen uns ein
anderes Zimmer suchen. Wir versuchten es im Morri-
son, aber der Zwerg von Inhaber war cholerisch drauf und
hatte keine Zeit, uns ein Zimmer zu zeigen. Es war sowieso ein Drecksladen – ein guter Ort, um sich zu ver-

stecken, noch ein paar Löcher in den Teppichboden zu brennen und aus dem Fenster zu starren.

Zwei Querstraßen weiter war eine Freifläche, die sich über einen halben Straßenblock erstreckte. Mitten auf dem Platz standen zwei Zirkuszelte mit Flaggen an den Mittelmasten. Sie flatterten träge im Wüstenwind. Auf dem Platz stand auch ein alter Reisebus. Er war mit grauer Grundierung angestrichen, und unter der Farbe erkannte ich den typischen Windhundumriß. Dieser Greyhound jagte einem ausgestopften Hasen hinterher, da war ich mir sicher. Seitlich auf dem Bus standen die Worte »Full Gospel Zeltgottesdienst«. Es war ein religiöser Wanderzirkus.

Auf dem Schild am ersten Zelt stand: »Eingang zur Wiese des Predigers«. Auf dem Schild am zweiten Zelt stand: »Gratis Donuts«. Aus dem zweiten Zelt kam gerade eine Schlange von Obdachlosen heraus. Irgendwie schafften sie es alle, im Stehen zu schlafen und dabei auch noch Zigaretten zu rauchen. Ich glaube, so was lernt man beim Anstehen vor Suppenküchen. Diese Schlangen sind manchmal so lang, daß man in der Zeit, die man da auf seine Bohnen wartet, wahrscheinlich auch einen Job gekriegt hätte. Aber das hätte ja eh keinen Sinn. Die Penner strauchelten mit Bergen von Donuts aus dem Zelt und wurden sofort auf die »Wiese des Predigers« getrieben. Misty sah mich an und zeigte dann mit einer Kopfbewegung auf die Zelte. Ich hätte nicht gedacht, daß sie ein religiöser Mensch war – ich wußte bloß, daß ich keiner war –, aber ich folgte ihr. Die Donuts waren zum Kotzen.

Auf der »Wiese des Predigers« schien die Sonne durch das gelbe Zeltdach und tauchte das Gras in einen eigenartigen Blauton. Rund um eine Kanzel standen weiße Stuhlreihen. An der Rückwand befand sich eine kleine Bühne mit einem Synthesizer und einem E-Baß drauf. Die Penner setzten sich auf die weißen Stühle. Ein kleiner Junge, auf dessen T-Shirt MARK THE SPARK aufgebügelt war, lief um die Penner rum, sprang zu den Donuts hoch und krakeelte. Seine Mutter gab sich alle Mühe, ihn im Griff zu behalten, aber es war schon zu spät – der Teufel hatte den armen Jungen längst bei der Gurgel gepackt. Er stolperte über ein Stuhlbein und fiel mit dem Gesicht voran auf das blaue Gras. Seine Mom half ihm hoch. Sie lächelte verlegen. Sie war zu jung dafür, daß ihr die Zähne ausfielen, aber sie fielen ihr trotzdem aus, und das erklärte eine ganze Menge.

Die ganze Bande stand auf, als der Prediger und seine Frau das Zelt betraten. Zuerst sprach die Frau. Sie hatte langes graues Haar, guckte grimmig und gab es uns so richtig. Zwischendurch dudelte die Band Popmusik. Der Prediger war anscheinend Indianer. Er hatte ein gebräuntes, runzliges Gesicht, wie ein Häuptling, und er trug eine türkisfarbene Bändelkrawatte. Jetzt stieß er ins Horn.

»Ohne Christus sind wir uns selbst fremd«, sagte er.

»Wir kommen mit unserem Leben nicht klar. Wir wissen nicht, wer wir sind.«

Behutsam nahm er das Mikrofon aus dem Ständer.

»Früher war ich genau wie ihr. *Siebenunddreißig* vergeudete Jahre. Ich hatte Kletten im Haar und Kletten an den Socken.«

Er ging vor der Kanzel auf und ab und hob eine Hand.

»Bei Gott ... ich habe das selber durchgemacht. Ich hab hier und da als Bergmann gearbeitet. Ich bin sechsunddreißigmal umgezogen. New York, Colorado Springs, Albuquerque, und schließlich ... ich sage: schließlich bin ich in Illinois gelandet. Und wißt ihr, was mir da passiert ist?«

Er hielt inne und sah sich im Zelt um. Es war mucks-mäuschenstill.

»Ich wurde gerettet!

Ist das die harte Tour? Ist das die harte Tour? Oh ja, das ist es.«

Mir klappte die Kinnlade runter. »Ja, Sir, das ist die harte Tour«, dachte ich. Einer von uns beiden mußte verrückt sein. Entweder war ich verrückt, daß ich hier saß, oder er war verrückt, daß er versuchte, diese Leute zu ändern. Er ging ganz langsam im Zelt auf und ab.

»Und wißt ihr, wer mich gerettet hat? Na, Jesus Christus natürlich! Aber wißt ihr auch, wer ohne mich zur Kirche gegangen ist?«

Er hielt kurz inne, und sein Gesicht verzog sich zu einem Lächeln, und er bekam feuchte Augen. Er schüttelte den Kopf.

»Meine Frau. Sie ging zur Kirche und betete für mich. Sie ging nicht zur Kirche und sagte: ›Mein Mann ist Alkoholiker.‹ *Nein!* Sie stand in der Kirche auf und sagte: ›Er heilt die Kranken. Er predigt das Wort Gottes. Er leistet Werke der Barmherzigkeit. Er weiß es nur noch nicht.‹ . . . Ist das zu fassen?«

Er hielt inne und sah zu seiner Frau hinüber.

»Das hat meine Frau für mich getan. Und bald darauf hatte ich eine Erscheinung. Ich sage: Eine *Erscheinung*. Die Gnade Gottes ist mir erschienen und hat einen neuen Menschen aus mir gemacht.«

Im Zelt war es still. Draußen auf der Straße hörte ich Autos vorbeifahren und die Fahnen flattern. Der Mann hinter mir riß eine Packung Zigaretten auf, polkte eine raus und steckte sie sich an. Das Schnippen seines Feuerzeugs durchbrach die Stille. Der Prediger stand reglos da. Dann ließ er den Kopf sinken. Die rechte Hand ballte er zur Faust.

»Der Gang des Lebens wird so schmal, daß das Öl der Sünde aus euch rausgepreßt wird. *Hört ihr mich?*«

Alle nickten.

»Ich frage: *Hört ihr mich?*«

Die Menge murmelte ein Halleluja.

»Es steht geschrieben: Ich werde euch auf die Probe stellen. Ich werde euch so in die Mangel nehmen, daß das Öl der Sünde aus euch herausgepreßt wird. *Hört ihr mich?*«

»*Halleluja!*« riefen wir. »*Ha-lle-lu-ja!*«

Der Mann hinter mir stand auf und hob beide Hände. In einer baumelte die Zigarette. Er legte die Handflächen aneinander und hob die Hände gen Himmel. Dann hustete er und schrie voller Begeisterung:

»*Halleluja!*«

»Ihr sollt euch das anhören, weil ich auf etwas Bestimmtes hinauswill. Es gibt einen Ausweg, einen besseren Weg. Ihr werdet von einer Schlacht zur nächsten ziehen. Ihr werdet nicht nur eure eigenen Schlachten schlagen, sondern auch die Schlachten eurer Mitmenschen. Die Menschen, die ihr liebt, werden euch brauchen, und ihr werdet sie brauchen, und gemeinsam werdet ihr mit Gottvertrauen handeln. Ihr werdet gehen von Kraft zu Kraft und von Reich zu Reich und von Herrlichkeit zu Herrlichkeit, und ihr werdet euer Leben für andere opfern. Euer altes Ich stirbt dabei ab. Ihr macht nur noch das, wovon ihr überzeugt seid. Ihr werdet sein wie der Heiland, auf daß ihr für andere den Weg bereitet. *Ja!* Den Weg in Christi Himmelreich.«

Die Band dudelte wieder los, und es hörte sich gut an. Die ganze Bande stand von den Stühlen auf und hob die Hände. Jetzt kam die Sache hier in Schwung, und der örtliche Prediger kam rein. Er trug einen blauen Anzug, der die Farbe des Himmels über Reno annahm, und auch er hatte in seiner ganzen Pracht teil am Vakuum Christi. Christus hatte das Zelt komplett aufgesogen. Auch er, der Missionarsschwätzer im blauen Anzug, wurde für diesen kurzen Moment Zeuge der Auferstehung Christi. Die Sonne schien durchs gefärbte Zeltdach, und sie schien auf die Gläubigen, und der Prediger sang zur Musik:

»Ich habe den Preis der Sünde bezahlt ... das Paradies ist nah ... und als Jesus auferstand ... wurde er entrückt bis in den dritten Himmel ... ja. In Gottes Himmelreich!«

»Reno«, dachte ich, »du wirst bei mir sein an diesem Tag. Beim Verkünden der frohen Botschaft und beim Errichten des Zelts. Du wirst bei mir sein an diesem schönen Tag.«

»Und in dem großen Buch erschien er mit zehntausend Heiligen. Und alle ritten sie auf weißen Pferden.«

Die Leute im Zelt sahen einander an und nickten.

»Und jetzt dreht euch zu eurem Nachbarn um und umarmt ihn. Umarmt den, der neben euch sitzt.«

Ich drehte mich zu Misty um, und ihr standen Tränen in den Augen. Ich umarmte sie, und sie lehnte das Gesicht an meine Schulter und schluchzte.

»*Ja, Bruder, ich habe Hoffnung!*« brüllte der Mann hinter mir, und die Zigarette flog ihm aus dem Mund. Er hob wieder die Hände zusammengepreßt gen Himmel, schnappte sich in seiner Begeisterung den alten Mann, der neben ihm saß, und umarmte ihn fest. Der Alte stank wie ein nasser Hund, aber auch er würde mit dem Greyhound-Bus ins Reich Gottes fahren. Mann, wir alle würden in den verdammten Bus einsteigen und zu diesem großen Eispalast im Himmel fahren, wo die Kronleuchter aus Zucker sind, die Frauen gratis tanzen und der billige Rotwein in Strömen fließt und nie ausgeht. Und die Menge erhob sich von den weißen Stühlen und stellte sich vor der Kanzel an. In der Schlange standen ein großer Weißer mit Afrofrisur, ein kleiner Schwarzer, der ein Kopftuch trug, ein Bauarbeiter und der Junge namens Mark the Spark. Sie reckten sich dem Weihwasser entgegen wie Rosen dem Morgentau. Sie waren die Gläubigen, die sich von der Straße ins Zelt Gottes geschleppt hatten. Um sich vor dem Rätsel des Lebens zu verbeugen. Um sich in ihr Schicksal zu fügen. Gott ist ein weißer Stuhl. Gott ist ein schwarzer Stuhl. Gott ist eine Silbertolle. Gott ist ein Anzug in der Farbe des Himmels über Reno. Gott lebt in uns allen.

Alle dort im Zelt wandelten nun auf dem Pfad der Tugend, und sei's auch nur für einen Tag. Unter dem Zeltdach schlossen wir uns dem Herrn an. Einer! Zwei! Drei! Die Gläubigen kippten um wie Dominosteine, als der Prediger ihre Stirn berührte. Wir lagen auf dem blauen Gras wie Schafe im Heu. Sogar der kleine Mark the Spark kriegte an diesem Tag eine Chance.

»Erwachet! Erwachet!« schrie der Prediger.

Mistys Augen waren tränenverschleiert. Sie lehnte ihr Gesicht an meine Brust – machte mein Revers naß – versuchte Gott zu verstehen. Ich bin eins mit dem Evangelium. Das ist wahr. Aber wie paßte das alles zusammen? Was empfand ich bei dem, was der Prediger sagte? Sind die Worte eines Menschen die Worte Gottes? Denn ich bin auch ein Prediger – ein Serviettendichter, ein Reisender, ein Liebender, ein Zeuge des Wunders des Lebens, erzogen im Glauben an Vorurteilslosigkeit und den freien Willen. Doch das alles überstieg mein Verständnis –: das große Amerika – das Land der Hot dogs, der Frauen und des Heilands – ein seltsamer, schöner Himmel, entstanden aus Benzin und Gutmütigkeit.

Ich hätte mir die Augen zuhalten sollen, ehe Amerika sich auszog, denn wenn man erst mal ihren nackten Arsch gesehen hat, ist man ihr verfallen. Amerika ist eine Nutte mit einer Handtasche voller Träume, und irgendwo in ihren Tälern des Optimismus verborgen lebt der Glaube an ein besseres Leben. Ich habe die kleine Miß Amerika schon viel zu oft besucht, um Mitglied irgendeiner Kirche sein zu können. Meine Religion ist dieses Land –: die schmierigen Freßlokale, der Kotflügel eines alten Mercury, der mich, als es nachts mal aus Kübeln goß, auf einem Friedhof trocken hielt, das ranzige Stück Hotelseife, das ich in einem Obdachlosenheim geschenkt kriegte –: das sind jetzt die Dinge, die mich prägen. Ich lehnte mich auf dem weißen Klappstuhl zurück, schaute zur Zeltspitze hoch und ließ mir diesen ganzen »Nutten«- und »Amerika«-Kram durch den Kopf gehen. Für diesen einen Moment beschloß ich, den Herrn in mein Leben hereinzulassen.

Nach der Predigt gingen wir zurück zur Bahnstrecke. Auf dem Apartmenthaus hinter uns sah man die Schatten von hundert Pennern. Wir sahen einen dicken Mann, der versuchte, in den Rinnstein zu pinkeln. Seine Frau hielt sein Bier und stand Schmiere. Dann strauchelte er zurück in ihre Arme. Sie torkelten die Gasse runter und brachen schließlich in einem Hauseingang zusammen. Wir setzten uns auf den Kies, und Misty lehnte den Kopf an meine Schulter.

Würde man alle Diamanten der Pfandleiher von Reno zu einem fairen Preis schätzen, sie wären zusammen weniger wert als ein Tag mit Misty. Wie Renos Sterne sich auf ihrer Sonnenbrille spiegelten. Das Kokosöl auf ihrer Tropenhaut. Der Tau kam früh in dieser Stadt. Das Schild des Sundowner-Kasinos wies einem vorbeiflie-

235

genden Raumschiff den Weg. Es flog eine Kurve und verschwand über den Sierras.

Ich kam mir ziemlich schäbig vor, als ich so in dieser Gasse in Reno auf dem Kies saß. Ich sah zu Misty rüber und sagte ihr, daß ich hier wegwollte. Sie stimmte zu, und am nächsten Morgen verließen wir Reno.

Notizbucheintrag Nr. 10:
Der Cowboy oder Der trampende Desperado

Ein Cowboy ist jemand, der sein Leben ganz allein auf der Prärie verbringt und dabei tief den Duft von wildem Salbei einatmet. Cowboys haben kein Zuhause, denn ein Zuhause ist einer der wenigen Orte, die sie nicht einfach so verlassen können.

Die Wahl zwischen Vaterschaft und Verantwortung für das Land kann jeden Mann zum Schwanken bringen. Diese Entscheidung allein kann dafür sorgen, daß ein Mann den Schwanz in der Hose und die Stiefel anbehält. Die Einsamkeit, die er dann findet, tut weh, aber sobald er sich mal entschlossen hat abzuhauen, gibt es kein Zurück mehr. Die Menschen, die er einmal liebte, werden ihn bei seiner Rückkehr begrüßen, werden sich aber nicht mehr auf ihn verlassen. Er weiß das und ist willens, all den Respekt zu opfern, den ihn das kosten könnte. Aber im Grunde seines Herzens weiß er auch, daß wahre Liebe nicht richtet. Wahre Liebe läßt geschehen. Und die ihn wirklich lieben, werden ihn verstehen.

Ein Tramp ist wie ein Cowboy. Er ist auf dem freien Weideland unterwegs, schläft unterm Sternenhimmel und glaubt an das Glück der Goldenen Jahre. Die Goldenen Jahre sind kein Zeitabschnitt, sondern lange Momente ohne Anspannung oder Durcheinander. Sie kommen auf einem »Glückszug« – einem Zug, der von Sonnenaufgang bis Sonnenuntergang fährt und zwischendurch nur kurz mal zum Tanken und für den Besatzungswechsel hält. Das Glück mißt sich nicht an der Zahl der zurückgelegten Kilometer, sondern besteht in der schieren Überraschung darüber, daß der Tag so wunderbar verlaufen ist. Das ist Morphium für cleane Leute.

Das Fahren auf Güterzügen ist zeitlos. Wie man es macht, ist ein gut gehütetes Geheimnis, das sich nicht mit einem gebundenen Buch kaufen läßt. Ja, bei jedem Wort, das ich geschrieben habe, habe ich meine Redlichkeit in Frage gestellt. Ich bin zu jung dazu, irgendwem irgendwas beizubringen. Ich weiß nicht mal, wie man ein Kind großzieht oder eine Frau richtig liebt, ganz zu schweigen davon, wie man die Geschichte der einflußreichsten Gattung amerikanischer Außenseiter erzählt.

Und doch habe ich eine Verantwortung – eine Verantwortung, wie sie jeder Rodeoreiter, Wellenreiter, Meditierende, große Guru von sonstwas, jeder japanische Gartenarchitekt, jeder Musiker, Tattoo-Künstler, Texas Ranger, Lone Ranger, jede Feuergöttin der Landstraße, jeder Hotrod-Schrauber und Waschzuberbassist hat – der Familie von Geistarbeitern gegenüber, die unter der fiesen Knute der US-Kultur Sklavendienste leisten. Wir haben die Verantwortung, in unseren Herzen einen Ort zu erschaffen, der frei von Angst ist.

Das ist eine schwierige, einsame Arbeit, die einem kein Geld und auch keinerlei Anerkennung einbringt. Doch ohne sie hätten wir nichts, wofür wir leben könnten. Jeder ist ein Pionier.

River

Lovelock

Reno   NEVADA

Fresno

CALIFORNIA   Las Vegas

Wadsworth

Lower   Crossing

Central Pacific Rail Road

Old Emigrant Road

12
Highway 95, von Reno nach Las Vegas

12. November 1991, den ganzen Tag

Weil Misty in LA wohnte, beschlossen wir, für einen Abend nach Las Vegas zu fahren; am nächsten Tag wollte sie dann heim in die »Wackelstadt«. Ich glaube, sie mußte für irgendeinen Werbespot vorsprechen. Wir fuhren auf dem Highway 95 durchs Hinterland von Nevada. Das ist eine schöne Strecke für jeden, der sich für Amerika interessiert oder zumindest dafür, wie Amerika früher mal war. Es gibt Gegenden in Nevada, da stehn die Leute auf Speed, auf Amphetamine, und wenn man mal da war, versteht man auch, warum. Am Highway 95 gibt's auch 'ne Menge Abschaum auf Speed. Als wir anhielten, um zu tanken, hatten wir das Glück, diese Leute kennenzulernen. In diesem Fall waren es völlig überdrehte Mütter, die ihre Kinder anschrien, und Verkäufer, die der Meinung waren, sie würden von jedem »Scheiß-Mexikaner«, der hier durchkam, »übel ausgenutzt« und »voll übern Tisch gezogen«. Ich hatte so was noch nie gesehen. Man kann sich nichts Beklopperes vorstellen als eine komplette Stadt auf Speed. Ich fand, die Verkäufer und Mütter hätten Clownskostüme tragen sollen. Dann wär's bestimmt sehr lustig gewesen.

Wenn man denn wirklich den einfachen Menschen begegnen will, muß man über die Dörfer fahren. Am Highway 95 kommt meistens ein Kaff nach dem anderen. Diese ganzen Ortschaften bestehen aus einer Post, einem leeren Lebensmittelladen mit leeren Regalen, auf denen vielleicht ein oder zwei Dosen Wiener Würstchen stehen, und jeder Menge nagelneuer Pickups. In einer Raststätte, bei der wir hielten, gab's Budweiser in Dosen aus einer Kühltruhe, und die verdammte Jukebox spielte immer wieder dasselbe Lied – Neil Diamonds »Forever in Blue Jeans«. Wir kamen immer wieder durch die gleiche Stadt, fuhren achtzig Sachen und langweilten uns zu Tode. Ich legte meinen Ellenbogen auf die Tür, und auf meinem Manschettenknopf spiegelte sich die Sonne. Misty nickte immer wieder ein. Zweimal mußte ich ins Lenkrad greifen, sonst wären wir von der Straße abgekommen. Ihre Lider waren schwer, und wenn sie sich halb schlossen, fiel ihr die Zigarette aus dem Mund und landete auf ihrem Schoß. Zweimal schnappte ich sie mir und warf sie aus dem Fenster.

Die Städte vor Las Vegas sind Orte, wo Stoßstangen rosten, Kinder weinen und man »Hoffnung« anders schreibt: »Hoffnungslosigkeit«. Ich spürte diese Hoffnungslosigkeit und Schwerfälligkeit und wollte nur noch raus aus der Wüste und rein ins Lichtermeer der Zuversicht – Las Vegas. Ich spürte, daß sich Verzweiflung breitmachte und über dieser großen amerikanischen Farm der Himmel einzustürzen drohte. Klar, ich bin in Hauseingängen groß geworden, wo ich mich vor dem Regen untergestellt hab. Aber wenn dir das weite, freie Land wie eine Müllpresse auf den Leib rückt, dann weißt du, daß du Probleme hast. Wenn du dich nach dem Klimpern der Münzen sehnst, nach dem Pfiff einer verzweifelten Nutte; wenn es dich nicht mehr kümmert, was dir irgendwer noch beibringen könnte. Es ist alles krank und verseucht und sehr angenehm. Ich fühlte mich mit Mobilität gesegnet, denn im Gegensatz zu dem Mann, der aus einer alten Kühltruhe Budweiser in Dosen verkaufte, konnte ich woandershin. Ich konnte in Las Vegas Double-Down spielen, oder ich konnte auf dem Kunstrasen im Double-Down-Trailerpark in Palm Springs schlafen, wenn's da so was gab. Die Sonne brannte auf den Wagen herab. Wir brausten dahin.

Wir gingen auf Las Vegas los wie ein Stier, stießen bei Sonnenuntergang durchs rote Tuch. Eine Hollywood-Brise strich durch Mistys Haar. Wie sich dann rausstellte, war sie auch auf Speed – auf Biker-Speed, diesem braunen Zeug, und auf Trucker-Ephedrin und wer weiß, worauf sonst noch. Sie war seit drei Tagen voll auf Droge. Sie spuckte ständig und beschimpfte mich. Die meiste Zeit während dieser Fahrt nach Las Vegas haßte ich sie. Ich haßte Hollywood dafür, was es aus ihr und und dem Rest der Welt gemacht hatte. Misty verbrannte auch weiterhin das Wageninnere mit ihrer Zigarettenglut und ihrem aufreizend kurzen Rock. Wenn sie aufstand, hinterließ sie auf dem Sitz einen feuchten Fleck. Als wir bei Texaco hielten, strich ich mit dem Finger hindurch. Es war der Nektar der Götter. Ich behielt den Fuß auf dem Gaspedal und dachte immer wieder ans Horseshoe Motel. Diese ganze sexuelle Energie, die sich aufbaute und dann wieder abgeschaltet wurde. Ich mußte raus aus der Wüste und in die nächstbeste Scheißstadt. Ich hielt ihre Hand, wenn sie weinte, und gemeinsam brausten wir durch den Sturm – in der Hoffnung, irgendwo in der trostlosen, finsteren Nacht den Leuchtturm Las Vegas zu erblicken.

An diesem harten Tag war ich stolz auf Nevada – stolz, ein Kind dieses Glücksspielstaats zu sein. Misty und ich hatten nichts zu verlieren, nichts, worauf wir Rücksicht nehmen mußten; wir hatten nur uns und unsere Vergangenheit und eine Liebe, die ohne Vorwarnung entzogen werden konnte. In Nevada kann man sich anziehen wie Elvis und dann singen wie Tom Jones. In Nevada ist Straß wertvoller als Mondgestein. Und wie ein Hobo-Güterzug rast es nachts dahin, ohne Fahrplan und Gewichtskontrolle. Dieser Staat ist mein Zuhause. Da kommen Münzen rein, aber nicht immer wieder raus. Las Vegas ist die Stadt der einarmigen Banditen. Wenn man mit den Dingern Glück hat, fährt man rauf in die dreißigste Etage und haut sich in die herzförmige Badewanne. Wenn nicht, schläft man im Trans Am und vögelt im grellen Neonlicht auf der Rückbank. Wie gesagt: Wir hatten nichts zu verlieren.

Wir schafften es nicht nach Las Vegas. Unterwegs verwandelte sich ihre Visa Gold in eine Visa Platin, wässerten ihre Tränen Nevada und ließ ihr Fahrstil immer mehr zu wünschen übrig. Ich hatte nicht im Traum geahnt, daß Los Angeles so eine Wirkung auf jemanden haben kann. Sie wollte nur noch Diät-Vanillecreme-Limo und Zigaretten. Sie trank drei Dosen Limo pro Stunde und hatte den ganzen Tag lang immer eine Misty-Ultra-Light-Hunderter zwischen den Lippen. Sie redete in verschlungenen Sätzen und schaffte es, mir in ein paar Stunden ihr ganzes Leben zu erzählen. Es war schön – voller Leidenschaft und Hingabe. Ein Künstlerleben von höchstem Rang. Sie wohnte in einer Hütte in einer mexikanischen Geisterstadt und malte Bilder. Sie verkaufte in Südkalifornien Gebrauchtwagen. Sie drehte neckische Sonnencreme-Werbeclips fürs Fernsehen. Sie war zwei Jahre *hintereinander* auf dem Schulball Königin des Abends gewesen. Doch letztlich hatten ihre Versuche, ein Star zu werden, ihren großen, bösen Träumen ein Ende gesetzt. Jetzt machte sie die Runde – Las Vegas, Los Angeles, Reno – und tanzte in Go-go-Bars.

Misty war ein Engel mit gebrochenen Flügeln.

Sie war mal ein Starlet gewesen, aber dann hatte eine falsche Wendung, eine dumme Situation ihre ganze Arbeit zunichte gemacht. *That's show business.* Zwischen einem Mädchen und dem Ruhm stehen unzählige machthungrige Männer, und wenn sie im Zimmer des falschen landet, ist sie in null Komma nichts ihre Unschuld los. Ich hasse alles, was Berühmtheit ausmacht, und noch mehr hasse ich Hungrige, die nicht selber jagen gehen. Misty trug einen Schmerz in sich – es ging ein Riß durch sie, der von ihrem Verlangen, ein Star zu werden, immer tiefer wurde. Und eines Abends war das alles geplatzt. Statt des Funkelns in ihren Augen war da eine Vergewaltigung; und als sie sich davon erholt hatte, verwandelte sie sich in eine Furie. Kein hochtrabendes Gerede mehr. Kein Mann mit Satinkragenhemd mehr. Keine nächste große Chance mehr. Sie sagte: Ich scheiß auf dich und deine Versprechungen *und* dein Lederinterieur. Ich will einfach nur ein aufrichtiges Lächeln und einen Niemand – einen dicken, lasterfahrenden Niemand mit dreckigem T-Shirt. Einen Mann, der sich einen Scheißdreck um Goldene Schallplatten schert. Einen Mann, der seine Softpornos und Verfolgungsjagden selber erlebt und dessen Probleme *echt* sind. Schalt den Fernseher ab und treib's mit dieser gottverlassenen Welt. Sie braucht dich.

Früh am nächsten Tag

Sie schlug mich halb bewußtlos. Mir knickten die Knie weg. Ich landete am Straßenrand. Sie brauste davon.

»Ey, was –!«

Ich sprang aus dem Straßengraben und zeigte ihr den Mittelfinger.

Hab dich sowieso nicht geliebt.

»Mist!«

Ich klopfte mir wieder mal die Hose ab. In der Hosentasche hatte ich einen Fünfdollarschein, den ich für solche Gelegenheiten beiseite geschafft hatte. Er war der einzige Überlebende meines Versuchs, Gigologage zu bunkern. Ich ging vier Meilen die Straße runter und hielt dann den Daumen raus. Da war ich nun auf dem Highway 95 und hatte nichts. Ich konnte entweder weitergehen, bis ich in irgendein Dreckskaff kam, oder ich machte kehrt und ging zurück, bis ich in irgendein Dreckskaff kam. Ich hatte keine warme Jacke und keine Decke dabei, und darum beschloß ich, lieber bergab zu gehen. Ich tippte mir an den Hut und strich meine Hose glatt. Mein Anzug war immer noch gebügelt und vorzeigbar, hatte jetzt aber ein neues Loch am Ellenbogen und sogar ein bißchen getrocknetes Blut drum herum. Ich war verwundet. Ich hatte erfahren müssen, daß Amphetamine kleine Stripperinnen dazu bringen, komische Dinge zu tun. Ich hatte ihr angeboten zu fahren, und das hatte sie genervt. Ich hatte ihre Zigarette aus dem Fenster geworfen, und das hatte sie noch mehr genervt. Es war aussichtslos. Das Schicksal hatte gegeben, und ich hatte die Arschkarte gezogen. O Mann!

Ein Ford Galaxie 500 Baujahr '67 hielt neben mir. Ein alter Mann saß am Steuer und ein Fettwanst auf dem Beifahrersitz. Ich klappte den Sitz um und kroch rein. Auf der Rückbank lag eine Holzkiste, die so breit war wie der

Sitz, und als ich mich draufsetzte, ragte mein Kopf über die Windschutzscheibe. Die beiden sagten kein Wort. Wir fuhren mit einem Höllentempo los. Ich war sowieso zu verstört, um zu reden, also hielt ich nur meinen Hut fest, während wir den Highway runterbrausten.

Ich dachte an die Zeit, bevor ich ihr begegnet war. Ich hatte in einer Nische im Winner's Casino in Winnemucca gesessen und mich um meine eigenen Angelegenheiten gekümmert – hatte einer netten Rauferei zugesehen und an Mexiko gedacht. Und dann kam sie rein. Jetzt war ich eingeschüchtert und geknickt, und mein Schwanz hatte sich in einen Eiszapfen verwandelt.

Auf der Rückbank eines Cabrios mitzufahren ist wie auf einem Pferd zu reiten. Ich dachte an den Lone Ranger. Ich dachte, wenn er hier hinten im Galaxie gesessen hätte, hätte er sich nicht den Hut festhalten müssen. Der hätte ihm wie festgeklebt auf dem Kopf gesessen.

Die beiden Typen sahen aus, als hätten sie eigentlich Klapperschlangen jagen oder sich irgendwo für den Winterschlaf eingraben sollen. Sie sahen müde aus. Der Alte zuckte jedesmal zusammen, wenn ein Licht auftauchte. Er guckte mehr in den Rückspiegel als nach vorn auf die Fahrbahn und rutschte auf dem Sitz hin und her, und dann fing der jüngere Typ auch an, auf dem Sitz hin und her zu rutschen, und bald verhielten sie sich so auffällig wie irgendwelche Knallchargen in einem Krimi.

Da kam ich also nach einer einwöchigen Liebesaffäre grade wieder runter, wie festgenagelt auf einer Holzkiste hockend und jeden Moment damit rechnend, daß meine Stirn durch die Windschutzscheibe schlug. Endlich sagte der alte Kerl was. Eigentlich brüllte er eher. Der Fahrtwind war bei hundertachtzig Sachen ziemlich laut.

»Ich hab 'ne Latinafreundin in Vegas, die treff ich morgen. Die werd ich knallen, bis mir der Schwanz abfällt.«

Das war's. Das war alles, was er während der gesamten Fahrt sagte. Ich lehnte mich zurück, hielt meinen Hut fest und sah zu dem gewaltigen Sternenhimmel hoch. In dieser Nacht waren es die Sterne, die Sterndeuter betrachten, um einem dann zu sagen, ob das Schicksal es gut mit einem meint. Ich war wieder unterwegs nach Mexiko, also ging ich davon aus, daß mein Schicksal in guten Händen lag. In diesem Moment war mir meine Zukunft wichtiger als meine Vergangenheit. Mir war klar, daß sie beide der gleichen Prüfung unterzogen werden würden, aber meine Zukunft bot mehr Möglichkeiten, also hielt ich mich an sie. Mir war gerade das passiert, wovor sich ein freier Mann am meisten fürchtet. Ich hatte mich in einen Engel mit gebrochenen Flügeln verliebt.

Die Zeit auf der Rutschbahn der Liebe, von Amors Pfeil getroffen, lag nun hinter mir. Solchen Liebeskummer hatte ich noch nie gehabt, aber es waren wohltuende Qualen; sie taten mir gut. Ich hätte im Heartbreak Hotel absteigen können, aber ich tat es nicht. Ich ließ meine Enttäuschung ruhen und genoß die gute Wüstenluft. Ich schätze mal, das Leben ist nicht immer nett zu einem. Ich schätze mal, Liebe drückt sich nicht immer durch Schönheit aus. Sie kann erblühen, klar, aber kann sie, wenn sie erst einmal vergangen ist, auch wieder erblühen? Das fragte ich mich. Ich hatte unsere Liebe nicht an die Wand gefahren; das hatte jemand anderer erledigt. Und Misty war so voller Schmerz, daß ich nicht an eine zweite Chance glaubte. Aber ich sag euch was: Wenn man ein Herz einmal erobern kann, kann man es auch zweimal erobern. Aber dazu braucht es einen geduldigeren Mann als mich. Tut mir leid, Misty, aber ich muß wahrsagen und Sterne betrachten, und ohne einen Riesenstreit seh ich nicht, daß wir uns wieder versöhnen könnten. Ich werde jede Nacht zum selben Mond hochsehen wie du. Ich werde feuchte Horseshoe-Träume haben. Ich werde einen Hollywood-Star abknallen. Aber ich verliebe mich nicht bei einem Streit.

Der Beifahrer sah aus wie ein eingefettetes Pferd. Er hatte sich seine Mähne mit Wagenschmiere nach hinten gestrichen. Das roch ich auf der Rückbank. Er hatte beide Zeigefinger gekrümmt, als hätte er sie am Abzug. Er sah aus, als würde er öfter Knarren als Frauen in den Händen halten. Küchenhilfen, Zaunflicker, Schausteller – auf keinen Fall. Die beiden mußten Verbrecher sein. Sie hatten dieses Zwei-Monats-Grinsen, dieses »Bin frisch raus ausm Knast und will ficken«-Grinsen. Ich kam mir gleichzeitig ausgesprochen glamourös und völlig wertlos vor, also war's mir egal, ob sie Kinderschänder oder Kerzengießer waren – ich wollte nur mitfahren.

Der alte Kerl gab dem 390 V-8 Saures. Er zog mächtig ab. In zwei Sekunden beschleunigten wir von 100 auf 180. Er hatte ein Shift Kit. George gefiel das. Mit seinen dicken Zeigefingern stützte er sich am Armaturenbrett ab. Ich wäre fast von der Kiste gefallen, auf der ich saß. Was zum Teufel war in dieser Kiste? Ich wollte es nicht wissen. Das Bodenblech unter meinen Füßen schepperte wie eine kaputte Gitarre. Ich guckte nach unten: Da lagen dreißig Zentimeter hoch leere Bierbüchsen. Sie waren mit Tarnklamotten zugedeckt, die nach Whisky stanken. Wenn die Bullen uns anhielten, würden sie ganz bestimmt diesen Gestank ignorieren und auf keinen Fall drauf kommen, daß unter diesem Berg von Armeehosen und -jacken genug Alu lag, um eine kleine Hütte draus zu bauen. Meine Fahrer waren zu blöd dazu, irgendwas wegzuwerfen. In der Ecke vergraben stand eine Fünf-Gallonen-Glasflasche. Das Glas war ein wenig beschlagen. Ich bückte mich, um zu sehen, was drin war. Es war dunkel, aber auf dem Boden der Flasche konnte ich die Umrisse einer Schlange erkennen. Als ich genauer hinsah, erkannte ich, daß es doch tatsächlich eine Klapperschlange war. Ich glaube, sie schlief. Da war mir klar, daß die beiden aus Texas sein mußten. Texaner sind meines Wissens die einzigen Leute, denen es Spaß macht, Klapperschlangen zu triezen – das ist bei denen so 'ne Art Machosport. Ich klopfte mit der flachen Hand auf den großen Korken und vergewisserte mich, daß die Flasche gut verschlossen war.

Der Fahrer dachte an seine Latinafreundin und spielte Taschenbillard. Er träumte von zwei geilen Schenkeln, die aus einem Minirock ragten, und von einem Rosentattoo, um dessen Stengel sich sein Name schlängelte. Er fuhr aus dem gleichen Grund wie alle anderen Männer dort auf dem Highway. Er fuhr aus Liebe. Und da saß ich nun auf dieser gottverdammten Kiste und wartete darauf, daß mir der Glanz von Vegas ins Gesicht klatschte. In diesem Moment hatte ich es dringend nötig, einen geblasen zu kriegen, und ich hatte fünf Dollar, die ihr gehören sollten. Ihre Zähne kümmerten mich nicht. Was morgen war, kümmerte mich nicht. Ich wollte nur für den Bruchteil einer Sekunde unter Vegas' hübschen Rock linsen. Ich weiß, daß es darunter traurig aussieht. Ich weiß, Männer sind vergeudete Unschuld. Aber ich bin kein Mann. Ich bin ein Stuntman.

Da waren wir also und fuhren den Highway 95 runter, und da war ich in einem Paralleluniversum und sah mich als charmanten Stierkämpfer. Ich tagträumte, daß ich es nach Mexiko geschafft hatte. Ich hatte die perfekte Señorita zur Freundin. Eine wahre Dame. Eine Frau, die einem Bescheid sagt, wenn sie einfach nur gefickt werden will. Ich mag es, wenn ich im Blick einer Frau ein kräftiges Paar Beine sehe. Beine, die ein Restaurant verlassen, wenn mit dem Essen was nicht stimmt. Sie setzt ihren Arsch in Bewegung und behält die Richtung dann auch bei. Sie quatscht nicht von Gleichberechtigung, wenn sie die Wäsche macht. Sie wäscht ihr Höschen, zieht es an und läßt es sich dann von der Wirklichkeit feucht machen. Sie weiß, was sie will, und sie weiß auch, wo sie's kriegt. Sie will gestoßen werden. Sie will nicht, daß man ihr am Hals rumsabbert. Sie will nicht, daß man ihr was ins Ohr flüstert. Sie ist meine braunhäutige mexikanische Traumfrau, und sie will *gestoßen* werden.

Wir rasten mit 180 dem Sonnenaufgang entgegen. Die Klapperschlange klapperte, und der Wagen schnurrte, und die beiden Bankräuber tranken weiter Billigbier. Die Vorderräder des Wagens mußten schlecht ausgewuchtet sein. Er schwenkte hin und her. Wir rammten beinah die Leitplanke und wären im nächsten Moment fast von der Straße abgekommen. Ich wußte gerüchteweise, wie Mexikaner Auto fahren und hatte sogar ein paarmal davon geträumt, hatte aber noch nie das Vergnügen gehabt, mir in die Hose zu pinkeln. Es war ein warmes Rinnsal, das sofort kalt wurde. Ich mußte meinen Hut festhalten. Meine Hose konnte ich waschen, aber wenn der Hut weg war, war er weg. Hinter jeder Kurve war eine Staubwolke, und dann tauchten auf dem Hügel hinter uns endlich – Gott sei Dank – rote Lichter auf.

»Oh, Scheiße! Verdammte Scheiße!« brüllte der Mexikaner. »Gib Gas! Scheiße noch mal, gib Gas! Drück auf die Tube, George!«

Der alte Sack drückte. Die Runzeln auf seinem Gesicht vertieften sich, und sein Herz fing an zu pochen. Die ersten Sonnenstrahlen stießen durch die Windschutzscheibe. Der Fahrtwind drückte mir die Augen zu, und ich konnte weiter nichts tun, als dem Kreischen der Reifen zu lauschen und dem an- und abschwellenden Sirenengeheul. Diese Streifenwagen haben ordentlich was unter der Motorhaube. Der 390 V-8 kam mit geraden Strecken klar, aber nicht mit den Kurven. Der Wagen war zu schwer.

Diese beiden hätten auch nicht vor den Niagarafällen gehalten. Sie hätten die Hände hochgerissen und wären ins Nichts gestürzt. Man riskiert sein Leben, wenn man die Grenze überschreitet. Man nimmt tagaus, tagein den Tod in Kauf, also kann man's auch gleich mit einem Schuß Abenteuer und einer Prise Idiotie würzen, fand ich. Mein Kopf fühlte sich wie eine Nadel an, die den Wind teilte – und den Frustpegel der Exknackis maß. Die beiden guckten bald entweder durch Gefängnisgitter oder auf mexikanische Palmen – je nachdem. Ich duckte mich und schlug die Augen auf. Hinter der nächsten Kurve riß der Beifahrer das Handschuhfach auf, zog eine braune Papiertüte raus und warf sie aus dem Fenster. Die beiden wühlten in ihren Taschen, zerrten Pfeifen, Blättchen und anderen Krimskrams hervor und warfen alles nacheinander aus dem Wagen. Als sie dann glaubten, clean zu sein, bremste der alte Sack und hielt am Straßenrand. Die Bullen gingen kein Risiko ein. Sie standen mit gezogenen Pistolen hinter dem Wagen.

Der alte Sack und das Pferd wurden gesucht. Die Bullen verhörten mich, und als ihnen klar wurde, daß ich nur ein Anhalter war, ließen sie mich gehen. Den anderen wurden Handschellen angelegt, und dann fuhren sie hinten im Streifenwagen davon. Mich und den Galaxie ließen sie am Straßenrand stehen. Sie sagten, ich solle zur nächsten Überführung gehen – die gut eine Meile entfernt wär – und von da aus weitertrampen. Ich ließ mir das durch den Kopf gehen und beschloß, daß ich vorher noch die braune Papiertüte einsammeln wollte. Ich wartete, bis der Streifenwagen weg war, und ging dann am Highway zurück. Ich fand die Tüte im Straßengraben. Sie war aufgeplatzt, und daneben lagen gut dreißig Gramm Marihuana. Es war getrocknetes High Mountain Mexican. Ich roch daran und beschloß, es zu behalten. Vielleicht würde ich in Las Vegas versuchen, es zu verkaufen. Als ich den zerfetzten Rest der Tüte aufhob, lag darunter eine kleine Rolle aus Ein- und Fünfdollarscheinen – insgesamt etwa fünfzig Dollar. Ich steckte die ganze Beute ein und ging wieder zurück. Ich kam an dem Galaxie vorbei und ging dann weiter zur Ausfahrt. Ich dachte an die Holzkiste und fragte mich, was da wohl drin war. Die Polizisten hatten nichts dazu gesagt. Sie würden es rausfinden, wenn sie wiederkamen und den Wagen beschlagnahmten. Vielleicht hätte ich noch mal umkehren sollen, nur um meine Neugier zu stillen, aber eine innere Stimme sagte mir, daß ich das, was auch immer da drin war, nicht gebrauchen konnte – ich hatte schon genug Ärger am Hals. Aus miesen Tagen werden ganz schnell miese Wochen, wenn man nicht aufpaßt, und ich wollte nichts mehr riskieren.

Ich schätzte, daß ich gut zweihundert Meilen nördlich von Las Vegas war. An der Überführung nahm mich ein Truthahnfarmer in die nächste Stadt mit. Das paßte. Ich kam mir vor wie ein Truthahn. Ich war ein Truthahn. Die Stadt war ganz typisch: klein und abgelegen. Es gab kein Ortsschild. Es war windstill. Das Neonschild der örtlichen Autowerkstatt war von summenden Bienen bedeckt. Ich konnte es nicht lesen. Dann sah ich da einen kleinen Aufkleber mit einem Windhund drauf. Das war vermutlich eine Bushaltestelle, und ich ging hin. Das Tor der Werkstatt stand offen, und drinnen saßen drei Einheimische auf Hockern. Sie hatten einen Oldsmobile Cutlass Ciera vorne komplett auseinandergenommen und hockten nun da und überlegten, wie sie ihn wieder zusammenbauen sollten. Es waren zwei Männer mit schmutzblondem Bart und eine Frau mit schmutzblondem Haar und einer Zigarette zwischen den Lippen. Ich glaube, sie waren auf ziemlich ungewöhnliche Weise miteinander verwandt. Ein Tier, das aussah wie ein großer Topfschwamm, wälzte sich in einer Öllache. Es war ein Hängebauchschwein. Ein Hausschwein. So eins, wie man sie spätabends im Fernsehen sieht und sich dann denkt, wie süß es doch wär, so eins zu bestellen – völlig sinnlos – nur süß. Dieses Schwein hier war aber nicht schweinchenrosa und hatte auch kein Ringelschwänzchen. Es war halb behaart, und aus seinem Arsch hing eine Schnur. Das Vieh stank. Es lief in der Werkstatt rum, als wär's ein Staubsauger, und hinterließ überall Motorenölspuren.

Die Frau liebte ihr Schwein. Sie ähnelte dem Schwein auch, und als es quiekte, weckte das ihre Mutterinstinkte. Sie hustete Kippen und kalten Rauch hervor und wischte sich dann mit dem Ärmel übers Gesicht. Hinterher war er mit Lippenstift beschmiert.

»Das ist mein bester Freund«, sagte sie.

»Mein Mann, meine Kinder, meine Brüder und Schwestern – alles zusammen.«

»Oh, oh, oh«, dachte ich.

»Ist es krank?« fragte ich.

»O nein, die Beulen auf dem Rücken hat es von den Bienen. Hier sind aus heiterem Himmel hundert Bienen reingekommen und haben es angegriffen. Sie haben den armen Schlingel so schlimm gestochen, daß er zwei Tage lang in einem Trog voll Hafermehl sitzen mußte.« Tränen traten ihr in die Augen. Ich gab mir Mühe, nicht zu lachen, und irgendwie tat mir das Vieh auch leid.

»Habe ich das richtig verstanden?« fragte ich. »Ein Bienenschwarm ist hier in die Werkstatt gekommen und hat einfach so das Schwein angegriffen?«

»Ja, und dann sind sie wieder weg. Seitdem hab ich hier keine Biene mehr gesehn.«

Einer der bärtigen Männer sagte mir, der Bus würde in ein paar Stunden kommen. Ich setzte mich auf einen Hocker und sah zu, wie sie den Oldsmobile wieder zusammenbauten. Es brauchte dreißig oder vierzig »Scheiße!«- und etwa zehn »Mist!«-Rufe, bis sie alles beieinanderhatten, aber dann mußten sie ihn doch wieder auseinandernehmen.

»Diese verdammten ausländischen Autos!« schrie der erste bärtige Mann.

»Das ist ein Oldsmobile, Jack – made in America«, sagte der zweite.

»Diese verdammten japanischen Ersatzteile!« sagte der erste.

»Ja, die verdammten japanischen Ersatzteile«, sagte der zweite.

Ich saß auf dem Hocker. Als der Bus kam, stieg ich ein. Ich setzte mich auf einen Fensterplatz und dachte nach.

Ich beschloß, daß die Ereignisse der vergangenen Woche gezeigt hatten, daß ich unfähig war, mit der wirklichen Welt klarzukommen. Ich war noch ein junger Mann – zu jung, um die Warnsignale zu erkennen, wenn mir Liebeskummer bevorstand. Ich lernte dazu, aber nicht schnell genug. Ich dachte, jeder Mann müßte sich mindestens hundert Mal verlieben, ehe er's verstehen kann, und auch dann wird er's nicht verstehen. Gebrochene Herzen sind so alltäglich wie Regen und müssen angesprochen werden, wenn man die Geschichte eines amerikanischen Mannes erzählt. Als ich am Highway langgewandert war, hatte ich Zeit gehabt – Zeit, über manche Dinge nachzudenken. Da war der Mexikaner, der mir keinen Anzug verkaufen wollte. Ich hatte schroff auf seine Beleidigung reagiert – hatte ihn sogar weggestoßen. Was hatte ich mir dabei gedacht? Ich hatte Wichtigeres aus den Augen verloren – beispielsweise, daß ich nach Mexiko wollte und mich nichts und niemand davon abhalten würde. Doch da war ich nun – nicht mal eine Woche von den Güterbahnhöfen weg, und schon hatte ich es vergessen. Nach Misty, der Schlange, dem Pferd, dem Full-Gospel-Zeltgottesdienst, blaugefrorenen Fingerspitzen, Schweinchen Dick, Bobby Blue und den glühendheißen Tagen in der Sonne, ganz allein in diesem großen Zauberland – hatte ich die Schnauze voll.

In ein paar Stunden würde ich in Las Vegas sein. Ich beschloß, daß ich mir dort ein Zimmer für die Nacht nehmen und weiter über meine Reise nachdenken würde. Vielleicht würde ich meinen Dad anrufen und ihn wissen lassen, daß es mir gutging. Zum zweiten Mal, seit ich abgehauen war, dachte ich an Denver, und heimzufahren kam jetzt durchaus in Frage.

Notizbucheintrag Nr. 11:
Seifenflüsse und ein Stetson-Hut

Ein guter Hut. Ein Hut schützt vor allem vor der Sonne. Man kann ihn auch einsetzen, wenn man sich bei einem Bremser oder Lokführer nach irgendwas erkundigen will. Wenn man sich an den Hut tippt, wirkt man harmlos, und wenn es ein schöner Hut ist, wird man möglicherweise mit ein wenig Respekt behandelt. Wenn es nichts nützt, sich an den Hut zu tippen, kann man ihn auch abnehmen. Das erhöht die Chance, daß man auf die Frage, wohin der nächste Zug fährt, eine ehrliche Antwort bekommt.

Ein Stück Seife. Hobos und langsam fließende Flüsse sind Seelenfreunde. In entlegenen Gegenden – Gegenden, die nur per Zug zu erreichen sind – gibt es immer noch ein paar Flüsse mit klarem, sauberem Wasser. Meistens ist es Gebirgswasser und eiskalt, aber dafür ist es keimfrei, denn es ist geschmolzener Schnee. Gebirgswasser kann den schrecklichen Zuglärm vertreiben. Ich sitze einfach nur da und höre zu, wie der Schnee über die Felsen rutscht, warte darauf, daß ein Vogel zwitschert oder ein Fisch springt, und werfe vielleicht einen Stein ans andere Ufer. Dann klatsche ich mir Wasser ins Gesicht, nehme ein Hobo-Bad und lasse das alles von mir abgleiten. Wenn ich fertig bin, ziehe ich mich wieder an, mache ein kleines Lagerfeuer, lege mich auf den Boden und sehe zu, wie der Nachthimmel zwischen den Bäumen tanzt.

Manche Hobos nennen das »Boilin' up«: Eine Zeit der Ruhe, normalerweise in der Nähe einer Bahnstrecke und eines Flusses oder Bachs, an einer Stelle, wo man die Möglichkeit hat, sich selbst und seine Kleidung zu waschen, Kleidungsstücke zu flicken usw. Der wahre Hobo ist ein reinlicher Mensch und freut sich, wenn er die Möglichkeit hat, sauber und ordentlich zu bleiben, denn eine gute »Fassade« ist bei der Arbeitssuche entscheidend.

13
Las Vegas

14. November 1991, drei Uhr nachts

Aloha! aus Las Vegas

Sin City. Das erste, was ich vom Bus aus sah:

Ein Roadrunner, der über den Highway glitt.

Ein Schwarzer mit großen weißen Fusseln im Afro, der seine gesamte Habe in ein Laken gewickelt auf dem Rükken schleppte und aus der Stadt rauswanderte.

Drei Indianermädchen, die in Henderson den Daumen raushielten.

Ein Kombi, bis unters Dach voller Plastik-Colaflaschen.

Der Greyhound-Bus setzte mich vor dem Plaza Hotel an der Main Street Ecke Fremont in der Innenstadt von Las Vegas ab. Ich stieg ohne Gepäck aus. Den besoffenen kleinen Indianer, der hinten im Bus gesessen hatte, machte das neugierig. Er stolperte aus dem Bus, und in dem Moment, als seine Stiefelsohle den Gehsteig berührte, hatte er auch schon eine Zigarette zwischen den Lippen. Er sah mich weiter an. Er fragte sich, ob ich reich war oder arm –

ob ich die Stiefel voller Geld hatte oder nur ein Minimalist war.

Ich kam nach Las Vegas, wie die meisten Leute diese Stadt verlassen – mit leeren Händen. Ich dachte mir, das hätte irgendeine Bedeutung – daß ich vielleicht so stark und wohlhabend wie ein texanisches Longhorn hier wieder abreisen würde, oder besser noch, daß ich diese Stadt Lügen strafen und ihr mal so richtig zeigen würde, was Glück ist. Der kleine Indianer zog an seiner Kent und guckte die Main Street rauf, drehte sich dann um und guckte die Main Street runter. Die Lichter des Plaza hingen über uns und verliehen unseren Stiefeln goldenen Glanz – amerikanischer Sonnenschein. Ich kam mir dreist und fehl am Platz vor. Es war offensichtlich, daß keiner von uns beiden einen Plan hatte, der über eine Zigarettenlänge hinausging. Er warf die Kippe hin, trat sie mit der Stiefelspitze aus und ging dann die Main Street runter.

Ich ging die Fremont Street entlang. Die Stadt breitete sich vor mir aus wie die Yellow Brick Road, und wie schon so viele Meilen zuvor ging ich wieder mal allein durch eine Stadt. Die Fremont Street war von einer Lichterkathedrale überdacht, und alle halbe Stunde verwandelten sich die Lichter in tanzende Frauen und Raumschiffe. Man nennt das »das Fremont-Erlebnis«. Auf dem Dach eines Kasinos stand ein sechs Meter großer Neon-Cowboy. Er nahm den Hut ab und setzte ihn wieder auf. Sein Gruß galt dem sechs Meter großen Cowgirl auf der anderen Straßenseite. Sie saß lächelnd auf dem Dach einer Go-go-Bar. Sie war sehr hübsch, aber nicht grade die Hellste.

Während ich so ging, wurde ich der Gegenwart Gottes gewahr. Er hatte sich in meinem Haar verheddert und klebte unter den Sohlen meiner Cowboystiefel. Die Lichter von Las Vegas sind wie kleine Engel, die einen vor der

Nacht schützen. Wo man in dieser Stadt auch ist – es wird nie dunkel. Sin City hat die Kondition eines Boxers. Es ist eine Feuerstelle für Götter. Ein Hochofen, der Speed-Abschaum und Hirnzellen verbrennt. Ich war mitten in Las Vegas – allein – um vier Uhr morgens – mit dreißig Gramm Gras und einem Zwanzigdollarschein. Mir fiel nichts ein, was ich hätte tun sollen, also ging ich weiter. Es war kalt, und das Gehen hielt mich warm. Ich dachte, daß ich bis mittags weitergehen und mir dann von den zwanzig Dollar ein Motelzimmer nehmen würde. Später würde ich dann versuchen, das Gras zu verkaufen, und von dem Geld würde ich essen gehen.

Wo der Las Vegas Boulevard in den Strip übergeht, stehen diese ganzen Hochzeitskapellen, Headshops und Tätowierstudios. Vor der ersten Kapelle, an der ich vorbeikam, lag leuchtendgrüner Kunstrasen. Er dämpfte die Schritte eines nervösen Bräutigams. Er trug Lacklederschuhe und einen schwarzen Smoking. Am Eingang der Kapelle blieb er stehen, spähte hinein, verbeugte sich und schritt dann über den Kunstrasen. In der Kapelle hielt ein Liberace in rosa Pumps eine Bibel, die so groß war wie Texas – so hart wie Texas und fieser als eine texanische Schwiegermutter. Ich hörte, wie aus einer Casiotone ein Hochzeitslied erklang. Die Musik waberte aus der Kapelle raus in die Wüstenluft und legte sich dann wie eine plattgefahrene Katze auf den Strip.

An der nächsten Ecke kam ich an einem Headshop/Tattoostudio vorbei. Im Schaufenster saß ein Junge auf einem Zahnarztstuhl, und ein Tätowierer beugte sich über seinen Arm. Die Pistole summte. Die Nadel tackerte in seinen Arm, und die Farbe mischte sich mit seinem Blut. Die kleine Tätowierung erzählte irgendwas von einem Punk und dem elenden Leben am Stadtrand. Der Kleine war potthäßlich und guckte so traurig, wie sich das für einen Punk gehört. Der Mann mit der Tätowierpistole war Mitte Vierzig und noch am Leben – gar nicht mal schlecht. Ich ging rein, kaufte Blättchen, setzte mich dann hinter dem Haus an einen Zaun und baute einen Joint. Ich zwängte mich zwischen eine Mülltonne und einen Cadillac. Ich rauchte den Joint halb auf und steckte mir den Rest in die Jackentasche.

»Was zum Teufel mache ich in Las Vegas?« dachte ich. Ich stand auf und drehte den Seitenspiegel des Cadillac so, daß ich mein Gesicht sehen konnte. Ich nahm den Hut ab und strich mir mit den Fingern durchs Haar. Es war zerzaust und schmutzig.

»Was zum Teufel mache ich in Las Vegas?«

Mein Gesicht sah völlig fertig aus. Es hatte mehr Falten, als es eigentlich hätte haben sollen. Ich dachte daran, mit welchen Gefühlen ich im Café El Toro in Missoula in den Spiegel geschaut hatte. Ich war völlig fertig und durchgefroren gewesen, aber meinem Herzen hatte nichts gefehlt. Aus irgendeinem Grund sah mein Spiegelbild in Las Vegas anders aus. Meine Wangenknochen traten kantig hervor, und ich hatte tiefe blaue Ringe unter den Augen. Ich fühlte mich gut. Ich hatte Kraft, aber mein Herz war voller Tragik. Es verzehrte sich vor Verlangen nach reiner Liebe – nach einem schönen Erlebnis, das mich an meine großen Träume erinnern würde und an Mexiko. Das hatte ich alles komplett vergessen. Das einzige Licht, das ich im Seitenspiegel des Cadillac sah, kam von der White-Cross-Drogerie auf der anderen Straßenseite.

Ich stellte mich vor den Headshop, und es gelang mir, das Gras zu einem fairen Preis zu verkaufen. Ein bißchen behielt ich für mich selbst. Der Junge, der es kaufte, schätzte das Gewicht, und ich stimmte zu. Er war froh und ich auch. Ich ging weiter den Strip runter. In einem

Laden, der Fashion Show Mall hieß, besorgte ich mir ein Stück Pizza und was zu trinken. Ich hatte einen ziemlichen Batzen Geld, also ging ich in ein Kaufhaus und kaufte sechs Paar Socken, drei T-Shirts, drei rote Halstücher, eine Tube Brylcreem und einen billigen Koffer.

Ich setzte mich auf ein Ledersofa mitten in der Mall. Über mir war ein riesiges Dachfenster. Der Sonnenschein ergoß sich auf den Marmorboden. Links und rechts neben dem Sofa standen künstliche Palmen, und im Sonnenlicht sahen sie fast echt aus. Ich packte die Socken und T-Shirts aus und legte sie ordentlich in den Koffer. Mein altes Halstuch warf ich in den Müll und band mir ein neues um. Der Anzug, den Misty mir geschenkt hatte, war verblichen. Das Fischgratmuster war kaum noch zu erkennen. Ich schnallte meinen neuen Koffer zu, richtete meine Hose und ging nach draußen an die warme Wüstenluft.

Daß ich keine Decken hatte, bedeutete, daß ich jetzt jede Nacht unter einem Dach schlafen mußte. Ich war bereit, alles Nötige dafür zu tun. Ich mußte in jeder Stadt, in die ich kam, jemanden kennenlernen oder in Obdachlosenheimen übernachten oder mir ein Loch zum Schlafen graben. Ich stieg gesellschaftlich nicht auf. Davon träumte ich nicht mal. Ich stellte mich nur einem gediegeneren Typ Frau zur Verfügung. Ich fand einen Friseurladen, der noch geöffnet hatte, und der Friseur verpaßte mir eine schöne Tolle. Ich klatschte mir Brylcreem ins Haar, fuhr mit einem Kamm hindurch und wagte mich hinaus ins rauschende Nachtleben von Las Vegas.

Neben dem »Circus Circus« blieb ich vor einem Laden stehen, der Slots O' Fun hieß. Ich ging in die Geschenkboutique und kaufte mir einen Hut, auf dem in großen goldenen Lettern **LAS VEGAS** stand. Der Clown im »Circus Circus« in Las Vegas sieht anders aus als der in Reno. Der

Clown in Reno trägt einen scheußlichen Pyjama mit großen Tupfen drauf und hält ein rundes Ding in der Hand,
das aussieht wie ein Lolli. Der Clown in Vegas hat eine
große elektronische Anzeigetafel im Bauch, auf der Vi-
deos laufen, in denen Katzen Einkaufswagen schieben
und Hunde Kleider tragen. Mir gefielen weder der Clown
noch der Einkaufswagen noch der tanzende Hund. Das
ergab für mich alles keinen Sinn. Im Slots O' Fun gab es
gratis Popcorn und billiges Bier, also ging ich rein, holte
mir einen Becher Popcorn und eine Flasche Bier, ging wieder raus und setzte mich auf meinen Koffer. Horden von
Touristen zogen an mir vorbei. Sie hatten Kameras vor
der Brust und diese komischen kleinen Taschen um die
Hüfte – alle! – alle zwei Millionen trugen sie diese Dinger. Es machte Spaß zuzusehen, wie sie sich in die Kasinos und wieder raus drängten – wie Känguruhs – sie sprangen und blieben stehen – sprangen – sahen sich um und
blieben stehen. Ich trank mein Bier.

Ein Mann preschte aus der Menge hervor. Er war eins
achtzig groß, und seine Arme mußten einen Meter lang
sein – sie wirbelten um ihn rum wie Windmühlenflügel.
Er trug ein Westernhemd mit langen roten Fransen an
den Ärmeln. Er machte große Schritte, und die Fransen
sausten *wusch-wusch* durch die Menge. Seine Cowboystiefel waren aus Schlangenleder und hatten silberne
Schnallen obendrauf und silberne Sporen. Er trug eine
goldfarbene Sonnenbrille mit kleinen Cäsar-Statuen an
den Bügeln. Er sprühte vor Energie, und ich saß ihm direkt im Weg, aß Popcorn und lächelte. Er war mir auf An-
hieb sympathisch. Er war ein absolut bunter Vogel, und
etwas Besseres gibt es in Las Vegas nicht. Es ist der lächer-
lichste Ort auf dem ganzen Planeten, und alle Leute da
sehen gleich aus. Dieser Mann war ein Outcast. Die Kän-
guruh-Touristen wußten nicht, ob er ein Filmstar war oder

ein Verrückter. Zwei Stunden später saß ich auf einer rosa Couch in seiner Designerwohnung in einer Seitenstraße des Maryland Parkway.

Buckthorn Superstar

Ich möchte euch Buckthorn Superstar vorstellen. Er wohnt in Las Vegas in einer Wohnung, die nach Miami aussieht, und hat eine kleine elektronische Schreibmaschine, auf der er das herstellt, was er »Spielsysteme« nennt. Wenn man diese Systeme kauft, kann man daraus lernen, wie man bei diversen Kasino-Spielen gewinnt. Dahinter stecken Profi-Spieler, die viel Zeit damit verbringen, die »Systeme« zu testen. Buckthorn Superstar ist bei einigen dieser Spieler in die Lehre gegangen. Und wie sie hat er immer eine Rolle Geldscheine zum Spielen dabei. Die Profis, für die er arbeitete, verdienten zwischen fünfzig- und dreihunderttausend Dollar pro Jahr. Es waren Kerle mit lockigem Haar, die Tennishosen trugen, Lincoln fuhren und in Apartmenthochhäusern wohnten, die »Marie Antoinette« oder so ähnlich hießen; ihr wißt schon: weiße römische Statuen, Spiegel und Glas, überdachte Parkplätze, hohe Basketballschuhe – so die Richtung.

Aber es ist nicht die Höhe des Gewinns, die einen als Profi-Spieler ausweist. Entscheidend ist, ob man davon seinen Lebensunterhalt bestreiten kann. Ein kluger Mann verläßt das Kasino mit fünfzig Dollar, die er dem Haus abgeknöpft hat. Wenn er das jeden Tag macht, hat er am Monatsende 1400. Ein Spieler geht zur Arbeit, wenn ihm gerade danach ist. Und wenn sein Glück anhält, kann er gut davon leben.

Das Beste an Buckthorn Superstar waren seine Cowboyhemden. Er kaufte sie in der Nähe des Strips bei der

Heilsarmee. Dieser Laden hatte sich auf die Überbleibsel von Glückstagen spezialisiert – größtenteils protzig goldfarbenes Zeug mit vielen Fransen dran, das Texaner in den Geschenkboutiquen der Kasinos kauften, wenn sie gewannen, und wieder wegwarfen, wenn sie verloren. Mit diesen buntbedruckten Hemden und Polyesterhosen hebt sich die Schickeria vom Pöbel ab. Kauf dir ein elektrisches Hemd, schließ es an, setz deine Sonnenbrille auf, und dann: *Schlendern, Mann! Schlendern!*

Das Zweitbeste an Buckthorn Superstar waren seine Möbel.

»Schau dir das an«, sagte er und fuchtelte mit den Armen im Zimmer rum.

»Ist es denn zu fassen, daß die Hotels diese ganzen Designermöbel einfach so *wegschmeißen?*«

Er warf sich auf einen Sessel und schüttelte den Kopf.

»Ist das zu fassen? Keine Löcher, hübsche Farben und alles für lau. *Für lau!* Da ist kein einziges Brandloch drin. *Was für ein Geschäft!*«

In seinem Wohnzimmer gab es ein großes Fenster mit Blick auf den Strip. Er drehte seinen Sessel um und schaute hinaus. Durch das Astwerk eines Baums schimmerten goldene Lichter.

»Diese Stadt ist ungefähr so fleischlos wie ein Hot dog«, sagte er.

Wir saßen fünf Minuten lang da und schauten durch das Astwerk des Baums. Dann sprang Buck auf, lief in sein Schlafzimmer und kam in einer roten Lederjacke wieder. So ein auf Taille geschnittenes Michael-Jackson-Ding mit jeder Menge Fransen dran.

»Hast du Hunger?« fragte er.

»Nein, eigentlich nicht.«

»Willst du 'n Bier?«

»Gern.«

Er riß die Tür auf und rauschte die Treppe runter.

Neben dem Sofa stand unter einer Lampe ein Telefon. Ich stand auf, ging ans Fenster und sah hinaus auf die Stadt. So golden, so verlockend. Der Teil von mir, dem das Herz gebrochen war, wollte aufgeben und hier ein wunderbares Leben voller Drogen und Sünden beginnen. Das war hier genau der richtige Ort dafür, und es war jetzt auch genau der richtige Zeitpunkt. Im Wüstensand von Vegas verlieren die Wurzeln eines Mannes ihren Halt, und wenn er pleite dort ankommt, wird er gefällt wie ein Baum. Und genauso kam ich mir vor. Ich mußte aussteigen. Und je länger ich darüber nachdachte, desto dringender wollte ich nach Hause. Ich ging zurück zum Sofa, nahm den Telefonhörer ab und rief in Denver an. Es klingelte dreimal, und dann meldete sich der Anrufbeantworter.

»Dies ist der Anschluß von Eddy und Wild Bill. Wir sind beide gerade nicht zu Hause. Wenn du das bist, Eddy: In der Speisekammer ist jede Menge zu essen. Ich hab genug Brennholz für ein paar Tage besorgt, und unter dem Bett liegen zehn Dollar. Falls du mich brauchst: Ich bin auf dem Highway unterwegs und suche dich. Ich hab mit jemandem gesprochen, der geschworen hat, daß er dich in Winnemucca gesehen hat. Wenn du noch ein paar Wochen alleine brauchst, verstehe ich das. Paß auf dich auf. Ich hab dich lieb.«

Ich legte auf, ließ den Kopf in meine Hände sinken, schloß die Augen und weinte. Ich sank auf dem Sofa zusammen und lag da zehn Minuten lang. Die Tränen nahmen kein Ende, und ich sträubte mich nicht dagegen. Ich langte in meine Jackentasche, zog das restliche Geld raus und stopfte es mir in den Stiefel.

»Was ist mit Mexiko?

Will ich denn nicht zu Ende bringen, was ich angefangen hab?«

Nachdem ich die Stimme meines Vaters gehört hatte, brachte ich es nicht mehr übers Herz weiterzumachen.

»Was ist schon ein Traum?« dachte ich.

»Träume sind Schäume. Und *mein* Traum war das ja sowieso nie. Ich hab genug gelernt von den Vagabunden. Wie die immer sagen: ›Vielleicht geht's nicht darum, irgendwo anzukommen, sondern darum, was du unterwegs lernst.‹« Der Weg ist das Ziel. Ich hab's nie mit Klischees gehabt, aber irgendwas an Las Vegas sorgte dafür, daß es dieses eine Mal okay war, zu einem Klischee zu greifen.

Buck kam mit einem Sixpack wieder. Wir setzten uns auf seinen Balkon und tranken Bier. Er lachte, trank in kleinen Schlucken und erzählte von New Orleans. Ich beugte mich vor und ließ den Kopf hängen. Ich war todmüde und niedergeschlagen. Buck sah mich an.

»Was ist denn?« fragte er.

»Alles Scheiße.«

Er stützte den rechten Ellenbogen auf sein Knie.

»Warum?«

»Ach, Heimweh, Liebeskummer . . . alles mögliche.«

Er schüttelte den Kopf.

»Das kenne ich.«

Auf dem Maryland Parkway brauste der Verkehr. Der Russe in der Wohnung unter uns brüllte seine Frau an. Buck fühlte mit mir, wußte aber nicht, was er sagen sollte.

»Überlegst du, ob du nach Hause fährst?«

»Ja.« Ich zeigte auf meinen Stiefel. »Das wäre wohl das beste. Ich glaube, ich hab genug Geld für ein Ticket.«

Ich zog die mexikanische Ansichtskarte aus meiner Arschtasche und reichte sie Buck.

»Da wollte ich hin. Das ist irgendwo in Mexiko. Aber es hat nicht funktioniert. Eins ist zum anderen gekommen, und es war die ganze Zeit der komplette Wahnsinn.«

Ich ließ die Schultern hängen.

»Buck, Amerika ist eine gottverdammte Verrückte. Ich hab das mit eigenen Augen gesehen. Weiter nichts als eine Verrückte. Und ich glaube nicht, daß irgend jemand das weiß. Wir machen einfach so weiter – als wären wir nicht alle völlig durchgeknallt.«

Ich lehnte mich zurück und schloß die Augen.

»Ich wollte doch nur an diesen Strand. Sonst wollt ich doch nichts.«

Ich schloß die Augen, und hundert schäbige Kleinstädte donnerten durch meinen Schädel. *Klicketi-klack, Klicketi-klack*. Ein zwei Meilen langer Güterzug. *Klicketi-klack*. Millionen von Maiskolben. *Klicketi-klack*. Die zusammengeknüllten Notizen eines Vietnamveteranen mit gebrochenem Kiefer – alles futsch. Dreitausend Meilen Metallsplitter. Sonnenverbrannte Augäpfel. Ein Toter auf dem Grund eines schlammigen Flusses. Ein von zu Hause abgehauener Junge mit strahlendem Lächeln. *Klicketi-klack, Klicketi-klack*. Liebe und Geld. Eine Kellnerin mit knackigem Po und lieblichen Filmstarlippen, und immer diese Gospelmusik mit ihrem ewigen *Klicketi-klack, Klicketi-klack*. Taschen voller Streichholzbriefchen von Motels, die man – obwohl man es sich so sehr wünscht – nie mehr wiedersehen wird. *Klicketi-klicketi-klack*.

»Weißt du was, Buck?«

»Was?«

»Amerika ist wahrscheinlich die glamouröseste Tragödie der Welt. Der ganzen Weltgeschichte. Und weißt du noch was, Buck?«

Der Strip funkelte.

»Ich liebe dieses Land. Ich liebe es wirklich. Wie mein eigen Fleisch und Blut.«

BMX-Boy

Buck hatte zwei alte BMX-Räder. Ein rosafarbenes mit Barbiemotiven drauf und ein blaues mit Blitzen. Er wollte mir die Sex-Pistols-Spielautomaten im Hard Rock Casino zeigen. Also fuhren wir mit dem Fahrrad hin. Ich stieg auf das rosafarbene, er auf das blaue, und dann strampelten wir den Maryland Parkway runter. Ehe wir aufbrachen, band er sich noch alle möglichen Tücher um, und die flatterten dann während der Fahrt hinter ihm her. Mein neuer Anzug war im Arsch. Ich hatte Schmieröl an den Ärmeln, und der Joint, den ich mir in die Tasche gesteckt hatte, hatte ein Loch reingebrannt. Ich trat extra schnell, um mit Buck mitzuhalten. Wir kamen an Motels vorbei, an großen Betonkanälen und hohen Strommasten. Als wir an der Ecke Paradise/Flamingo hielten, zeigten Collegejungs in einem Jeep auf uns und lachten uns aus. Buck beachtete sie nicht und fuhr weiter. Ich zeigte ihnen den Stinkefinger.

Ich folgte Buck die Paradise rauf und hielt dabei den Stinkefinger nach hinten ausgestreckt. Ich strampelte so heftig, daß sich die Kette in meinem Hosenbein verfing, es aufriß, und ich über den Lenker stürzte. Das Rad fiel auf mich drauf. Buck kam zurück und half mir hoch. Wir sauten uns die Hände ein, als wir mein Hosenbein aus der Kette zerrten. Als wir zum Hard Rock Casino kamen, schoben wir die Räder ins Gebüsch, setzten Sonnenbrillen auf und schlenderten ganz cool rein.

Hard Cock Casino

Das Hard Rock Casino ist LA in Reinform. Es war gerammelt voll mit Hollywood-Jungs, die Hemden mit Satinkragen trugen und blasiert lächelten. Die fliegen übers Wochenende her, machen sich die obersten beiden Hemdknöpfe auf und bilden sich ein, damit wären sie dann Vegas-Jungs. Bloß schade, daß das so nicht funktioniert.

In dem Laden wimmelte es von diesen reichen Fünfundzwanzigjährigen, und ich hätte kotzen können. Die TV-Mädchen mit ihren TV-Frisuren, ihrer Boygroup-Mucke und ihren geilen Ärschen in engen schwarzen Hosen. Sie waren auf der Suche nach einem Star – nach einem Jungen, der etwas Besonderes war. Und die ganzen Jungs waren auf der Suche nach einem Mädchen, das sich auf ihrem Trophäenregal neben dem Autogramm ihres Lieblings-Football-Spielers gut machen würde. Das ganze hatte ungefähr so viel Tiefgang wie ein Planschbecken.

Buck hatte nur Augen für die schönen Dinge: Der Sex-Pistols-Spielautomat! Jimi Hendrix' Sportmantel und die berühmten Worte von Prince über einfache Mädchen. Die nicht reich sein müssen. Die nicht cool sein müssen. Ich fragte mich, ob Prince das ernst gemeint hatte.

Die Damen waren so delial wie Misty, aber in etwa so zeitlos wie Käse. Am liebsten hätte ich in den nächstbesten Spielautomaten abgespritzt. Ich wollte so einem TV-Mädchen den Rock aufschneiden und ihre Designer-Strapse fressen.

Wir gingen an den Tresen und bestellten mexikanisches Bier, und die ganze Zeit über, die wir da saßen, achtete Buck nicht darauf, daß wir angeglotzt wurden. Nach ein paar Minuten hörten die TV-Leute auf zu glotzen, und einige sprachen sogar mit uns.

Die Jungs mit den Satinhemden waren gar nicht so schlimm. Mit ihnen zu reden war, als würde man einen Softporno gucken: Weichzeichnersätze und Worte, bei denen man sich das meiste dazudenken mußte. Der neben uns war ein Muskelprotz mit Stiernacken. Er flüsterte seinem Freund irgendwas zu. Ich kriegte den letzten Satz mit, und der war nicht sehr nett.

»Wo seid ihr her?« fragte er.

»Vegas.«

»Und was macht ihr beruflich?«

»Ich bin Lover, Dieb und Tramp. Mein Freund hier ist Spieler.«

Die Jungs mit den Satinhemden lachten, hielten das für einen Scherz. Ich nahm meinen Hut ab und beugte mich zu dem Typ vor.

»Bist du Schauspieler?« fragte ich.

»Wie hast du das erraten?«

»Du riechst wie einer.«

Er lehnte sich zurück. Er wußte nicht, ob er lachen oder mir eine knallen sollte. Dann kicherte er kurz.

»Was soll das heißen?«

»Das soll heißen: Du hast zuviel Fassade und zuwenig dahinter.«

»Für einen kleinen Penner hast du aber eine ganz schön große Klappe.«

»Das war nur als freundlicher Ratschlag gemeint, weiter nichts.«

»Soso.« Er baute sich fast Nase an Nase vor mir auf. Ich hob den Mittelfinger.

»Steck dir deinen längsten Finger in den Arsch und den Daumen in den Mund, und dann mach die Augen zu und träum was Schönes. Das ist Hollywood. Es ist wie ein Zwölfjähriger, der versucht, seinen eigenen Schwanz zu lutschen.«

Er setzte sich wieder und schüttelte seinen Stiernacken.

»O Mann!« dachte ich. »Das kann ja heiter werden.«

Ich stand auf, stellte mich auf die Zehen und ging in Boxerstellung. Ich hatte angenommen, daß es die letzten Worte dieses Abends sein würden. Ihr wißt schon: Wenn man einen Zwerg als klein bezeichnet oder einen Polizisten als Bullensau. Worte führen ganz schnell zu Handgreiflichkeiten. Der Junge mit dem Satinhemd sah zu mir herab. Ich federte auf den Fußballen wie Muhammad Ali. Er zeigte auf mich, grinste und sagte dann das Dümmste, was ich je gehört habe.

»Ich fahr 'ne Harley.«

Er guckte zu seinen Freunden rüber. Sie rammten ihre Ellenbogen auf den Tresen und knallten ihre Bierflaschen aufs Holz. Sie waren auf Randale aus. Ich sah mich nach dem nächsten Ausgang um. Buck stand von seinem Hocker auf und schaute sich beiläufig im Raum um. Es lief ein Song von Bob Dylan. Die Automaten spuckten keine Münzen mehr aus, niemand gewann, keiner sagte ein Wort. Es war still. Die Leute wichen vom Eingang zurück, und wir hatten freie Bahn zur Tür. Ich holte mit dem Arm aus, so weit ich konnte, schlug, einer dann doch nicht so genialen Eingebung folgend, zu, verfehlte den Typ und strauchelte dann die Treppe runter und aus der Tür. Buck war gleich hinter mir.

Die fitten, gierigen Typen hätten Hackfleisch aus uns gemacht, also blieb uns keine andere Wahl. Die Türen schwangen auf, unsere Stiefelsohlen knallten über den Gehsteig, vorbei am Autoparker, dann waren wir auf Asphalt und liefen im schummrigen Licht des Sonnenaufgangs die Straße runter. Bucks Tücher flatterten im Wind. Mein Anzug riß an neuen Stellen. Unsere Stiefelspitzen paßten perfekt in den Maschendrahtzaun, und wir verschwanden auf dem zukünftigen Gelände des Las Vegas

Love Canal. Das war ein Bauprojekt, das man nie fertigge-
stellt und schon lange aufgegeben hatte. Wir kletterten
runter in den Kanal und versteckten uns dort und lachten dabei wie übereifrige Piraten. Wir sprachen kurz über
den Streit, über unser fabelhaftes Timing und darüber,
daß sie geglaubt hatten, sie würden uns kleinkriegen.
Wir klopften einander auf den Rücken. Buck holte einen
Flachmann Gewürzrum raus, und wir betranken uns da
im Dreck. Wir beschlossen, die Welt mit einem Überra-
schungsschlag nach dem anderen zu verändern. Und wir
unterhielten uns voller Stolz, während die Stadt zum Leben erwachte.

Buck hielt sich einen Zeigefinger vor den Mund und
spitzte die Ohren.

»Still«, sagte er und deutete mit einer Kopfbewegung
die Böschung rauf. Ich hörte den Auspuff einer Harley-
Davidson und das Hochklappen eines Seitenständers.
Als wir hochsahen, ragte da im Sonnenschein die Stier-
nackenherde aus dem Hard Rock Casino auf. Sie hielten
importierte Bierflaschen in den Händen. Auf den Kopf ge-
dreht und leer.

Dolly Parton

Wir schoben die Fahrräder ins Wohnzimmer. Ich duschte
und schlief dann in Bucks Gästezimmer. Das Bett war
mit rotem Satin bezogen, hatte herzförmige Kissen und
duftete nach Rosen. Die Wände waren Dolly Parton gewidmet. Überall hingen Bilder von ihr. An der Decke
klebte ein Pin-up-Foto von Dolly. Ihre Gottesgaben hingen wie Papayas vom Himmel. An der Wand vor mir hing
ein Poster, auf dem sie, bekleidet mit einem durchsichti-
gen roten Negligé im Rodeostil, unter einer Weide saß.

Ich schlief mit ihr in den Armen ein. Wie sich dann rausstellte, war Buck Mitglied in ihrem Fanclub.

Ich erwachte bei Sonnenuntergang und ging in die Küche. Buck war schon da. In der Spüle lag ein großer, glatter, eiförmiger Stein. Buck wusch ihn, legte ihn dann in eine Tupperware-Schale und goß destilliertes Wasser drüber. Es war ein Shiva-Lingam – der Stein, den Krischna Shiva aus dem Weltall holen ließ. Buck trug ihn in sein Zimmer, stellte ihn auf sein Bett und legte sich daneben. Ich machte seine Tür zu und ging zurück in mein Zimmer. Himmelhoch über mir lächelte Dolly.

Am nächsten Morgen packte ich meinen Koffer und ging mit Buck zum Busbahnhof. Er fuhr nach Los Angeles, seine Freundin besuchen. Ich umarmte ihn, und er stieg zu den ganzen jungen, hoffnungsvollen Leuten in den Bus. Als er abfuhr, dachte ich, daß er vielleicht den Jungs in den Satinhemden begegnen würde und daß sie ihn diesmal kriegen würden.

Ich ging nach draußen, setzte mich auf meinen Koffer und dachte daran, wieviel Zeit man damit verbringen konnte, ein Filmstar zu werden, und an die arme Misty. Ich überlegte sogar, den nächsten Bus nach Hollywood zu nehmen. Ich stellte mir vor, wie mich alle Welt auf der Leinwand sah, wie ich im Pool einer reichen Frau schwamm, teuren Gin trank und alles andere vergaß. Aber ich mochte viel lieber das freie Land, Cowboyhüte und Frauen, die für die Liebe lebten und nicht für den Ruhm. Eine Frau, die unbedingt berühmt werden will, wird einen dafür auch betrügen, und für so was hatte ich keine Zeit. Ich winkte nach einem Taxi. Die ersten beiden hielten nicht, als sie meinen Anzug sahen. Der dritte Taxifahrer trug einen Turban und brachte mich gern zum Flughafen.

Notizbucheintrag Nr. 12:
Die Pennergegend in der Innenstadt,
die Eispaläste im Villenviertel

Chicago war damals (und ist immer noch) die Penner-Kapitale der USA, das Zentrum der Hoboheme, der Anlaufpunkt für Vagabunden, Flüchtige, Tagelöhner, für die Gestrandeten – Bettler, Schnorrer und Besuffkis – und für Tramps auf Arbeitssuche. Die West Madison Street ist der Sklavenmarkt, die Clark Street der Marktplatz des Slums – nach Zorbaughs Schilderung »eine sich ewig wandelnde Zone – die Wattgegend des Stadtlebens ... ein Straßenzug, in dem es rund um die Uhr von Verbrechern, Radikalen, Bohemiens, Wanderarbeitern und Einwanderern wimmelt, der die gescheiterten Existenzen und Unangepaßten anzieht.«

Kenneth Allsop über Chicagos Pennergegend in: *Hard Travellin': The Hobo and His History* (1968)

Früher kriegte man in der Pennergegend, der *Skid Row*, für einen Vierteldollar ein Zimmer für die Nacht und für den gleichen Preis auch ein Glas Whisky. Da gab es meist eine Kaschemme, wo man billigen Schnaps unten aus dem Faß kriegte. Es waren die Reste aus feineren Bars, aber weil es billig war, spielte es keine Rolle, woher es kam. Heute findet man in der *Skid Row* die Obdachlosenheime. Ich bin von El Paso bis Missoula in vielen Obdachlosenheimen gewesen, und sie sind alle gleich. Das Essen ist scheiße, schmeckt aber gut, wenn man eine Weile nichts mehr im Magen hatte; die Betten sind scheiße, fühlen sich aber gut an, wenn man eine Weile nicht mehr geschlafen hat; und die Duschen, die sind nur scheiße. Obdachlosenheime sind ein Milieu, das sich aus den nobleren Pennern und Tramps zusammensetzt. Hin und wieder trifft man da auch Hobos. Wenn man aber während eines Schneesturms in einer Großstadt feststeckt, hungrig, mit nassen Klamotten und Decken – dann gibt es nur noch einen Ort, wohin man kann: die Heilsarmee. Normalerweise kriegt man dann von dem örtlichen Bekehrer oder Seelenritter eine Predigt zu hören, aber die zwingen einem das nicht auf, und wenn doch, muß man ja nicht zuhören. Falls man ein bißchen Gott gebrauchen kann – der steckt da in jeder Ecke: an den Wänden in Form von Wandgemälden, im Waschraum in Form von Spruchplaketten, und dann wird er auch noch zu den rohen Bohnen in die Knorpelsuppe gerührt. Ich war zwar noch nie in einem Gefängnis, glaube aber, daß Obdachlosenheime in vieler Hinsicht so ähnlich sind. Wenn man in so einem Heim übernachtet, ist es wichtig, daß man früh aufsteht und noch vor Sonnenaufgang ein gutes Stück geht. Das ist ein schönes Gefühl in der Lunge und erinnert einen daran, daß man frei ist.

Wenn du zu einem Obdachlosenheim gehst, solltest du immer bedenken, daß die Leute, die es betreiben, das Werk Gottes verrichten und auch dir einen Gefallen tun. Also haben sie Respekt verdient. Sie geben dir eine Decke oder Jacke, wenn du eine brauchst, und setzen sich sogar mit dir hin und unterhalten sich mit dir über deine Wanderungen oder das Wetter. Es sind Menschen, die ihr Leben mit dem Bodensatz der Gesellschaft verbringen und denen dank ihrer ganzen Ideale und ihres Glaubens immer noch klar ist, daß auch Jesus ein Drifter war und wir alle Erde sind und wieder Erde werden; mit leeren Händen kommen, mit leeren Händen gehen. Sie beurteilen einen Menschen nicht danach, ob er Glück oder Pech im Leben hatte.

Die Alternative zum Obdachlosenheim besteht darin,

nachts zu reisen oder das Banner zu tragen. In der Wüste, wo es nachts kalt und tagsüber heiß ist, reist man besser nachts. Mit dieser simplen Methode vermeidet man, festgenommen zu werden oder zu erfrieren. Das Gehen hält einen warm, und wenn die Sonne aufgeht, findest du bestimmt ein hübsches Grasbett unter einem Baum und kannst deinen Schlaf nachholen. Einen Mann, der nachts reist, bezeichnet man als »Nightcrawler«. Er will nicht gesehen werden. Er hat vielleicht gar nichts zu verbergen und läuft vor nichts davon, aber er will in Ruhe gelassen werden. Verbrecher und illegale Landarbeiter aus Mexiko reisen auf diese Weise, weil der Schleier der Nacht sie vor dem Auge des Gesetzes schützt. Wenn einen die Polizei nicht sehen kann, muß man sich nicht an die Einschränkungen des normalen Lebens halten.

Wenn man nicht aufpaßt, bleibt man in der Pennergegend kleben wie ein Kaugummi auf der Straße. Als ich auf dem Strip in den Seitenspiegel des Cadillac sah, wußte ich, daß ich ein Problem hatte. Ich nahm mein Kapital (ein paar hundert Dollar, die ich mit dem Verkauf des Dopes verdient hatte) und investierte es in mich selbst. Ich will damit bloß sagen, daß es sehr wichtig ist, daß man sich ab und zu auch mal auf der Hauptstraße blicken läßt. Kipp den billigen Rotwein in den Gully, geh in einen netten Diner, bestell dir ein paar Buttermilchpfannkuchen, tausch dein schmutziges Hemd gegen ein neues, kauf dir eine Bändchenkrawatte und flatter rüber zur Fireside Lounge in Las Vegas.

Die Eispaläste sind im Villenviertel. Weit weg von der Pennergegend. Da gibt es Seife in den Badezimmern, und in Las Vegas steht da neben dem Waschbecken ein Typ, der ein Handtuch hält und ein Fläschchen Parfüm. Wenn du ihm ein bißchen Kleingeld gibst, gibt er dir das Handtuch *und* das Parfüm. Der Flakon ist meist grün, und das

Zeug stinkt. Es ist die volle Dröhnung Sin City. Das ist nicht viel, ich weiß, aber für diesen einen Moment lebst du auf großem Fuß. Wie früher mal.

Als ich in Las Vegas aus dem Bus stieg, wußte ich nichts mit mir anzufangen, also ging ich ganz langsam durch die Straßen – wie ein Nightcrawler. Es war schon weit nach Mitternacht, und ich wollte keine dreißig Dollar ausgeben für drei Stunden in einem Motelzimmer. Ich trug das Banner. Ich ging die Hauptstraße entlang – den Las Vegas Boulevard –, und am nächsten Morgen hatte ich eine Offenbarung. Ehe ich in das nächste Schlamassel geriet, mußte ich mir selbst und der Welt gegenüber wieder eine präsentable Figur abgeben. Ich hatte Glück: Ich hatte dreißig Gramm gutes Gras und noch alle Haare auf dem Kopf. Ich hatte Kapital.

14
McCarren International Airport, Las Vegas

16. November 1991, morgens

Flughäfen sind Orte des Wiedersehens. Ich sah zu, wie eine Dreizentnerfrau einem Dreizentnermann in die Arme stürmte. Sie umarmten sich, als hätten sie einander jahrelang nicht gesehen. Beide weinten.

Ich zitterte. Ich stellte mir vor, wie ich in Denver aus dem Flugzeug stieg und meinen Vater sah. Er würde weinen, und ich mußte ihm erklären, warum ich tun mußte, was ich getan hatte. Ein Flughafen-Wachmann behielt mich im Blick, als ich so in meinem dreckigen Anzug nervös auf und ab ging. Ich klopfte meine Hosenbeine ab, richtete meinen Kragen und stellte mich aufrecht hin.

Schließlich wurde der Flugsteig geöffnet, und eine Frau mit schöner Stimme sagte durch:

»Flight 411 now boarding for Denver.«

Ich weinte eine Träne. Sie landete auf meiner Stiefelspitze. Ich sah ihr beim Trocknen zu, während ich den Flugsteig runterging. Ich konnte daheim die Essensglocke hören und das Feuer im Holzofen riechen und spürte schon das Fett unter meinen Fingernägeln, und ich konnte se-

279

hen, wie dort in Denver das Laub von den Bäumen fiel. Ich machte kehrt.

In Denver ist es immer Zeit, die Biege zu machen. Die Stadt wurde vor langer Zeit von den Indianern verflucht, und dort wohnt nur, wer dort wohnen muß. Die Glastür öffnete sich, und der Sonnenschein knallte mir ins Gesicht. Ich zog mir die Hutkrempe ins Gesicht und schritt wie ein Cowboy hinein in den Sonnenuntergang der einsamsten Stadt der Welt. Las Vegas.

Ich würde erst nach Hause fahren, wenn ich endgültig pleite war. Ich weiß, wer pleite ist, ist normalerweise auch allein, aber wenn man allein ist, kann man machen, was man will, und hingehen, wo man will. Ich war neunzehn Jahre alt und kräftig, und das allein war Grund genug, noch nicht aufzugeben. Liebeskummer und Heimweh würden mich nicht dazu bringen, mich in dieses Flugzeug zu setzen.

»Die Dinge werden einem erst wichtig, wenn man hingeht und sie sich anschaut.«

Also ging ich die Tropicana rauf und kam zu einem Münztelefon. Ich rief bei meinem Vater an, und wieder meldete sich der Anrufbeantworter.

»Dad, ich bin's. Ich bin in Las Vegas. Mann, ich weiß gar nicht, wo ich anfangen soll. Ich hab dich lieb. Ich dachte, du solltest das wissen. Es sieht vielleicht nicht so aus, aber ich hab dich wirklich lieb. Es geht mir gut. Der letzte Monat war nicht einfach. Es war echt die Hölle. Aber ich hab's geschafft. Ich hab Dinge gefühlt, die ich noch nie gefühlt habe, und Dinge gesehen, die ich noch nie gesehen habe. Ich bin ziemlich abgerissen, aber ich laß mich nicht unterkriegen. Vegas ist absolut irre. Ich hab einen Spieler kennengelernt, Buck heißt er. Mach dir keine Sorgen um mich, ja? Ich fahre nach Mexiko. Erst dachte ich, ich schaff das nicht, aber jetzt schaff ich's doch, und da gibt's bestimmt 'ne Menge Orte, wo wir mal zusammen hinfahren könnten. Ich kann jetzt einfach noch nicht zurück nach Denver. Ich hab zuviel gesehen. Ich rufe dich in ein paar Tagen noch mal an. Mach dir keine Sorgen um mich, hörst du? Ich hab dich lieb.«

Ich legte auf, richtete mein Jackett und ging die Tropicana rauf. Ich ging drei Meilen weit bis zum Boulder Highway, setzte mich auf meinen Koffer und hielt einen Daumen in den Wind. Ich würde nach Kingman trampen und von dort einen Zug zur Grenze nehmen.

Das Dorado wartet schon auf mich.

Epilog
Die Straße des Sonnenuntergangs

Meine Geschichte endete in Las Vegas, und dort bin ich auch jetzt. Ich gehe oft auf dem Strip spazieren. Vor ein paar Tagen bin ich einem Hobo begegnet, einem alten Bekannten. Er saß in dem Gewerbepark in der Nähe meiner Wohnung unter einer Palme. Diesmal war er betrunken. Nachdem er mir die Hand geschüttelt und mich umarmt hatte, sah er mir in die Augen und sagte:

»Würfelspiele, Suff und Weiber. Mann! Hobos haben die verdammte Eisenbahn gebaut. Hobos! Und ihren Lohn haben sie für Würfelspiele, Suff und Weiber auf den Kopp gehaun. Und als die Eisenbahn fertig war, waren sie wieder genauso pleite wie vorher und mußten auf Güterzüge aufspringen. Das waren die ersten Hobos.«

Von meinem Motelzimmer aus kann ich Hochzeitsglocken hören. Elvis hat siebenmal hier am Las Vegas Boulevard geheiratet, und was hat es ihm gebracht? Er ist tot. Nein, ich bin einem Zuhause nicht näher gekommen. Aber ich bin hier draußen auf dem freien Land, atme den Salbeiduft ein und tagträume. Ich durchlebe die drei Wochen noch einmal, die mein Leben für alle Zeit verändert haben.

Buckthorn Superstar ist bei mir. Seine Wohnung ist hier gleich um die Ecke. Wenn euch diese Geschichte ein bißchen gefallen hat, könnt ihr euch bei ihm bedanken. Er ist ein sehr kluger Mann, und seine Lebenskenntnis und Wortgewandtheit haben dieses Buch erst möglich gemacht. Als ich noch keinen Vertrag und kein Geld hatte, ließ er mich in seinem Gästezimmer campieren und schreiben. Ich blieb drei Wochen bei ihm, und in dieser Zeit haben wir mein Manuskript gründlich überarbeitet. Dafür liebe ich ihn.

Ganz egal, was ich mit zynischem Blick beobachtet und ganz egal, was ich über meine Beobachtungen geschrieben habe – ich sehe immer noch Diamanten am Horizont. Ich sehe, wie sich meine Zehncentmünzen in Vierteldollarmünzen verwandeln und sich mein hartes Leben doch noch auszahlt und ich auf einen grünen Zweig komme.

Zwei Tage lang hatte ich mit Misty in Reno ein Zuhause, und ich war in Alabamas Herzen zu Hause und unter der Weide damals in Green River. Angeblich ist Alabama tot. Es heißt, er sei in New Mexico bei einem Streit über besetztes Land erstochen worden. Wenn er wirklich tot ist, ist dieses Buch auch ihm gewidmet, und wenn du nicht tot bist, Alabama, dann schau um Gottes willen doch mal bei mir vorbei.

Da ich das Buch jetzt fertig habe, werde ich in den Mittelwesten ziehen und mit alten Fords Rennen fahren. Wie ein Hase werde ich über die Rennstrecke preschen. Ein bißchen wie mein Opa. Wenn ihr mich das nächste Mal seht, bin ich ein fähiger Mechaniker mit blutigen Fingerknöcheln und habe wieder eine simple Geschichte zu erzählen, die in namenlosen Scheißkäffern spielt.

Oder vielleicht werd ich auch anständig und ein Familienmensch. Ich weiß es nicht. Es ist nicht meine Aufgabe, das zu wissen. Vorläufig findet ihr mich hier in downtown Las Vegas.

Wenn du mich am Straßenrand stehen siehst – halt an und nimm mich mit, wohin du auch fährst – mir egal. Und wenn du irgendwas über das Leben weißt, das ich nicht weiß – verrat es mir. Ich bin genau wie du. Ich muß so viel Liebe spüren wie nur menschenmöglich, bevor meine Zeit abgelaufen ist. Wir alle haben mehr verdient als das hier.

Genau wie ich kennst du wahrscheinlich eine nette Raststätte am Horizont, wo Gelächter perlt und die Liebe wohnt. Und genau wie ich weißt du, was man braucht, um dorthin zu kommen. Man kriegt im Leben, was man verlangt, das ist eine schlichte alte Wahrheit. Eine Wahrheit so real wie das Buch, das du gerade in Händen hältst. Aber paß auf, wenn dieses Buch zu lange in der Sonne liegt, wird es eintrocknen, der Umschlag verblassen, und der Einband brüchig werden – und das war's dann mit dieser Wahrheit, und wir schaun mit sonnenuntergangsverklärtem Blick zum Neon-Horizont – hoffen das Beste und teilen alles andere.

> Diese Männer sind die neuen Cowboys
> Und wenn die alten Hobos hinscheiden
> »Den Zug nach Westen nehmen«, wie sie sagen
> Werden ihre Nachkommen die Geheimnisse des
>   Cannonballs bewahren
> Werden die Tradition weitertragen
> In ein fernes, fernes Land
> Und welchem Laster sie unterwegs auch frönen

Sie werden immer wissen, wo ihr Platz ist –
Im Wald
Außer Sicht
Ein Flüstern, das der Wind übertönt.

Mit freundlichem Gruß,
Eddy Joe Cotton

ACE CENTER FLOW – siehe »Grainer«.

Bad Road – Bahnlinie, die durch die Schuld eines Tramps nicht mehr benutzbar ist. Bahnlinie, -strecke oder -waggon in verfallenem Zustand. »Flat wheel« + »Bad road« = schlechter Tag.

Bale of Straw [»Strohbündel«] – blonde Frau. Früher in Zirkus- und Schaustellerkreisen allgemein gebräuchlicher Ausdruck von eindeutiger Herkunft, da große, kräftig gebaute Blondinen die größte Anziehungskraft auf das männliche Publikum ausüben.

Barrelhouse [»Faßhaus«] – ursprünglich und vor der Prohibition billige Lokale in der New Yorker Bowery, in denen der Bodensatz aus Schnapsfässern für einen Penny pro Glas ausgeschenkt wurde. Heute Absteigen, Mondscheinkneipen oder Puffs der allerschäbigsten Sorte.

Barrel Stiff – alter, abgewrackter Penner, der in einem Barrelhouse (siehe dort) lebt, ißt, was er in Mülltonnen findet oder an Imbißbuden schnorrt, und keinerlei Hoffnungen oder Ambitionen mehr hegt.

Beachcomber [»Strandgutsammler«] – Tramp oder Penner, der in Häfen und vor Hafenkneipen herumlungert und von Seeleuten und Matrosen Essen erbettelt. Ursprünglich die Bezeichnung für einen Tramp in den Tropen.

Beezer – die Nase.

Big Top – das Hauptzelt eines Zirkus.

Bindle – Deckenrolle eines Tramps oder Wanderarbeiters. Zweifellos eine verderbte Variante von »Bundle«, Bündel.

Bindle Stiff – Tramp oder Wanderarbeiter, der sein »Bindle« trägt.

Biscuit Shooter [»Brötchenschmeißer«] – Imbißkellnerin oder -koch. Der durchschnittliche Tramp und Wanderarbeiter ist nicht an Restaurants gewöhnt, die bestes Essen und besten Service bieten, und die Art und Weise, wie einem in Imbissen das Essen hingeklatscht wird, spiegelt sich in dieser Bezeichnung für die dafür zuständige Person wider.

Blackstrap – Kaffee. Benannt nach der »Blackstrap«- oder Rest-Molasse, mit der das Getränk in Holzfällercamps und auf Trampschiffen anstelle von teurerer Raffinade gesüßt wird.

Blind – alter Begriff für das vordere Ende eines Gepäck- oder Postwagens eines Personenzugs, vor allem, wenn dessen Tür abgeschlossen ist und er keine Plattform hat. Für blinde Passagiere ein gefährlicher Ort, der bei jungen, wagemutigen Tramps aber dennoch sehr beliebt ist.

Blowed-in-the-Glass [»ins Glas eingeblasen«] – in der Wolle gefärbt; echt, vertrauenswürdig. Nach dem alten Brauch, bei Schnapsflaschen und anderen Behältnissen den Namen des Herstellers als Qualitätssiegel ins Glas einzublasen. Ein »blowed in the glass stiff«, ein in der Wolle gefärbter

Vagabund, ist daher einer, der nie arbeitet, sich mit allem auskennt und immer klarkommt.

Bonehead [»Knochenschädel«] – Holzkopf, Trottel, Idiot.

Bonehead play – dummer Fehler oder Fauxpas.

Boneyard – Totenacker.

Brakeman – Bremser. Auf Zügen das für Rangieren und Bremsen zuständige Besatzungsmitglied. Auch »Brakie« genannt. Siehe auch »Switchman«.

Breeze – blödes Geschwätz, Falschinformation.

Bridger [»Überbrücker«] – Hobo, der schon auf Zügen mit Dampfloks gefahren ist und daher eine »Brücke« zwischen Dampf- und Diesellokzeitalter darstellt.

Bull – Bahnbulle, Bahnpolizist. Bewaffneter Angestellter einer Bahngesellschaft, der deren Grundstücke, Gerätschaften und Fracht bewachen soll.

Bullets [»Kugeln«] – Bohnen, die oft noch so ungar aufgetischt werden, daß sie ebenso hart und schwer verdaulich sind wie ihre Namensvettern.

Bum – Penner. Ein Tramp, der weder reist noch arbeitet und freiwillig von Almosen lebt, obwohl er in vielen Fällen fähig wäre, seinen Lebensunterhalt mit Arbeit zu verdienen. Einer der im Unterwelt- und Trampjargon am häufigsten falsch verwendeten Begriffe, der aber mit den Worten eines erfahrenen Hobos eindeutig erklärt wird: »Penner gammeln und hocken rum. Tramps gammeln und wandern. Ein Hobo aber ist immer auf Achse, arbeitet und ist clean.«

Bums on the Plush [»Penner auf Plüsch«] – die reichen Müßiggänger. Wenn auch der wahre Penner »gammelt und rumhockt« und weder arbeitet noch reist, werden mit diesem Begriff jene Mitglieder der Gesellschaft bezeichnet, die ihren Lebensunterhalt nicht mit Arbeit verdienen müssen und »auf Plüsch« reisen können, also in Personenzügen – für einen Tramp der pure Luxus. Stammt aus der Zeit des Ersten Weltkriegs. Die Hobo-Meinung über den »Penner auf Plüsch« findet sich in folgenden Versen:
»Der Penner auf den Waggonstreben ist ein menschlicher
  Floh,
der ab und zu mal beißt.
Der Penner auf Plüsch ist ein menschlicher Blutegel,
saugt Tag und Nacht Blut.«

Burlington Northern – eine (Güter-)Bahngesellschaft.

California Blanket [»kalifornische Decke«] – Zeitungen, die als Bettzeug verwendet oder zum Schutz vor der Kälte unter die Kleidung gestopft werden.

Calling In – besuchen; am Lagerfeuer fremder Leute etwas kochen oder sich aufwärmen.

Can Moocher [»Dosen-Abstauber«] – Tramp oder Penner, der dreckig, aller Hoffnungen und Ambitionen ledig und oft auch wahnsinnig ist. Ursprünglich füllte man hinter Kneipen den Bodensatz von Bierfässern in leere Tomatendosen; später dienten diese Dosen dann als Behältnis für erbetteltes oder gefundenes Essen.

Cannonball [»Kanonenkugel«] – schneller, planmäßig verkehrender Güter- oder Personenzug. Auch Kassiber, der von einem vertrauenswürdigen Häftling übermittelt wird. In beiden Fällen bezieht sich der Begriff auf die Schnelligkeit.

Carrying the Banner [»das Banner tragen«] – die ganze Nacht lang durch die Straßen wandern, damit man nicht wegen Landstreicherei festgenommen wird oder nicht erfriert.

»C, H, and D« – Cold, hungry, and dry – durchgefroren, hungrig und durstig. Wenn ein Tramp in einen »Dschungel« kommt, sagt er, er sei »C, H, and D«, um damit anzudeuten, daß er sich wärmen will und gern etwas zu essen und zu trinken hätte. Es ist ein Wortspiel mit den Initialen der alten Bahngesellschaft »Cincinnati, Hamilton and Dayton«.

Cinder Bull [»Schlackenbulle«] – ältere Bezeichnung für »Bull« (siehe dort). Vor allem ein »Bulle«, der nicht auf Bahnhöfen, sondern an Bahnstrecken patrouilliert. (Beim Bau von Bahndämmen wird oft Schlacke verwendet.)

Click – Erfolg haben. Zweifellos nach dem Klicken, mit dem eine Roulettekugel in ein Fach der Drehscheibe fällt, wodurch dann jemand gewinnt. Bei Schauspielern und Theaterleuten allgemein gebräuchlicher Begriff.

Comet [»Komet«] – Edel-Tramp oder -Hobo, der nur auf schnellen Zügen und nur weite Strecken fährt, auch wenn er gar keinen Grund dazu hat.

Conductor – Zugführer, Zugchef. Besatzungsmitglied, das mit dem Lokführer in der vordersten Lok fährt und das

An- und Abhängen von Waggons usw. anordnet. Siehe auch »Engineer«.

Coupler – die großen Kupplungsköpfe aus Stahl, die Güterwaggons zusammenhalten. Siehe auch »Knuckles«.

Cover with the Moon – im Freien schlafen.

Cut Out – das Abhängen eines oder mehrerer Güterwaggons auf einem Abstellgleis oder Güterbahnhof.

Daddy – ein Cadillac.

Dago Red – »Stierblut«. Billiger Rotwein, wie italienische Landarbeiter ihn normalerweise trinken.

Deadheading – Fehlfracht fahren. Sattelzug ohne Fracht, mit leerem Auflieger/Anhänger. Man sagt auch: »Segelbootbenzin fahren« oder »eine Ladung Dispatcherhirne fahren«.

Dingbat – Tramp oder Penner der untersten Kategorie.

Division – jeder Ort außerhalb eines Bahnhofs, an dem die Zugbesatzung wechselt.

Double Down – Spielbegriff (vor allem beim Blackjack). Die Gelegenheit für den Spieler, seinen ursprünglichen Einsatz zu verdoppeln, indem er eine weitere Karte erhält. Normalerweise (aber nicht immer) darf ein Spieler nur nach den ersten beiden Karten verdoppeln. Der zusätzliche Einsatz kann auch geringer sein als der ursprüngliche, aber das ist nur selten gestattet. In manchen Kasinos wird die zusätzliche Karte verdeckt ausgeteilt und erst am Ende der Runde aufgedeckt – daher »double down«. Beim Blackjack ist es ratsam, »double down« zu spielen, wenn die ersten beiden Karten zusammen elf Punkte ergeben, da dann die gute Chance besteht, als nächstes eine Bildkarte zu erhalten.

Double Nickel [Nickel = Fünfcentstück] – mit 55 Meilen pro Stunde fahren; ein Tempolimit von 55 mph. Truckerbegriff.

Double Sawbuck [»doppelter Sägebock«] – Zwanzigdollarschein; zwanzigjährige Haftstrafe. In beiden Fällen nach dem doppelten X, dem römischen Zahlzeichen für zwanzig.

Drag – Einfluß. Langsamer Güterzug.

Drifter – jemand ohne Hoffnungen, Ziele, Unternehmungsgeist. Eine verlorene Seele, die ziellos umherreist. Man kann sie an den meisten Fahrbahnen Amerikas entlangwandern sehen.

Driftwood [»Treibholz«] – siehe »Drifter«.

Elevated [»erhöht«] – in Hochstimmung, unter dem Einfluß von Schnaps oder Drogen stehend.

Engineer – Lokführer.

Fag – Zigarette.

Fence Mender – Zaunflicker. Jemand, der Zäune repariert.

First of May [»1. Mai«] – strenggenommen jemand, der bei einem Zirkus anheuert, wenn um den ersten Mai die Saison beginnt. Davon abgeleitet jeder Tramp, der neu in einer »Push« (siehe dort) oder neu im Trampleben und noch unerfahren ist.

Flame Job – Lackierung auf einem umgebauten Auto oder Hotrod, die Flammen darstellt, die normalerweise vorn am Auto beginnen und nach hinten züngeln. Üblicherweise schlagen diese gemalten Flammen aus Stellen, aus denen bei zu schneller Fahrt tatsächlich Flammen schlagen könnten. Wahrscheinlich entlehnt von ähnlichen Malereien auf Kampfflugzeugen des Zweiten Weltkriegs.

Flatbed – siehe »Flats«.

Flatcar – siehe »Flats«.

Flats – Flachwagen; Güterwaggon ohne Wände. Sie haben einen Holzboden, auf dem eine »Ladungssicherung« angebracht werden kann, welche die Ladung festhält, und bei hoch aufgestapelter Ladung lassen sich an den Seiten »Rungen«, Haltestreben, anbringen. Früher ein viel benutzter Begriff in Bahnarbeitergaststätten, wo man mit den Worten »ein paar Flats, ordentlich Bolzenschmiere und ein Tank voll trübes Wasser« einen Teller Pfannkuchen mit viel Butter und eine Tasse Kaffee bestellte.

Flatwheeler – Güterwaggon mit einem oder mehreren »Platten«. Verursacht durch eine übermäßig fest zupackende Bremse, die das Rad beim Bremsvorgang blockiert, so daß es starr übers Gleis rutscht. Das Rad wird dabei flach gerieben und holpert anschließend gewaltig. Hobos sollten solche Waggons meiden.

Flip – das Aufspringen auf einen fahrenden Zug. Auch: Wenn ein Hobo beim Aufspringen auf einen Zug an die Waggonwand geschleudert wird.

Flop – ein Bett oder Schlafplatz.

Flying Light – hungrig sein; ohne Gepäck reisen.

Ford Marriage – Ford-Ehe. Eine Verbindung, die auf Benzin und Gutmütigkeit beruht. Mann und Frau leben zusammen und reisen im Auto von Job zu Job quer durchs Land, bis der Mann seine »Gattin« satt hat oder sie schwanger wird und wahrscheinlich bald eine Last darstellt, woraufhin er sie verläßt. Wenn die beiden gut miteinander zurechtkommen oder der Mann ein gewisses Verantwortungsbewußtsein besitzt, entsteht daraus eine »Ford Family«.

48 oder **48s** – siehe »Hotshot« und »High 48«.

Frog Sticker – siehe »Sticker«.

Fruit Tramp – Wanderarbeiter, der von Plantage zu Plantage oder von einem Obstanbaugebiet ins nächste wandert, je nachdem, wo gerade geerntet und abgepackt wird. Der Begriff »Tramp« trifft in diesem Fall eigentlich nicht zu, denn viele dieser Männer sind verhältnismäßig wohlhabend und zuverlässige Arbeitskräfte.

Gadabout – jemand, der auf der Suche nach Spaß, Aufregung oder Klatsch und Tratsch umherwandert. (Von »to get about«: herumkommen, sich herumsprechen.)

Gas – (v) reden, schwatzen. Ähnlich wie im englischen Slang, bloß daß es im amerikanischen nicht auch »angeben, prahlen« bedeutet. (n) Unreiner Schnaps, mit Betäubungsmitteln versetzter Cidre oder Wein, »Needle Beer«, also Bier mit Schnaps drin, »Smoke« (siehe dort) usw.

Ghost Story [»Gruselgeschichte«] – eine Bettlermär. Längere Geschichte oder Erzählung des Jammers, die Mitleid erregen soll. Wie Moden sind auch Ghost Storys, die dieses Jahr en vogue und »genau das Richtige« sind, bald schon veraltet und müssen neuen Gegebenheiten angepaßt werden, und für jeden wahren Tramp ist es eine Frage der Ehre, eine ganze Reihe solcher Geschichten in petto zu haben.

Glad Rags – gute Kluft. Die besten Klamotten, die man hat, oder Klamotten, die man bei der Arbeitssuche trägt.

Glass Packs – Auspufftopf, in dem Glasfasereinsätze als Schalldämpfer dienen. Lauter als übliche Auspufftöpfe. Erzeugen ein charakteristisches Grollen, das vielen Hotroddern lieb und der Polizei lästig ist.

Go By – jemanden ignorieren oder »schneiden«. »I gave him the go by« bedeutet: »Ich habe ihn nicht beachtet« oder »Ich bin ihm aus dem Weg gegangen.«

Gondola [»Gondel«] – offener Güterwagen mit niedrigen Seitenwänden, in dem Kohle, Stahl, Rohre, Wertstoffe usw. befördert werden.

Grabbing Scenery – Landschaft tanken. Aus einem gedeckten Güterwaggon oder einem anderen Versteck im Zug herausschauen. Ein Verhalten, das unerfahrene Tramps kennzeichnet und bei älteren, erfahreneren verpönt ist, da es schnell dazu führen kann, daß man entdeckt und von den Bahnangestellten rausgeschmissen wird.

Grab Iron – Haltegriff an der Seite oder am Ende eines Güterwaggons, in der Nähe der Seitensprossen oder Stirnwandleiter.

Grainer [»Kornwagen«] – »Massengut«-Waggon, der für den Transport schwerer Frachten bestimmt ist, die Schutz vor den Elementen benötigen (z. B. Mais, Weizen, Sorghum, Malz, Bohnen, Salz, Phosphat, Kalk, Zement und calciniertes Soda). Der »Ace *Center Flow*«-Kornwagen (der Name steht in Schablonenschrift auf der Waggonwand) gilt unter Hobos als »reitbarster« Waggon. Einen »Ace« erkennt man daran, daß er im Gegensatz zu Kornwagen mit ebenen Wänden, die größtenteils nicht »reitbar« sind, eine zylindrische Form hat. Einem Hobo wird auch auffallen, daß dieser Kornwagen vorn und hinten eine Plattform hat, wobei die hintere Plattform erste Wahl ist. Auf diesen Plattformen gibt es je ein Kabäuschen, in das sich ein ausgewachsener Mann hineinzwängen kann und wo er nicht zu sehen ist. Wird auch als »closed hopper« bezeichnet.

Grease Joint – Ranzbude. Schmieriges Lokal, Imbißbude oder Kochzelt auf einer Baustelle. In Schaustellerkreisen eine Hamburger- oder Hot-dog-Bude. Wer so etwas mal gesehen hat, findet den Namen passend.

Grease the Track [»die Schienen schmieren«] – von einem Zug überfahren werden. Selbstmord begehen, indem man sich vor einen Zug wirft.

Grifter – die Betreiber von Neppspielen, die Wechselgeld-betrüger, Wäsche-, Laden- und Taschendiebe und alle anderen Kriminellen, die etwas mit Jahrmärkten zu tun haben. Bezeichnet in Trampkreisen auch einen Dieb von Jahrmarktskaliber.

Gumbo – alte Kaffee- oder Suppendose, in der man Wasser oder Suppe erhitzen oder die einem Tramp anderweitig nützlich sein kann. Siehe »Can Moocher« und »Gunboat«.

Gump – Hühnchen; Fleischbrocken. Altes, viel benutztes Wort von längst vergessener Herkunft.

Gunboat [»Kanonenboot«] – leere Blechdose, mit der man unterwegs kochen, Wasser oder Schnaps transportieren oder die man anderweitig nutzen kann. Alter Begriff für einen Kohlenwaggon. Siehe »Gumbo«.

Gut Bucket – Waschzuberbaß. Musikinstrument, das man aus einem Waschzuber herstellt, indem man eine Wäscheschnur zwischen einem Besenstiel und dem Waschzuber festknotet. Um Töne zu erzeugen, wird die Schnur gezupft. Damit macht man dann »Hooch Music« (siehe dort).

Hallelujah Pedler [»Halleluja-Hausierer«] – Pfarrer oder Pastor; jemand, der Heil »verkaufen« will.

Handle – Rufzeichen. Ein Spitzname, mit dem sich Fernfahrer unterwegs per CB-Funk schnell und einfach identifizieren können. Siehe auch »Moniker«.

Heater – Handfeuerwaffe.

Highball (v) – sich schnell fortbewegen; abhauen; ein schnell fahrender Zug.

Highball (n) – bei der Bahn früher das Abfahrtssignal, wobei mit der Hand oder einer Laterne gewinkt wurde, damit der Lokführer losfuhr. Gemeinhin auch ein Cocktail aus Whisky und Sodawasser.

High 48 – Reisegeschwindigkeit eines »Hotshot« (in Meilen pro Stunde). »Hotshots« (siehe dort) werden manchmal auch »48« genannt.

Hobo – Wanderarbeiter, vor allem einer, der arbeitet, wenn sich ihm die Gelegenheit dazu bietet; Tramp, der arbeitet. Manche behaupten, das Wort stamme vom lateinischen *homo bonus*, guter Mensch; anderen zufolge kam es in den USA nach dem Bürgerkrieg auf, als Soldaten, die quer durchs Land heimwandern mußten, auf die Frage nach ihrem Ziel »homeward bound« anworteten, »nach Hause.« Eine andere Quelle für dieses Wort könnte der Umstand sein, daß Wanderarbeiter oft *hoes*, Hacken, mit sich trugen und *Hoe-boys* genannt wurden. Die meisten Wörterbücher definieren das Wort völlig falsch, denn ein Hobo ist auf keinen Fall ein »hauptberuflicher Penner«.

Hog [»Vielfraß«] – eine Lokomotive – weil sie viel Kohle »frißt«.

Hoghead oder **Hogger** – Lokführer.

Hooch – Stoff. Schnaps, Bier, Whisky, Grog und jede andere Form berauschender Getränke.

Hooch Music – durch den Konsum von alkoholischen Getränken oder »Hooch« (siehe dort) beeinflußte Musik, in die daher die Seelendramen der Künstler und ihre jüngsten Liebesfreuden und -leiden einfließen.

Hopped Up – zugedröhnt. Unter dem Einfluß von Opium oder anderen Drogen stehend.

Hopper – Schüttgutwagen. Offener oder gedeckter Güterwaggon, der schwere Rohstoffe wie Getreide, Kohle, Sand oder Zement befördert. Hat für die »dosierbare Schwerkraftentladung« einen V-förmigen Boden. Siehe »Grainer«.

Hotshot – schneller Güterzug. Zug, der aus »Piggybacks« (Spezialflachwagen für den Transport von Schwerfahrzeugen) oder Containerflachwagen besteht. Wird auch als »48« bezeichnet, weil auf vielen Containerwagen die Halterungen 48 Fuß Abstand haben. Ein Hotshot kann in acht Stunden fünfhundert Meilen zurücklegen, wohingegen ein normaler Güterzug in dieser Zeit nur zwei- bis dreihundert Meilen schafft. Siehe auch »Red Ball«, ein älterer Begriff für einen schnellen, vorrangig abgefertigten Güterzug.

Hump oder **The Hump** [»Buckel«] – der Scheitelpunkt einer Bahnstrecke, vor allem auf einem Gebirgspaß. (»We're over the hump now« = »Jetzt sind wir über den Berg«.) Auch der künstliche Hügel auf einem Rangierbahnhof, von dem aus die Waggons durch die Schwerkraft zu ihrem Bestimmungsort auf dem darunter gelegenen Bahnhof rollen, wo sie dann zu Zügen zusammengestellt werden. – Halbzeit einer Haftstrafe, wenn der Gefangene das Gefühl hat, das Schlimmste sei vorbei. – Geschlechtsverkehr.

Hustler – Krimineller, Drogendealer oder Prostituierte. In allen drei Bedeutungen jemand, der »hustles«, sich beeilt, etwas schnell erledigt, weil er fürchtet, dabei entdeckt zu werden. Das Betätigungsfeld ist dabei normalerweise die Straße.

Ice Palace [»Eispalast«] – Nobel-Bar oder -Bordell, nach den vielen Spiegeln und Kristallüstern dort.

Ink [»Tinte«] – billiger Rotwein. Siehe auch »Dago Red«.

Jack – Oberbegriff für Tramps oder Männer im allgemeinen. Oberbegriff auch für Geld. – Eine Lokomotive, denn »to jack« bedeutet auch »antreiben«.

Jack Roll – Geldscheinrolle. Siehe »Jack«.

Jack Roller – Kleinstadtganove, der Arbeitern ihr Geld abnimmt. Siehe auch »Roll«. Diebischer Tramp oder »Yegg« (siehe dort), der seinesgleichen beraubt, vor allem, wenn sie betrunken sind.

Jamoke – alter Begriff für Kaffee. Stammt zweifellos von den Namen der beiden Weltgegenden – Java und Mokka –, aus denen der Kaffee früher größtenteils kam.

Johnny-Come-Lately – ein sehr unerfahrener Tramp. Ein dem Zirkus-Slang entlehnter Begriff. Dort bezeichnet er einen Clown, der seine zweite Spielzeit beginnt.

Join the 400 – anständig werden. Sich wieder dem »normalen« Leben anschließen, nachdem man längere Zeit in der Unterwelt gelebt hat.

Jug – Gefängnis, Knast.

Juke Joint – eine Musikkneipe (nach der Jukebox, die dort spielt). Nach Unterweltmaßstäben keine Kaschemme, wird aber manchmal in diesem Sinne gebraucht.

Jungle Buzzard [»Camp-Geier«] – Tramp oder Yegg (siehe dort), der seinesgleichen ausplündert; jemand, der in einem Camp unbewaffnete Leute überfällt und ihr Essen und Trinken raubt. Auch jemand, der in einem Camp Essen und Trinken erbettelt, ohne selbst etwas beizusteuern.

Jungle Stiff – jemand, der einen »Dschungel« nur selten verläßt. Penner, der nicht in einer Stadt, sondern in einem »Dschungel« lebt.

Jungle Up – in einem »Dschungel« essen, sich waschen und ausruhen.

Junker – ein Regionalgüterzug. Ein »Junker« dient vor allem dazu, Güter abzuholen und über kurze Strecken zu befördern. Auch ein langsamer und »langweiliger« Güterzug. – Alte Bezeichnung für einen Drogenabhängigen.

Kelly – ein Hut.

Knuckles [»Knöchel«] – die beweglichen Teile einer Güterwagenkupplung, die sich umeinanderlegen. Deutsch: »Hauptbolzen« und »Herzstück«.

Lam – hastige Flucht; weglaufen; entkommen. Erklärt sich möglicherweise aus der nervösen Angewohnheit von Lämmern, vor allem, was ihnen fremd ist, wegzulaufen. (»Lamb« = Lamm.)

Leprechaun – in der irischen Folklore ein Kobold.

Library Bird – ein Tramp, der in Bibliotheken Schutz vor schlechtem Wetter sucht oder dort lesen und sich bilden möchte.

Lilies – Lilien. Die Hände. Wahrscheinlich eine ironische Anspielung darauf, daß sie nicht gerade »lily-white«, blütenweiß sind.

Lizzie Stiff – ein Tramp, der mit einem Auto umherreist. Sie fuhren meistens einen alten Ford, dem populären Spitznamen nach eine »Tin Lizzie«, daher der Name.

Lot Lizard – Prostituierte, die auf LKW-Raststätten anschafft und in einer Nacht bis zu zehn Trucker pro Raststätte »bedient«.

Low Pitch – Verkaufsvortrag, der von ebener Erde und nicht von einem Podium aus gehalten wird. Auch: Über sich selbst in wenig schmeichelhaften Worten sprechen.

Lulu – etwas überaus Tolles, Erstrebenswertes. Eine Redewendung von unklarer Herkunft, die von älteren Tramps und Ganoven aber viel benutzt wird.

Lump [»Klumpen«] – Lebensmittelpaket, das ein Tramp bekommt. Für einen anspruchsvollen Tramp enthält ein anständiger »Klumpen« nicht nur reine Nahrungsmittel, sondern auch etwas Gebäck oder Kuchen; ein »Klumpen mit Glatze« ist daher einer, der nur aus Brot und Fleisch besteht.

Lying Dead – ein Tramp oder Verbrecher, der sich versteckt oder vorübergehend abtaucht und in aller Stille von dem Geld lebt, das er erbettelt oder gestohlen hat. Entlehnt von der Bezeichnung für einen Zug oder eine Lok, der oder die auf ein Abstellgleis rangiert wurde und stillsteht.

Main Drag – die Hauptstraße einer Stadt; die zum Betteln am besten geeignete Straße; die von den meisten Tramps und Hobos frequentierte Straße; die Hauptstrecke einer Bahnlinie. Siehe »Drag«.

Manifest – schneller Güterzug, nach dem »Manifest«, der Fahrzeugliste.

Meal Ticket – Essenmarke. Eine Frau, die ihren Liebhaber aushält; jede Einkommensquelle, die keine Arbeit erfordert.

Megaroll – auf einer Fernstraße schnell eine weite Strecke zurücklegen. Wahrscheinlich ein Trucker-Begriff.

Michelin – Stiefelsohlen.

Mini-Thins – Ephedrin-Tabletten. Auch »Trucker-Speed« genannt.

Moniker, Monicker, Monica oder **Monniker** – Name oder Spitzname einer Person. Manchmal auch eine Signatur oder ein künstlerisches Symbol, das mit Kreide auf eine Mauer oder eine Waggonwand gezeichnet wird – als Wegweiser oder zum Beweis dafür, daß ein Tramp an diesem Ort gewesen ist, und daher, wie bei Graffitisprayern, »Tag« genannt. Meistens besteht es aus dem Namen des Tramps, seinen charakteristischen Merkmalen und einem Bezug auf seine Herkunft oder einen Ort, an dem er etwas Be-

sonderes erlebt hat, wie etwa »Laredo Slim, »Short Stop«
oder »Piss Whiskey«. Siehe »Handle«.

Mooch – betteln; herumschlendern; weggehen.

Moocher – Bettler.

Mooching the Stem – auf der Straße betteln.

Muck Stick – Schaufel mit langem Stiel, wie Erdarbeiter sie
verwenden, im Gegensatz zum »Banjo«, der kurzstieli-
gen Schaufel, mit der man Kohle, Getreide etc. schippt.

Mugging – Grimassen schneiden. Auf der Bühne, um Lacher
zu erzielen, in Verbrecherkreisen, um jemanden hinter
dem Rücken eines anderen lautlos zu warnen. Auch: Ehr-
barkeit vortäuschen.

Mulligan Stew – der große Tramp-Eintopf, der, je nach Können
des Kochs, aus allem besteht oder komponiert wird, was
sich klauen, erbetteln oder kaufen läßt. Die Grundlage
eines anständigen Mulligans bildet stets irgendwelches
Fleisch, zubereitet wird es in einem Suppentopf, den man
gestohlen oder auf einer Müllkippe gefunden hat, und
serviert wird es auf allem möglichen: von einem großen
Blatt bis zu einer gefundenen Blechbüchse.

Nut – ein Verrückter. Ein ungewöhnlicher Mensch, der
dem Rest der Gesellschaft eine »harte Nuß« zu knacken
aufgibt.

Oiled – besoffen, zugedröhnt.

Oil Rig – siehe »Tank Car«.

On the Bum – Platte machen. Siehe »Bum«.

On the Hog [»aufs Schwein gekommen«] – mittellos; heruntergekommen; gezwungen, alles zu essen, was sich einem bietet, wie auch Schweine alles fressen, was sie finden.

On the Lam – auf der Flucht vor der Polizei sein; schnell laufen. Siehe »Lam«.

One-Tank Town – siehe »Tank Town«.

Over the Road – Bahngleise außerhalb der Bahnhöfe.

Padding the Hoof – zu Fuß reisen.

Pickets – Palisaden. Die Zähne.

Pick Up – einen Güterwaggon bei einem Kunden oder auf einem Güterbahnhof abholen.

Pimp – Zuhälter.

Pink Lady – Holzgeist, vor allem der aus dem Paraffin einer Dose Sterno herausgefilterte Holzgeist, der mit Limonade aufgegossen wird. So genannt wegen der rosa Farbe des Paraffins und des Getränks.

Pirate Stew – Suppe, die in einem Gumbo (siehe dort) über einem kleinen Lagerfeuer zubereitet wird, vor allem eine Suppe aus gestohlenen Zutaten.

Player – jemand, der sich mit Tricks durchs Leben schlägt: ein Betrüger oder Ganove. – Ein Glücksspieler. – Ein

Rennwagenfahrer oder der Teilnehmer an einem Auto-
rennen (auf der Straße oder auf einer Rennstrecke). –
Auch Schürzenjäger, Frauenheld.

Ponce – Gigolo. Junger Mann, im allgemeinen kein Zuhälter, der von einer vermögenden Frau ausgehalten wird,
sei es als Liebhaber oder weil seine Gegenwart verjün-
gend auf seine Gönnerin zu wirken scheint.

Possum Belly – auf dem Dach eines Personenzugs mitfahren,
wobei man sich flach auf den Bauch legen muß, um nicht
herabgeschleudert zu werden. Abgeleitet von der Angewohnheit der Opossums, ihre Jungen auf dem Rücken
zu tragen. Auch ein Zirkus-Begriff, der die Ladebucht unter
einem Zirkuswagen bezeichnet, in der Kabel, Stangen, Ta-
kelage usw. befördert werden und in der Zirkusarbeiter gelegentlich ein Nickerchen machen oder Frauen als blinde
Passagiere befördern. Früher war es üblich, daß Tramps in
diesen Ladebuchten mitfuhren, und ließen geizige Schausteller manche ihrer Arbeiter auf Reisen dort schlafen.

Pullman – ein Waggon. Benannt nach George M. Pullman,
dem Gründer des Waggonbauunternehmens Pullman.

Push – Menschenmenge. Tramp-Clique oder Verbrecher-
bande. Meist bezeichnen Vertreter damit das Publikum,
das sie auf einem Jahrmarkt anziehen; »to push« = schieben, drängen.

Rambler – Edel-Tramp oder Hobo, der nur auf schnellen Personenzügen fährt und damit lange Strecken zurücklegt. –
Auch jemand, der ziellos umherwandert.

Rattler – Personenzug oder schneller Güterzug, die beide während der Fahrt übers Gleis »rattern«.

Red Ball oder **Red Ball Manifest** – sehr schneller Güterzug, der fahrplanmäßig fährt und Vorrang vor anderen Zügen hat. Früher so bezeichnet, weil an den Waggons, die für einen solchen Zug bestimmt waren, eine Karte mit einer großen roten Kugel drauf (»Red Ball«) befestigt wurde, um auf die Bedeutung des Waggons und seines Inhalts hinzuweisen. Siehe »Hotshot«.

Reefer – Kühlwagen. Verkürzung von »Refrigerator car«.

Rods – die Streben unter alten Güter- oder Personenwagen. Mit Hilfe eines kurzen, mit Leisten versehenen Bretts oder oft auch ohne dieses »Ticket« konnte man auf diesen Streben mitfahren, indem man sich quer über die beiden Streben legte und sich mit Armen und Beinen daran abstützte, damit man nicht abgeworfen wurde.

Roll (n) – Geld.

Roll (v) – einem Betrunkenen oder Schlafenden sein »Roll«, sein Geld, rauben oder ihn hin und her drehen, um an sein Geld und seine Wertsachen zu kommen. Eine brutalere Methode besteht darin, das Opfer in seine Decken oder seinen Schlafsack einzuwickeln und mit Rohren, Schaufeln oder anderen schweren, stumpfen Gegenständen auf es einzuschlagen.

Rum Dum [»Rum-dumm«] – so betrunken, daß man zwar noch gehen, aber keinen vernünftigen Satz mehr sagen kann.

Running the Front Door – ein Trucker-Begriff. »Front Door« ist das Leitfahrzeug eines LKW-Konvois. »Running the Front Door« bedeutet, einen LKW-Konvoi anzuführen. Wenn der Konvoi schneller als erlaubt fährt, ist das eine riskante Sache. Die LKWs eines Konvois wechseln sich normalerweise dabei ab.

Sal – Salvation Army. Heilsarmee.

Salvation Rancher – ein Prediger oder Missionar.

Scenery Bum – ein Tramp, der ständig über die Schönheit der Natur redet oder darauf besteht, »Landschaft zu tanken«. Siehe »Grabbing Scenery«.

Scratch – Geld oder andere Besitztümer.

Shaky Town [»Wackelstadt«] – Truckerbegriff für Los Angeles.

Sidekick – ein Partner oder Freund. In der Welt der Vagabunden ein uralter Begriff.

Sky Pilot – Himmelslotse. Geistlicher. Entlehnt aus der Seemannssprache, wo der Schiffskaplan so genannt wird.

Slack – das ins Kupplungssystem eines Zugs eingebaute »Spiel«, das den Aufprall der Kupplungen dämpfen und das Anfahren und Abbremsen erleichtern soll. Siehe »Slack Action«.

Slack Action – die Tendenz eines Zugs, gewaltig zu ruckeln, wenn die Loks anfahren oder abbremsen. Siehe »Slack«. Ein erfahrener Hobo ist normalerweise darauf vorbereitet, denn das Donnern und Ruckeln beginnt bei den

Lokomotiven und geht von dort aus durch den ganzen Zug. Kann auch unterwegs während der Fahrt passieren. Ein größeres Problem stellt es auf einer »Bad Road« dar (siehe dort).

Smoke [»Rauch«] – billiger und manchmal auch giftiger Schnaps. Hergestellt aus Sprit oder Lösungsmitteln, auch aus Destillationsabfällen. So genannt, weil er raucht, wenn man Wasser dazugießt.

Sterno – Brennspiritus in Dosen zum Kochen. Eine Mischung aus Paraffin und Holzgeist.

Stew Bum – ein Säufer, normalerweise ein betrunkener Tramp oder Hobo, und vor allem jemand, der dauernd stinkbesoffen ist.

Sticker – ein Messer.

Stiff – allgemeine Bezeichnung für einen Arbeiter (ein »Lumber Stiff« beispielsweise ist ein Holzfäller). Siehe auch »Bindle Stiff«. Bezeichnet auch einen Tramp oder Hobo.

Streamline – mit leichtem Gepäck reisen.

Switchman – Arbeiter auf einem Güterbahnhof, der beim Zusammenstellen von Zügen hilft.

Tag – siehe »Moniker«.

Take the Westbound [»den Zug nach Westen nehmen«] – sterben. Ein Hobo fährt auf dem »Zug nach Westen« in ein warmes, friedliches Land.

Tank Car – Tankwagen. Güterwaggon, der Flüssigkeiten wie Chlor, Öl, Maissirup oder Herbizid befördert.

Tank Town – kleine, relativ unbedeutende Stadt an einer Bahnstrecke, in der früher die Züge allenfalls hielten, um aus dem dortigen Wassertank Wasser aufzunehmen.

Third Rail oder **Third Rail Smoke** – starker, billiger Schnaps, der den Trinker durchzurütteln scheint, als hätte er in der U-Bahn die »dritte«, stromführende Schiene berührt. Siehe »Smoke«.

Thousand Mile Paper [»Tausendmeilenpapier«] – das im Güterzugverkehr verwendete dicke braune Packpapier.

Tokay Blanket [»Tokaierdecke«] – Schnaps trinken, um sich warm zu halten.

Tramp – jemand, der gammelt und wandert. In Amerika bezeichnet dieses Wort so gut wie jeden glücklosen Menschen, sei er nun auf Wanderschaft oder nicht, auch wenn Tausende von ihnen nicht zur wahren Bruderschaft der Tramps gehören. Manche dieser Außenseiter sind »Hobos« (siehe dort), manche schlicht nur Abenteurer, Jugendliche, die für Essen und Unterkunft bezahlen und schwarz auf Zügen fahren. Andere hingegen sind schlicht und einfach Zigeuner. Der wahre Tramp ist ein auf sich selbst gestellter Mensch, der »wandert und nie arbeitet«.

Turnpiker – Anhalter.

Unit – Lokomotive. Güterzüge werden je nach Länge von zwei bis fünf »Units« gezogen. Nur die vorderste Lok ist besetzt, und auf den hinteren kann man also als blinder

Passagier mitfahren. Lok- und Zugführer werfen einen eher von einer Lok als aus einem Waggon. Wenn ein Hobo auf einer Lok fährt, hat er Zugang zur Besatzung, und manchmal macht das die Besatzung nervös. Es soll schon vorgekommen sein, daß ein freundlicher Lokführer einen Hobo in seiner Lok mitgenommen hat, aber dieses Privileg ist nur den angesehensten und rechtschaffensten Hobos vorbehalten. Wenn ein Zug vorne nicht mindestens eine Lok hat, fährt er nirgendwohin.

Westbound – siehe »Take the Westbound«.

White Cross – Amphetamin oder Metaamphetamin. Rezeptfrei erhältliche Ephedrintabletten. Zu erkennen an dem eingeprägten Kreuz. Von Fernfahrern auch »Beifahrer« oder »schwarze Cadillacs« genannt. Auch der Name eines Drugstores am Strip in Las Vegas.

White Line – reiner Alkohol, wahrscheinlich nach dem weißen Strich, der sichtbar wird, wenn man Wasser oder Fruchtsaft hineingießt. Im erweiterten Sinne jeder billige Schnaps. Siehe »Pink Lady«.

White Line Fever – das »schwindelige« Gefühl, das ein Fernfahrer bekommt, wenn er während der Fahrt auf einem Interstate Highway auf die Straßenmarkierungen starrt; ein Gefühl, nach dem man süchtig werden kann; Vertigo.

Windcheater [»Windjacke«] – ein gefundener Getreidesack oder etwas Ähnliches, das zum Schutz vor den Elementen angezogen wird.

Winter Stake – Wintergeld. Geld, das man im Sommer oder während der Saison verdient und gehortet hat und das einen über den Winter oder durch eine Saure-Gurken-Zeit bringen soll.

Yard [»Hof«] – Güterbahnhof.

Yard Dog – Rangierlok. Auch ein Häftling, der einen Mithäftling beschützt. In Florida ein Alligator.

Yegg – krimineller Tramp, den man vor allem in der Nähe von Bahnstrecken antrifft und der sich auf Einbruch in Güterwaggons und Lagerschuppen spezialisiert hat und in Ortschaften auf dem Lande schlecht bewachte, billige Tresore knackt. Ursprünglich ein Krimineller, der zu klug, vorsichtig, alt oder feige ist, um in der Stadt, wo die Polizei eher auf der Hut ist, Verbrechen zu begehen, und der auf dem Lande leichtere Beute sucht.

Quellen

ZITIERTE WERKE

Allsop, Kenneth: *Hard Travellin': The Hobo and His History*. New York: New American Library 1968

Irwin, Godfrey: *American Tramp and Underworld Slang*. New York: Sears Publishers 1931

Littlejohn, Duffy: *Hopping Freight Trains in America*. Los Osos, Kalifornien: Sand Rivers Press 1993

Mathers, Michael: *Riding the Rails*. Boston: Houghton Mifflin 1979

WEBSITE

http://www.layover.com

Danksagung

Mein innigster Dank gilt den folgenden Menschen:

TRAMPS
Alabama, Chris O'Connor, Solomon Paul Hobbes, Stringbean, Five Livered Larry, Yukon-Sam, Billy the Kid, Shortstop, Half-Step, Misty und Jefferson.

SCHRIFTSTELLER
Steven Kotler, Erika Lopez und Brenda Knight.

WORTMETZE
Pete Fornatale, Mary Evans, Linda Loewenthal und Carrie Thornton.

PHOTOGRAPHEN
Flecher Fleudujon, Jennifer Hawk, Fred Larson, Justine Gilcrease, Gregory Colebourn und Al Fetterly.

YARD DOGS
Five Livered Larry, Voodoo Freddy, Micha, Hellvis, Bellpod, Airstream Fred, Lilly Rose Love, Jessica Swords, Phoebe, The Hellvets, The Kissing What Nots, The Twelf Toed Man, P-Dorkle, Madball und der Goddess of Groove mit ihren Plateauschuhen.

ANDERE
Zoopy Funk, Ashleigh Hayes, Joe Hudson, John Crandall, Cornelia, Dale Hayes (für den Titel), meinem Großvater Don, Mom, Dad, Pony und Xica.

Verzeichnis der Fotografien

Titelseite: Güterbahnhof irgendwo in Oregon, 1998. Foto von Flecher Fleudujon.

Seite 14: Bob Dawley und David Willis alias Oliver (mit dem Eis am Stiel), Freunde meines Vaters, 1970 in Mission Beach, San Diego. Der Chopper ist eine komplett umgebaute Harley-Davidson Sportster Baujahr 1965. Foto von Bill Recchia.

Seite 38: Auf Tournee mit der Yard Dogs Road Show. Um vier Uhr früh ein Teller Suppe. Nach einem Auftritt in Springfield, Oregon. 1998. Foto von Flecher Fleudujon.

Seite 60: Palme in Santa Monica, Kalifornien. Eine Woche lang am Strand geschlafen, mit Chris und Jennifer, unter der Hütte der Rettungsschwimmer. Nichts bereut. 1993. Foto von Jennifer Hawk.

Seite 80: Auf Tournee mit der Yard Dogs Road Show. Auf einem Union Pacific von Portland nach Eugene. 1998. Foto von Flecher Fleudujon.

Seite 90: Drei Tramps: Eddy Joe Cotton, Chris O'Connor und The Bird. Güterbahnhof westlich von El Paso, Texas. 1993. Foto von Jennifer Hawk.

Seite 114: Auf Tournee mit der Yard Dogs Road Show 1998 in Portland, Oregon. Stringbean auf einem Union Pacific, unterwegs nach Eugene. Foto von Flecher Fleudujon.

Seite 122: Tramp in Richtung Norden unterwegs, Zug in Richtung Süden. Oregon, 1998. Foto von Flecher Fleudujon.

Seite 142: Das Paradies, von einem fahrenden Zug aus gesehen. 2001. Foto von Gregory Colebourn.

Seite 176: Auf Tournee mit der Yard Dogs Road Show. Zwei Stunden vor dem Auftritt. Springfield, Eugene, 1998. Foto von Flecher Fleudujon.

Seite 196: Das Winner's Casino. Polaroidbild, 2001. Foto von Justine Gilcrease.

Seite 216: Auf Tournee mit der Yard Dogs Road Show. An einem Tag siebenhundert Meilen zurückgelegt. Zwei Stunden Schlaf. Zehn Leute, ein Bett. Motel in Springfield, Oregon, 1998. Foto von Flecher Fleudujon.

Seite 238: Auf Tournee mit der Yard Dogs Road Show. Eine Woche im Auto unterwegs, viermal angehalten von der Bullerei. Interstate 5, 1998. Foto von Flecher Fleudujon.

Seite 256: Im Hard Rock Casino in Las Vegas. Freundin von San Francisco nach Colorado begleitet, die ihren Freund beim Urlaub auf Staatskosten besuchen wollte. Sonnenbrille für 99 Cent. Telefonat mit Buckthorn Superstar für 35 Cent. 2001. Foto von Justine Gilcrease.

Seite 278: Am Highway 85 außerhalb von Bakersfield, Kalifornien. Fun in the sun. Das Leben geht weiter. 2001. Foto von Justine Gilcrease.

PIPER

Jon Krakauer
In die Wildnis

Aus dem Amerikanischen von Stephan Steeger.
229 Seiten. Serie Piper

Im August 1992 wurde die Leiche eines unbekannten
jungen Mannes im unendlichen Eis von Alaska gefunden,
der, ausgestattet mit einer kleinen Pistole und einem Fünf-
Kilo-Sack Reis, vier Monate zuvor aufgebrochen war, um
die Wildnis kennenzulernen. Nachdem seine Identität
geklärt war, ging die Geschichte von Chris McCandless
durch sämtliche Zeitungen Amerikas.
Jon Krakauer, der bedeutende amerikanische Wissen-
schaftsjournalist, ist der seltsamen Vorgeschichte von
McCandless auf den Grund gegangen und hat ein wunderbares Buch geschrieben über die Sehnsucht, die diesen
Mann veranlaßte, sämtliche Besitztümer und Errungen-
schaften der Zivilisation hinter sich zu lassen, um tief in
die wilde und einsame Schönheit der Natur einzutauchen.

»Selten hat ein Autor unser aller Sehnsüchte nach dem
Besten aller Leben – nicht im Rückgriff auf das 19. Jahr-
hundert, sondern im hier und jetzt – so beeindruckend
und so spannend beschrieben, wie Jon Krakauer.«
Süddeutscher Rundfunk

01/1067/01/L

MALIK

Jason Elliot
Unerwartetes Licht

Reisen durch Afghanistan. Aus dem Englischen von Anja
Hansen-Schmidt. 489 Seiten mit 8 Seiten Farbbildteil.
Gebunden

Afghanistan: seit Jahren ein umkämpftes, gemartertes Land.
Osama bin Laden, reaktionäre Taliban, verschleierte,
unterdrückte Frauen – die Terrorzelle des Orients. Aber wie
ist dieses Land wirklich? Was ist mit seinen wunderbaren
Kulturschätzen, seiner ehrwürdigen Geschichte, seinen
Menschen?
Jason Elliot bereist Afghanistan Mitte der neunziger Jahre,
in einer Zeit des Umbruchs, als die Sowjets sich zurückgezo-
gen haben und die Taliban vor den Toren Kabuls stehen.
Äußerst spannend und stimmungsvoll erzählt er von atem-
beraubenden Landschaften, von Begegnungen mit stolzen
Mudschaheddin, von hochgebildeten Sufis, von der legen-
dären Gastfreundschaft der Afghanen und dem Leid eines
Volkes mit einer großen Vergangenheit und einer unsicheren
Zukunft. Und Afghanistan erscheint plötzlich in einem ganz
anderen Licht.

02/1007/01/R

PIPER ORIGINAL

Jakob Hein
Formen menschlichen Zusammenlebens

151 Seiten. 30 farbige Abbildungen. Klappenbroschur

Jeden Tag Pistolenschüsse und Breakdance, mit kompli-
zierten, blassen und wunderschönen Frauen im gelben
Taxi ins Waldorf fahren. Das ist New York. Und genau
dahin wollte Jakob Hein schon mit zwölf, als er noch
mit der Taschenlampe unter der Bettdecke gelesen hat.
Daran kann ihn auch die knisternde Nylonunterwäsche
seiner ersten Flamme nicht hindern. Außerdem sieht er
jetzt auch Phoebe jeden Tag, im Cup-cake Café in der
9ten Avenue, mit ihren langen braunen Haaren und dem
wilden Kussmund. Aber die Liebesregeln im Land der
unbegrenzten Möglichkeiten sind noch komplizierter als
die Frauen selbst. In seinem zweiten brillanten Roman
werden von Jakob Hein Formen menschlichen Zusam-
menlebens studiert, von New York bis San Francisco.

04/1008/01/L